绿原译文集

第四卷

IV

里尔克诗选

〔奥地利〕里尔克／著　绿原／译

LÜ YUAN
SAMMLUNG VON
ÜBERSETZUNGEN

人民文学出版社

目　次

《里尔克诗选》中译本插图版译者弁言 ………………… 1
前言 ……………………………………………………… 1

早期诗作（选）

在古老的房屋 …………………………………………… 7
在老城 …………………………………………………… 8
一座贵族宅院 …………………………………………… 9
赫拉钦宫城 ……………………………………………… 10
十一月的日子 …………………………………………… 11
黄昏 ……………………………………………………… 12
年轻的雕塑家 …………………………………………… 13
春天 ……………………………………………………… 14
国土与人民 ……………………………………………… 15
万灵节 …………………………………………………… 16
冬晨 ……………………………………………………… 18
斯芬克斯 ………………………………………………… 19
春天来了的时候 ………………………………………… 20
当我进了大学 …………………………………………… 21
尽管如此 ………………………………………………… 23
母亲 ……………………………………………………… 24
卡耶坦·退尔 …………………………………………… 26

民谣 …………………………………………… 28
民歌 …………………………………………… 29
乡村星期日 …………………………………… 31
夏日黄昏 ……………………………………… 32
古老的钟 ……………………………………… 33
中波希米亚风景 ……………………………… 34
故乡之歌 ……………………………………… 35
　　（以上选自《宅神祭品》）

我怀念 ………………………………………… 36
我觉得,有一座小屋是我的 ………………… 37
这儿玫瑰花儿黄 ……………………………… 39
我们一起坐着 ………………………………… 40
我希望,人们为我做了 ……………………… 41
我羡慕那些云 ………………………………… 42
像一朵硕大的紫茉莉 ………………………… 43
我们走在秋天缤纷的山毛榉下 ……………… 44
在春天或者在梦里 …………………………… 45
很久,——很久了…… ……………………… 46
　　（以上选自《梦中加冕》）

你我的神圣的孤独 …………………………… 47
我爱被忘却的过道上的圣母 ………………… 48
黄昏从远方走来 ……………………………… 49
少女们在唱 …………………………………… 50
我常渴望一位母亲 …………………………… 51
母亲 …………………………………………… 52
　　（以上选自《基督降临节》）

有一座邸第 …………………………………… 53
最初的玫瑰醒了 ……………………………… 54
在平地上有一次等候 ………………………… 55
这是最后几个小茅舍的所在 ………………… 56
往往在深夜这样发生 ………………………… 57
那时我是个孩子 ……………………………… 58
你们少女要像舢板 …………………………… 60
他们都说：你有时间 ………………………… 61
我那么害怕人们的言语 ……………………… 62
不要怕，紫苑亦将老去 ……………………… 63

　　（以上选自《为我庆祝》）

《图像集》(选)

第一册第一部分

入口 …………………………………………… 69
写于四月 ……………………………………… 70
汉斯·托玛斯六十诞辰二首 ………………… 71
　　月夜 ……………………………………… 71
　　骑士 ……………………………………… 71
少女的忧郁 …………………………………… 73
疯狂 …………………………………………… 75
钟情人 ………………………………………… 77
新娘 …………………………………………… 78
寂静 …………………………………………… 79
音乐 …………………………………………… 80
童年 …………………………………………… 82
童年一瞥 ……………………………………… 84

第一册第二部分

向入睡者说	85
人们在夜间	86
邻居	88
Pont du Carrousel	89
孤独者	90
阿散蒂人	91
最后一个	93
忧惧	95
悲叹	96
寂寞	98
秋日	99
回忆	100
秋	101
在夜的边缘	102
前进	104
预感	105
暴风雨	106
斯科讷的黄昏	108
黄昏	110
严肃的时刻	111

第二册第一部分

圣母领报节	112
在卡尔特教团修道院	115
最后的审判	118
儿子	125
歌者在一位幼君面前歌唱	129

第二册第二部分

声音集 ··· 133
　　扉页题辞 ·· 133
　　乞丐之歌 ·· 134
　　盲人之歌 ·· 135
　　醉汉之歌 ·· 136
　　自杀者之歌 ·· 136
　　寡妇之歌 ·· 137
　　白痴之歌 ·· 138
　　孤儿之歌 ·· 139
　　侏儒之歌 ·· 140
　　麻风患者之歌 ·· 141
读书人 ··· 143
观望者 ··· 145
写于暴风雨之夜(扉页题辞,外八首) ·················· 147
盲女 ··· 152

《定时祈祷文》(选)

关于僧侣的生活(1—31) ··································· 163
关于参诣圣地(32—44) ····································· 196
关于贫穷与死亡(45—60) ································· 211

《马利亚生平》(选)

马利亚在庙堂显圣 ··· 239
约瑟的猜疑 ·· 241
向牧人们的通报 ·· 243
基督的诞生 ·· 245
逃往埃及途中的休息 ··· 247

迦拿的婚礼	249
Pietà	251
马利亚之死	252

挽歌(选)

为一位女友而作	260
为沃尔夫伯爵封·卡尔克洛伊特而作	272

《新诗集》(选)

早年阿波罗	283
情歌	284
东方的日歌	285
约书亚聚集以色列众支派	287
浪子出走	290
橄榄园	292
Pietà	294
女士们向诗人们唱的歌	296
诗人之死	297
佛	299
大教堂	300
陈尸所	302
瞪羚	303
独角兽	305
豹	307
圣塞巴斯蒂昂	309
施主	310
罗马石椁	312
天鹅	314

诗人 ……………………………………………………… 315
一个女人的命运 ……………………………………… 316
失明者 ……………………………………………………… 318
在一座异国林苑里 …………………………………… 319
离别 ………………………………………………………… 321
死亡的经验 ……………………………………………… 322
夏雨以前 ………………………………………………… 324
大厅里 ……………………………………………………… 326
最后的黄昏 ……………………………………………… 327
我父亲青年时期的肖像 ……………………………… 328
1906年的自我写照 …………………………………… 329
旗手 ………………………………………………………… 330
最后的伯雷德罗德公爵从土耳其人那里越狱 … 332
交际花 ……………………………………………………… 333
桔园的台阶 ……………………………………………… 334
佛 …………………………………………………………… 335
罗马的喷泉 ……………………………………………… 336
旋转木马 ………………………………………………… 338
西班牙女舞蹈家 ……………………………………… 340
岛屿 ………………………………………………………… 342
俄耳甫斯·欧律狄刻·赫耳墨斯 ……………………… 345
阿尔刻斯提斯 …………………………………………… 350
维纳斯的诞生 …………………………………………… 355
艺妓墓群 ………………………………………………… 358

《新诗集续编》（选）

远古阿波罗裸躯残雕 ………………………………… 364
丽达 ………………………………………………………… 365

海豚	366
塞壬们的岛屿	368
被爱者之死	370
扫罗在先知之列	371
撒母耳在扫罗面前显灵	373
以斯帖	375
死之舞	377
押沙龙的背叛	379
亚当	382
夏娃	383
老者之一	384
盲人	385
火场	386
班子	387
弄蛇	389
黑猫	391
阳台	393
城市的夏夜	395
罗马郊野	396
海之歌	397
夜游	398
鹦鹉园	400
公园（之二）	402
画像	404
威尼斯早晨	406
威尼斯的晚秋	408
鹰猎	409
唐璜的童年	411

唐璜的选择	412
阳台上的贵妇	413
钢琴练习	414
钟情人	415
玫瑰花心	417
八十老妪写照	418
镜前贵妇	420
白发老妇	421
床	422
陌生人	424
火烈鸟	426
睡眠之歌	428
成年人	429
洗尸	431
诱拐	433
单身汉	435
孤独者	437
读者	438
苹果园	439
狗	441
光轮中的佛	442

《杜伊诺哀歌》

《致俄耳甫斯十四行》

| 第一部（共26首） | 507 |
| 第二部（共29首） | 534 |

未编稿及残稿(选)

西班牙三部曲	568
"他们把他们的声音投入"	571
基督的地狱之行	573
精灵阿莉儿	575
浩大的夜	577
"认识了她们就得死"	579
悲叹	581
被弃于心之山	582
致荷尔德林	583
死亡	585
让我大吃一惊吧,音乐	587
一而再	588
旅客	589
早春	592
散步	593
丰饶角	594
鬼火	596
鸟群从他身上穿过的那人	597
群神缓缓而行	598
在阳光普照的路上	599
你预先失去的情人	600
它向触感示意	602
对一些人她像酒	604
转折	606
为约翰·济慈的临终画像而作	609
哦微笑	611

在无辜的树木后面	612
致音乐：雕像的呼吸	613
我们，在扭斗的夜里	614
波德莱尔	615
手	616
假想的履历	617
由于飞扬般的陶醉	618
手掌	620
夜	621
引力	622
是时候了	623
偶像	624
锣	625
童年的持续	627
赞美节致埃里卡	629
"世界在情人脸上"	630
哦泪人儿	631
哀歌	633
墓志铭	636
年表	637

《里尔克诗选》中译本插图版译者弁言

我认同这样一个观点：任何翻译只是通向原著的桥梁，而不是原著本身。十多年前人民文学出版社约我翻译一本相对具有代表性的《里尔克诗选》，我虽已过古稀之年，仍然愉快地接受了这项任务。当时和现在我都相信，我所能做和应做的只是帮助在繁忙的改革开放中，暂时没有机会接触原著的国内普通读者，概略了解一下那位生活于另一时空的诗人；至于研究里尔克的专家学者，相信他们另有自己接触里尔克的渠道。

在《里尔克诗选》的翻译和校订过程中，译者所经历的甘苦，说来不一而足。这不仅由于德语与汉语在结构、风格和表意功能等方面的差距太大，还因为里尔克本身是一位公认的语言独特的诗人，对他的某些作品的理解历来存在着令人尴尬的歧义性。按照接受美学来说，诗人所采用的"描写性语言"往往包含许多"意义不确定性"和"意义空白"，构成作品的"召唤结构"，召唤读者以"期待视界"发挥想象力去进行再创造。事实上，在以作家（诗人）、作品、读者三个环节的动态过程为主的文学活动中，译者的价值和地位是殊不足道的。因此，除了在译校过程中尽力提防自己的误解的掺入外，我衷心希望与拙译或有善缘的读者，在阅读中直接催动自己的接受意识与诗人的创作意识的共同作用，透过译文表面探求和领悟原著的精神，并以"得鱼忘筌"的方式摆脱译文一时所用词句的牵制。

人类在发展过程中自有相互了解的需要，翻译工作可以说是异质文化间相互探讨与交融的过程。任何译作都只是这一过程中的一朵水花，它属于流，而不是源，是动态的，而不是停止和凝固的，它在一定程度上从侧面记述了人类作为个体互相间的心灵沟通。从文化发展史的角度来看，同一原作的多种译本的出现，进而又将不同文化间的相互理解和交融生动活泼地推向前去。人们如能宽宏地看待各种文化现象，那么任何译本只要保持起码的质量，都将有助于人类克服文化上的相互隔膜。

本译本问世于上世纪九十年代，进入二十一世纪，出版社计划出版它的插图版。译者在欣慰之余认为，作为中外文化交流的一个历史片断的记录，它仍不妨继续保持当初的风貌，但对初版的一些讹舛与疏漏，一经发现，均作了相应的补正和修订。对于出版社编辑同志为本译本的这次修订工作所表示的谅解和合作精神，对于读者朋友们为这个译本所付与的关怀和鼓励，译者借此机会谨致诚挚的谢意。[①]

绿　原
二〇〇五年九月抗日战争胜利六十周年

[①] 二〇〇一年应某朋友请托，译者新译十余首里尔克诗作，又对九十年代部分初版文字做了局部修订，为海外某出版公司另编一小册里尔克诗选。因该公司内部原因，该诗选后未出版。而译者本人一场疾病后，也再未找见新译稿和修改稿；二〇〇六年人民文学出版社出版插图版时，未能将其收入。本译文集编纂中，重见译者二〇〇一年的增补及修订内容，遂将其悉数收入本卷。——编者注

前　言

在二十世纪的德语诗人中间，似乎还没有哪一位像本集的作者那样：童年寂寞而暗淡，一生无家可归，临终死得既痛苦又孤单，而在诗歌艺术的造诣上，却永生到放射着穿透时空的日益高远的光辉，就一些著名篇什的艺术纵深度而论，就其对心灵的撞击程度而论，真可称之为惊风雨而泣鬼神。诗人的全名是勒内·卡尔·威廉·约翰·约瑟夫·马利亚·里尔克；他本人的签名历来却只是：赖纳·马利亚·里尔克。

一八七五年，里尔克出生于奥匈帝国布拉格一个德语少数民族家庭，没有兄弟姐妹，九岁双亲离异，跟随母亲生活。母亲是个有点神经质的小市民型女性，把儿子从小当作女孩来抚育，让他蓄长发、穿花衣、以玩偶为伴，并拿"苏菲亚""马利亚"之类阴性名字叫他：这段远不正常的童年，使得他成年以后与许多女性交往，难免近似对于未曾充分享受的母爱的追寻。父亲当过军官、铁路职员，始终郁郁不得志，便把自我补偿的希望寄托在儿子身上。儿子十一岁被送进了免费的军事学校，从初级到高级，一读读了五年，其间在精神和肉体两方面所受的折磨使他终生难忘。一八九一年，他以健康原因从军事学校转到一个商业学校，次年同样由于不适应而退学；一八九五年在一位富有伯父的资助下，进布拉格大学读哲学，次年迁居慕尼黑，名义上继续求学，实际上正式致力于文学写作，此前已在布拉格发表过一些诗文。

一八九七年，前程远大的诗人初访威尼斯，遇露·安德烈亚斯-

莎乐美，一位比他年长而又博学多才的女性，她对他的创作生涯产生过难以估量的影响，并与他保持着毕生的友谊。他和她两度相偕访问俄罗斯（1899，1900），同时开始创作他的第一部代表作《定时祈祷文》。旅俄归来，在不来梅沼地停留期间，他为附近沃尔普斯威德一群艺术家所吸引，其中有女画家保拉·摩德尔松－贝克尔和女雕刻家克拉拉·韦斯特霍夫；一九〇一年与克拉拉结婚，生女名露特。他们一家三口住在一家农舍，经济拮据，难乎为继，次年只得把孩子托给外祖母，夫妻分居从事各自的艺术，并相约在可能的情况下再会。

从此，里尔克开始到处漫游，一九〇二年到巴黎，一九〇三年游历罗马，一九〇四年访问瑞典；但是，到一九一四年世界大战爆发为止，巴黎一直是他的"根据地"（虽说其间经常外出遨游），不论从他在那里所体验的贫困、悲惨和冷漠而言，还是作为欧洲艺术中心来说，都对他的创作生涯打下不可磨灭的铃记。值得一提的是，他从艺术大师罗丹那里得到极其宝贵的教益，不仅帮助开拓了他的创作境界，而且促使解决他长久为之苦恼的艺术与生活的对立问题；一九〇五年为了报答大师的亲切款待，他主动牺牲大量时间承担他的秘书任务，不幸次年由于不适当地处理一件信函而被辞退；但在一九〇八年出版的《新诗集续编》的扉页上，仍恭敬地写着"献给我伟大的朋友奥古斯特·罗丹"；另外，他还写过两篇关于罗丹的专文，阐释了罗丹的原则精神：艺术家的工作才是唯一令人满意的宗教活动形式。一九〇九年开始，他多次旅居意大利，游历埃及、西班牙等文化胜地；一九一一至一二年，作为侯爵夫人马利·封·屠恩与塔克西斯的客人，住进她的别墅即亚得里亚海海边的杜伊诺堡，开始创作著名的《哀歌》和组诗《马利亚生平》。

一九一四年大战爆发，在初期"爱国主义"浪潮中，诗人写过出人意表的颂扬战争的《五歌》，不久变得抑郁而消沉，麻木等待和平与文明的回归；一九一五年，被征参加奥军，旋因体力不支转入军事档案局，随即复员。一九二一年，他在瑞士瓦利斯的穆佐古堡发现一个理想的写作环境,于是决然独处,后写成《杜伊诺哀歌》和《致俄耳甫斯十四行》的全部定稿,达到他的诗歌创作的顶峰,完成了他的笔补造化的艺术使命。一九二六年,茕茕孑立的诗人死于麻醉剂也难以缓解其痛苦的白血病,身旁没有一个亲人。

里尔克成名后甚悔少作,但他在布拉格所写的一切亦非全盘不值一顾。当时他虽还没有找到属于自己的艺术道路,笔下大都是些模仿性的伤感之作,其中却也不乏对于美的敏感和追求,一些闪光的佳作亦足以预示诗人的前途,如《宅神祭品》(1896)、《梦中加冕》(1897)、《为我庆祝》(1899)等。《图像集》是一般文学史经常提到的第一部诗集,一九〇二年初版,一九〇六年增订后再版。这些诗试图利用"图像"把全诗从结构上固定下来,代表了从模糊的伤感到精确的造型的一个过渡。作为真正诗人而问世的诗集首先应当是《定时祈祷文》,这部诗集写于一八九九到一九〇三年,出版于一九〇五年。这些无题诗当然不是基督教所谓的"祈祷",而是试图通过作者所感受和认识的"现实"和"存在",表现对于单纯心灵的倾慕,以及对于他的"艺术宗教"的皈依。作者短诗创作的顶峰无疑要数《新诗集》,此书共分两集:第一集(1907)包括名篇《豹》《旋转木马》《大教堂》《俄耳甫斯·欧律狄刻·赫耳墨斯》,以及一些以基督教题材抒发非宗教诗情的诗篇(《橄榄园》《Pietà》)等;第二集"续编"(1908)包括古典题材(《远古阿波罗裸躯残雕》《丽达》),旧约题材(《亚当》《夏娃》),威尼斯题材以及动物题材(《鹦鹉园》《火烈鸟》)等。这些诗大都凝神于视觉艺术(绘画、雕塑、大教堂建筑),既反映了作者从中景仰的内在美,更是他利用有形物("物诗"之物)表现外化自我的手段。作者所从事的"物诗"观念远比上一代诗人默里克、迈尔等尝试过的那一种更为深邃,体现了他的创作思想的一次重大的飞跃。自从来到巴黎,结识了罗丹,读到了波德莱尔的诗作,并鉴赏了塞尚的绘画……他日益感到有彻底摆脱从前沉溺其间的过度主观性之必要。从前他认为,诗人只需等待诗情自发的漫溢,就可"诗意地"描写"诗意的"题材:这个观念现在使他感到厌恶；他现在必须实践罗丹的教导，il faut toujours travailler（"必须不断工作"），必须像一个雕塑家或画家坐在模特儿面前，专心致志地工作下去，而不去捉摸什么灵感——据说名篇《豹》就是这样在巴黎植物园写成的。不过，在《新诗集》中有时也可见出，作者似乎只是对一件既成艺术品表示一点个人评价而已，往往甚至离开了诗而迷失于历史主义的兴味中。

本来诗人还可以按照那种创作方法写下去，写出《新诗集》的第三部，但是他从不满足于、更不流连于已经达到的任何成就的任何阶段。在长久玩索外在性和客观性之后，他又强烈地意识到一直没有解决的个人生存问题，即在这个世界上，我们作为有限生物究竟是什么，为了什么，能够希望达成什么。因此，他确认下一步必须写出完全不同于以往作品的诗，明确而不模糊、具体而不抽象、集中而不散漫地回答这些重大的深层次的问题，那就是晚年两部功夫在诗外的杰作《杜伊诺哀歌》（1923）和《致俄耳甫斯十四行》（1923），二者在本书中均有全译，并有较详细的评介。旅居巴黎期间，里尔克还写过一部小说《马尔特·劳里茨·布里格手记》（1910年出版），以一个丹麦诗人为主人公，写他流落巴黎所经验的悲惨的物质生活和贫困的精神生活，全书充满贫穷、疾病、丑陋、凶残、恐怖等现象，如盲人、孕妇、弃儿、医院的阴暗走廊、破屋的断垣残壁等后期印象派笔墨。这部小说既像是作者本人的自述，又像是挪威象征诗人奥布斯特费尔德的剪影，基本上是作者本人的内心危机在克尔恺郭尔的存在哲学指导下的一个化解过程。他还有一篇叙事散文诗，即《旗手克里斯托弗·里尔克的爱与死之歌》（1903年前后出版），写一六六三年土耳其战争中一名奥地利骑兵团旗手（据云是作者的远祖）牺牲于匈牙利的故事，该书曾在一部分德语读者中间引起长久的轰动。此外还须提及几篇光耀夺目的"挽歌"，特别是本集译载的《为一位女友而作》（悼女画家保拉·摩德尔松－贝克尔）和《为沃尔夫公爵封·卡尔克洛伊特而作》（悼一位不相识的自杀青年诗人），因为对于死者的悲悼在作者来说也许是他讴歌得最为动人的人生经验。

关于里尔克的历史评价,由于他的创作内涵及其表现形式深邃而复杂,或者说晦涩而朦胧,多年来不但言人人殊,而且前后抵触;以西方马克思主义批评家们为例,他们几十年来对于里尔克的评价可以说前后判若云泥。从一九二六年到三十年代初期,一般都认为诗人是"非人民""反人民""连他用民歌调子写的诗也不是人民的"等等;到三十年代中期,法西斯势力在欧洲兴起,国际统一战线政策实行,马克思主义者们对里尔克的批判才逐渐稀少,反而在他的创作中发现人道主义因素,开始肯定诗人同情人民,特别是穷人;认为他的诗"贯注着对于'人的本质力量之客观化',即对于人同自身、同其同类、同物的相互协调的热情追求";明确指出"浪漫主义的反资本主义是里尔克的人道主义的思想基础",等等[①]。社会生活日新月异,人的认识难以一成不变,见仁见智的相互转化不足为奇;相信随着时代的进步,里尔克及其作品会从更新的角度在艺术上和科学上得到更其完整而深刻的理解。

关于这位深幽莫测、聚讼纷纭而又驰名遐迩的国际诗人,由于各种原因,我国一般读者目前还相当陌生,除了已故诗人冯至先生的几篇吉光片羽式的范译,学术界的问津者亦颇罕见。在"黄钟毁弃,瓦釜雷鸣"的商业文化氛围中,译者斗胆认为,为这位陌生的诗人出一本比较齐全的汉译选本,似乎并非多余。然而,译诗难,译里尔克这样的诗尤其难。其特有的遣词、造句、韵律、节奏等和德语有机地结合起来,原文本已殊难领悟,即使通过再认真的译文,充其量也只能保留若干浅近的具象内容而已,严格意义上的"诗"恐怕所剩无几了。译者不自量力地接受这项吃力不讨好的任务,端出了一盘高尔基比喻的"烤糊了的面包",衷心期待读者、专家们的谅解和匡正。翻译过程以莱比锡岛屿出版社的六卷本《里尔克选集》为主要依据,还借重了一些专家们

[①] 有关引语出自曼弗雷德·施塔克:《马克思主义者在各阶段对里尔克的评价》一文。

的研究成果,包括J.B.利什曼、罗伯特·布莱和迈克尔·汉伯格的部分英译与相关评论,以及奥古斯特·施塔尔的《里尔克抒情诗诠释》等。汉译本按照六卷本原文选载了作者各个时期的代表作(从所谓"少作"到晚年的未定稿),每一集前面都有一篇相关的说明,正文则在必要的情况下尽可能补充一点有助理解的注释,最后还增译一份简明的年表。从补苴罅漏的角度看,虽还称不上完备,却也是国内目前唯一的一个正式译本,我国的青年读者们如有意浏览一下,它多少还可以起一点参考作用。当然,诗人是不可模仿的,像里尔克这样富于个性和独创性的诗人更是无从模仿。如果能够透过他的艺术上的完整和圆熟,学到一点他永远不自满,永远不僵化,永远甘做一个"初学者"的精神,我想就算有了一个可靠的立足点。

译　者
一九九四年七月十八日

早期诗作(选)

〔说明〕所谓早期诗作包括一般诗选所不包括的下列七本诗集：

一、《生活与歌曲》，第一本诗集，共七十三首，一部分写于一八九一年九月至一八九二年五月(林茨)，另一部分写于一八九二年夏天(舍费尔德)，以及一八九二年九月以后到一八九三年(布拉格)。一八九四年十二月由青年德意志出版社出版，题词为"献给瓦莉·封·龙……"。瓦莉即瓦勒莉·封·大卫-龙费尔德，作者的少年女友。她比里尔克年长一岁，炮兵军官之女，有艺术天赋，并从事文学活动(这本小诗集的印刷费用就是她代为筹措的)；大概是作者的第一个情人，他给她写了上百首情诗，后来只留下六首。作者十九岁出版的这本处女作，大都是些幼稚的感伤之作，加之印刷错漏甚多，作者再也没有重印过。

二、《宅神祭品》，一八九五年自费出版于布拉格，一九一三年正式收入《里尔克初期诗选》(岛屿出版社)。题目象征作品对于人民与故乡的眷恋：正如罗马人祭祀宅神、保护神和田亩一样，作者把自己的作品献给故里布拉格，献给波希米亚故乡和人民。全集共四十九首，约三分之一描绘布拉格城，其他则歌颂历史人物和当代艺术家，以及小人物的日常生活；同时亦常以死亡为主题，以坟墓、陵寝、万灵节、修道院等为题材。风格比较芜杂，受流行诗风影响，尚未显示个人的独创性；计有传统的叙事体(叙述城市历史)，新浪漫主义的情调诗(模仿性的感情宣泄)，印象主义的快镜拍摄(模仿印象派诗人利林克朗)，自然主义的倾向性(多以穷人的命运和贫困为主题)，以及自然主义主题与新浪漫主义技巧(所谓"青春风格")的不成功的结合。①

三、《梦中加冕》，作于一八九四至一八九六年，一八九六年出版于莱比锡。如果说《宅神祭品》还可见出与现实世界的联系，本集则充满新浪漫主义的空洞气氛；为了加强气氛和音调，生造新词已发展成为嗜好。诗中的"我"永远在流动中，从属于各种情绪刺激，近乎那喀索斯式的心灵反映，明显受到丹麦作家雅科布森的影响。

四、《基督降临节》，共七十九首，分为"馈赠"、"旅游"、"拾物"、"母亲"四部分。写于一八九六年九月(布拉格)和一八九七年一月(慕尼黑)，以及到一八九七年七月为止的旅游之作。一八九七年圣诞节以前出版于莱比锡。题词为"谨以1896—97年编于慕尼黑的诗作献给圣诞树下的慈父"。一九一三年由岛屿出版社出版的《里尔克初期诗选》，除《宅神祭品》《梦中加冕》外，还包括了本集。专家认为，作者这个时期在雅科布森的影响下，扩大了并深化了自己的感觉和想象领域，本集在作者诗歌创作生涯中是一个重要的里程碑。

五、《基督幻象》，由十一首完整叙事诗组成；一八九六年五月到一八九七年夏季在慕尼黑写成八首，一八九八年七月又写成三首；在一

---

① 《宅神祭品》出版后不久，里尔克印行了一个不定期小型诗刊《菊苣集》，第一期封面印有"赖内·马利亚·里尔克向民众赠送的歌曲。免费。每年出版一至二期。作者自费出版。布拉格(1896)"等字样；共收二十一首，一首选自《生活与歌曲》，一首选自《宅神祭品》，三首后收入《梦中加冕》。第二期出版于一八九六年四月(布拉格)，包括独幕剧《现在和我们临终时刻》。第三期出版于一八九六年十月，封面印有"赖内·马利亚·里尔克和波多·维尔德贝格。德语现代诗。不定期刊，菊苣出版社，慕尼黑，德累斯顿"等字样(波多·维尔德贝格是作家哈利·路易斯·封·狄金森－维尔德贝格〈1862—1942〉的笔名)。第四期编竣，未能出版。刊名《菊苣》，原意为一种皮实的植物，据云可活一百年，作者用以暗喻自己的诗作有生命力。专家指出，里尔克在民众中间免费分送自己的诗作，是对革命诗人卡尔·亨克尔(1864—1929)的模仿，后者这样做，是为了开展社会民主主义的宣传工作，里尔克却为了扩大个人影响，而将先行者的社会意图抛在脑后；还指出，他为民众写诗、以民众为创作对象的初衷，究竟实现了多少，可以由他的后来的作品及书信来证明，例如"艺术这东西根本不能改变什么，不能改进什么，它一旦存在，对于人无非就像自然一样，实现自身，专注于自身(如同一道泉水)，因此如果愿意，可以说它对人漠不关心。"

九五九年《全集》第三卷出版之前,从未全部或个别发表过。这十一首轶事("幻象")总的说来,是写一个当时无目标地四下漫游以至无家可归的基督。作者的这个构想可追溯到一八九三年,那时他即已采取反基督教的立场,声称"他(基督)作为人可能像神一般伟大,而今作为神却似乎像人一般渺小!"由于基督教以神性敌视生活,敌视感性,才使里尔克觉得基督孤立无援,并判定他对人性永远不理解,永远漠不关心。这个反宗教立场既可看作尼采和海涅的思想影响所致,也是十九世纪末叶西方文化界的一个共同特征。

六、《为你庆祝》,一卷致友人露·安德烈亚斯-莎乐美的手抄诗稿,写于一八九七年五月二十六日至一八九八年五月二十二日,最后被发现于受赠人的遗物中。按时间顺序计算,共得一百首;由于不明确的原因,并按双方共同的决定,被删汰到只剩四十八首。按照受赠人的愿望,全部诗稿在作者生前不能发表;后来,在《全集》第三卷初次全部发表以前,只有三首个别发表过。这组诗通过一种独创的亲切的语言风格,克服了至今为止所谓"青春风格"的模仿性的抒情模式,标志了作者的诗歌创作的一个决定性的转折。露·安德烈亚斯-莎乐美,一八六一年二月十二日生于彼得堡,一九三七年二月五日卒于格廷根;女作家,曾是尼采的女友,后为弗洛伊德的合作者;一八八七年与伊朗语文教授弗里德里希·卡尔·安德烈亚斯结婚,长住柏林,一九〇三年迁居格廷根;里尔克于一八九七年五月十五日在慕尼黑与之初识,次日给她写第一封信。在一阵热烈的激情(本集第一首诗写于5月26日)之后,露始终是里尔克最重要、最忠贞可靠的女友。

七、《为我庆祝》,共一百一十首,除少数外,作于一八九七年十一月初至一八九八年五月底;写作地点:柏林,阿尔果,佛罗伦萨,维亚雷焦。全集共分四组:忏悔,风景,少女之歌,一与一切;"忏悔"又有副组"天使之歌","少女之歌"又有副组"少女对马利亚的祈祷",在《全集》中则共列为六组。本集在雅科布森的显而易见的影响下,以我、物、神和词(语言)的综合体为其真正的主题:在《天使之歌》中出现了后来诗作中起着决定作用的天使形象；在《少女之歌》中少女形象体现了眷恋与期待，一种流逝生命的形式；在"一与一切"中泛神倾向导致作者的第一次重大成就即诗集《定时祈祷文》。总之，本集标志着作者认真从事独创性诗歌活动的开端。

——译者

在古老的房屋*

在古老的房屋,面前空旷无阻,
我看见整个布拉格又宽又圆;
下面低沉走过黄昏的时间
以轻得听不见的脚步。

城市仿佛在玻璃后面溶化。
只有高处,如一位戴盔的伟丈夫,
在我面前朗然耸立长满铜绿
的钟楼拱顶,那是圣尼古拉①。

这儿那儿开始眨着一盏灯
远远照进城市喧嚣的沉郁。——
我觉得,在这古老的房屋
正发出了一声"阿门"。

(约1895年晚秋,布拉格)

---

* 这是作者早年诗集《宅神祭品》的第一首,由此打开了古老布拉格的环境画。这时诗人二十岁。
① "圣尼古拉"是布拉格老城的巴洛克教堂。

在老城*

古老的房屋,山墙陡峭,
高高钟楼充满了叮当——
狭小庭院里一阵调笑,
只是极小一片天光。

而在每道楼梯的木桩上
普妥①——笑得很疲倦;
从高高屋顶缓缓流淌
巴洛克花瓶周围的玫瑰链。

那儿蛛网交织
在门上。悄悄地太阳
读着神秘的文字
在一座圣母石像下方。

(约1895年晚秋,布拉格)

---

* 指布拉格最老的城址,从赫拉钦宫城伸延到摩达河。
① 普妥,巴洛克艺术风格中裸身有翼的小天使雕像。

一座贵族宅院

登道宽阔的贵族宅院:
灰色的光泽我觉得多美。
上坡小径的铺路石已经损毁,
那儿,角落里,有浑浊的油灯一盏。

窗台上一只鸽子在点头,
似乎想穿过窗帘去窥探;
燕子住在门廊的空间:
我称之为情调,是的,我称之为——符咒。

(约1895年晚秋,布拉格)

赫拉钦宫城*

高兴就瞧瞧古宫城
饱经风霜的额部；
孩子的眼光已攀登
到该处。

连匆匆的摩达河波浪
都向赫拉钦致候，
圣徒们从桥上
向它仰望，表情严肃。

钟楼，那新建的一群，
也都仰望淮特钟楼①的拱顶，
有如一群儿童仰望尊敬
的父亲。

(约1895年晚秋，布拉格)

---

* 古老的布拉格宫城。
① 指圣淮特大教堂的哥特式钟楼。

十一月的日子

寒冷的秋季能使白昼窒息,
使它的千种欢声笑语沉寂;
教堂塔楼高处丧钟如此怪异
竟在十一月的雾里啜泣。

在潮湿的屋顶懒洋洋
躺着白色雾光;暴风雨用冷手
从烟囱的四壁里抓走
挽歌的结尾八行。

（约1895年晚秋,布拉格）

黄　昏

冲着最后房屋的背影
红太阳寂寞地入睡,
白昼的寻欢作乐已经消退
于严肃的结尾第八音。

散漫的灯火互捉迷藏
于屋顶边缘已经很迟,
这时黑夜早把钻石
播向了蓝色的远方。

(约 1895 年晚秋,布拉格)

年轻的雕塑家*

我要到罗马去;过年我将
载誉归来,获益良多;
别哭了;瞧,亲爱的姑娘,
我在罗马塑造我的杰作。

他说着,于是心荡神驰地离开,
游遍他所向往的那片天地;
可他又觉得,他的灵魂一再
在偷听一个内心的责备。

坐卧不宁使他匆匆赶回家门:
他用湿润的目光塑造着
棺材里他可怜惨白的恋人,
这就是——这就是他的杰作。

(约1895年晚秋,布拉格)

---

* 本篇的题旨是:艺术家的气质只能在人间义务之外实现。参阅《诗人》(见《新诗集》)。

春 天

鸟儿在欢呼——为光所催唤——,
音响填充着蓝色的远方;
皇家公园的旧网球场
已被鲜花全部铺满。

太阳倒十分乐观
用大字母写在小草间。
只是那儿在枯叶下面
还有个阿波罗石像在悲叹。

来了一阵微风,舞姿翩翩
扫开了黄色的蔓草,
给他灿烂的额头戴上了
发蓝的紫丁香花冠。

(约1895年晚秋,布拉格)

国土与人民

……上帝当时很高兴。小气
可不是他处事的方式;
于是他笑了:这里是
波希米亚,千娇百媚。

小麦像凝固的光卧倒
在林木披覆的山谷,
而为累累果实所苦,
孤树要求倚靠。

上帝创造了茅屋;羊群
充满栏圈;姑娘真健康,
几乎解开了胸衣。

小伙子们个个真英俊,
力气握进了粗糙的手掌,
他们唱故乡之歌——在心里。

(约 1895 年晚秋,布拉格)

万灵节

1

处处都是万灵节
充满花香又充满悲痛,
无数彩光从安宁的田野
慢慢燃进了空中。

他们今天送的棕榈和玫瑰;
园丁熟练地把它们摆好——
去年的花已经枯萎,
便扫到了无信仰者之角。

2

"现在祈祷吧,威利——别谈天!"
男孩倾听着,睁大了眼睛。
父亲把木犀草编的花圈
放在了他可怜女人的坟顶。

"妈妈就睡在这儿!快来画十字!"

小威利仰望着,按照给他的命令
一个劲儿画。唉,真叫人懊悔不止,
他在路上还笑出过声音。

他的眼睛辣乎乎的——像在哭……
然后他们十分严肃而沉默
穿过黑夜回家去。刚从坟地走出,
货摊的华丽突然吸引了小家伙。

花里胡哨的小玩意儿
从十一月的雾里闪闪发光;
他看见那儿小马、头盔、军刀什么的,
便把父亲的手轻轻吻着不放。

他懂了。接着他们又走个不停……
父亲似乎泪如雨下。——
可威利却把一个胡椒饼骑士
乐呵呵地拖回了家。

(约 1895 年晚秋)

冬 晨

瀑布已然冰冻，
池塘边蹲伏着穴乌①。
我美丽的恋人耳朵红通通，
正筹划一场恶作剧。

太阳吻着我们。一阵短调
梦幻般在枝丛里游泳；
我们向前走着，一大清早
体力芳香充满所有毛孔。

（约 1895 年晚秋）

---

① 一种类似乌鸦的黑鸟。

斯芬克斯*

他们发现她,头盖已经半折,
僵硬的手捏着滚烫的钢管①。
人们目瞪口呆。——直到急救车
把她载到黄色的城市医院。

她一度睁开了眼睛……
没有证件,没有姓名,只有一件衣,一条围巾;
然后大夫来了,照例悄悄发问,
然后是神甫。——她依然惨白而哑静。

到夜里很晚,她才想说几句,
承认……可大厅里没有人听她。
一声呼噜。——于是她被抬了出去,
她和她的痛苦。——
到外面一次也没有停下。

(约1895年晚秋,布拉格)

---

* 原为希腊神话里用谜语留难行人的带翼狮身女怪。这里系指一个临死亦未泄露秘密的女自杀者。

① 即用以自杀的手枪。

春天来了的时候

最初的胚芽,含情脉脉,
在金色的微光里冒尖;
最初的御辇已经
　　　　　　　在果园。

候鸟重新聚会
在老地点,
小教堂不久也合唱
　　　　　　　在果园。

春风以新的方式闲聊
古老的无稽之谈,
最初的小两口在外面做梦
　　　　　　　在果园。

　　　　　　　(约1895年晚秋,布拉格)

当我进了大学*

我回顾,岁月流个不停,
流得又累又长;
我终于如愿以偿,
努力当成了一名大学生。

开初我计划学"法";
可严格的、灰蒙蒙的法规大全
吓得我心惊胆颤,
这样便葬送了那个计划。

我的恋人不让我学神学,
也不能把我往医学扔,
于是对于我衰弱的神经
就只剩下了——哲学。

母校送给我一本

---

* 一八九五年下学年,里尔克开始上布拉格卡尔－费迪南德(德语)大学,修过文学史、哲学和艺术史;一八九六年上学年,他转修法学和政治学;同年夏末,他又到慕尼黑当"哲学借读生"。里尔克没有修毕一门学科。

文科的豪华注册簿——
我也没有为它把硕士读出,
读来读去我还是个大学生。

(约 1895 年晚秋,布拉格)

尽管如此

多少次从墙上的书橱
我取下了我的叔本华①,
他把人生这样称法:
一个"令人悲伤的监狱"。

他说得对,我可什么
也没丧失;在寂寞铁窗里面
我拨动了我的心灵之弦,
幸运得像从前的达利波②。

(约1895年晚秋,布拉格)

---

① 叔本华(1788—1860),德国悲观主义哲学家,对德国文学影响颇大。一八九二年秋天,里尔克从其父收到一部叔本华的著作。人生如监狱的说法,是否出自叔本华似不可考,但形象地反映了叔本华认为人生即烦恼的思想内核。本篇所表现的诗与痛苦经验的关系对于理解里尔克的发展十分重要。
② 达利波·封·科卓耶特生于波希米亚国王乌拉季斯拉夫二世(1457—1516)治下。这位怀有自由思想的骑士曾经把自由送给他的农民,并借助于农民,侵占过邻人的田产,于是以破坏国家安宁罪而被捕,并作为第一个囚犯关进了新建立的布拉格堡的地窖,该地窖后即称为"达利波卡"。一四九八年他的财产被没收,本人受拷刑,最后被处决。传说他曾经演奏提琴以迷惑监狱长,这可能由于当时民间口语把拷凳称作"提琴",把拷刑用的粗绳称作"琴弦"的缘故。这个题材曾经为许多诗人所采用,并由捷克音乐家弗里德里希·斯梅塔纳谱过曲(1868)。里尔克利用这个题材,一方面立足于波希米亚传统,另方面它也可能充作他自己的亲身境遇的密码。

母　亲*

豪华马车隆隆响，
驶上了剧院的斜坡，
旁边一位老妇不识相，
在暗淡灯光下站着。

只当一匹马突然惊退，
他们才一起发出了高呼；
可人流中间没有谁
看见角落的老妇。

想到新的"名角"，
人们只谈到她。——据传，
是一位伯爵的好意才教
她的才能达到了顶点。

---

* 据专家说，本篇刻板地表现了父母对于子女从事艺术的惊惧。因为里尔克的父亲，还有他的伯父雅洛斯拉夫，都反对他从事艺术的志愿，反倒使他产生一种对市民生活的厌恶情绪，并毕生为艺术家生活辩护。不过，摆脱这个背景，就诗论诗，本篇所表现的一般母爱仍然令人十分感动，虽然实际上里尔克的童年是他同他的母亲的斗争过程，恰如卡夫卡之于他的父亲。

后来。欢呼的风暴回响于
喇叭最后的一阵尖叫……
但外面站着的老妇
暗中还在为孩子祈祷。

（约1895年晚秋,布拉格）

卡耶坦·退尔 *

(在波希米亚人种志学展览会上参观
　他的一并被陈列的斗室之后)

就在这里可怜的退尔
写出他的歌"哪儿是我家",
的的确确:缪斯钟爱谁,
生活就不把太多给予他。

一个斗室——对心灵的飞翔
并不太小;对休息并不太大。——
一把椅子,一口作写字台的衣箱,
一张床,一只水罐,一个木制十字架。

就拿一千金路易给他,
他也不会离开波希米亚。

---

* 卡耶坦·退尔(1808—1856),捷克爱国主义诗人。他的歌《哪儿是我家》由 F. 斯克鲁普谱曲,成为国歌。人种志学展览会由主办人冠以"捷克斯洛伐克"字样,曾经为波希米亚的德国人出于民族动机所不齿。德国人不去参观这个展览会,报刊甚至没有报道皇帝的莅临。但是,里尔克以这首诗拥护了"民族间相互同情的精神",这是一种世界大同的思想方式。

他的每根纤维都连着它。
"哪儿是我家,我愿留下。"

(约1895年晚秋,布拉格)

民　谣

波希米亚①的民谣
多么令我感动，
它悄悄钻进了心头，
叫人感到沉重。

一个孩子为土豆拔草
一面拔一面轻轻唱，
到了深夜的梦里
他的歌还在为你响。

你可能出了远门
离开了国境，
多少年后它还一再
回响到你的心。

（约1895年晚秋，布拉格）

---

① 波希米亚，即捷克斯洛伐克西部地区，离诗人的故里布拉格不远。这是他的早期诗作中被引证次数最多的一首。

民　歌

（仿利布舍尔先生①的一幅漫画素描）

守护神的手如此温软
放在小伙子的脑门，
好教他用歌曲的银线
缠绕他恋人的芳心。

小伙子会甜蜜地回想
从母亲嘴里听到的歌声，
并拿他内心的音响
充满他的小提琴。

爱情和故乡的美景
使他把琴弓拿在手，
它潺潺流出了乐音，
像花雨流进了乡土。

伟大的诗人，为荣誉所兴奋，

---

① 阿道夫·利布舍尔，与里尔克同时代的布拉格民俗画家。

谛听着单纯的歌曲,
那么虔诚,就像人民当年谛听
西奈的神谕①。

(约1895年晚秋,布拉格)

---

① 西奈为埃及地名,摩西宣布十诫处。

乡村星期日

在地板光滑的小酒店
青年们蹦蹦跳跳,又唱又扭,
小伙子的手长满了老茧
惬意捏着金发姑娘的手;
乐师给啤酒灌得飘飘然
把《被出卖的新娘》①的曲子演奏。

"干杯!我今天发饷给你们。"
是教区长。他爱开心的调调。
跳罢舞他叫一对对情人
到他桌边来,这样说道。
外面亮着金光灿烂的太白星
放肆地冲着所有窗子笑。

(约 1895 年晚秋,布拉格)

---

① 弗里德里希·斯梅塔纳(1824—1884)取材于波希米亚生活的喜剧性歌剧。

夏日黄昏

大太阳四下喷溅,
夏日黄昏躺着发烧,
它的热脸可以点燃。
突然它叹息:"我更想要……"
接着又说:"我太疲倦……"

灌木林念着连祷文,
萤火虫在那儿静止下垂
像一道光一样永恒;
一朵小小的玫瑰
带着一圈红色的光轮。

(约 1895 年晚秋,布拉格)

古老的钟[*]

市政厅古老的钟,不久想必
你再也指示不了时间;
不久他们会在废铁里面
消灭你最后的痕迹。

守财奴想必最后一遭
固执地摇晃他的脑袋,
最后一遭死神目瞪口呆
挥舞他的大镰刀。

想必公鸡还会引吭长啼。
不过它今天啼得有些沙哑,
守财奴点头不已,怕只怕
死神悄然向他进逼。

(约1895年晚秋,布拉格)

---

* 本篇是写布拉格旧城市政厅大楼的艺术钟(1490)。每隔一小时,钟面两扇小窗打开,出现基督师徒一行:耶稣、犹大等十二门徒从左至右鱼贯出入,小窗随即关闭;同时,一只公鸡拍翅长啼,死神围着沙漏旋转,小丧钟随即响起来。这首少作通过对古钟的白描,油然流露了诗人日后在《定时祈祷文》《杜伊诺哀歌》《致俄耳甫斯十四行》中充分发挥的悲观主义人生观。

中波希米亚风景*

汹涌森林的荫翳边缘
影影绰绰到很远很远。
接着这儿那儿蓦地
有一株树打断
浓密麦田的淡黄色平面。
在最亮的光线里
马铃薯发了芽;附近
是一片大麦,直到针叶林
圈住了图像。
高出幼林之上,红里带着金黄,
一个教堂钟楼的十字架闪着光,
护林人的小屋耸出了云杉;——
其上
笼罩着一片晴空,瓦蓝瓦蓝。

(1894年7月,波希米亚劳钦地区)

---

* 与以上仅以布拉格为装饰性布景的城市诗迥然不同,这是作者早期诗作中最富于具象的一首诗。

故乡之歌

田野里响起诚挚的旋律；
不知道，我心中发生了什么……
"来吧，捷克的姑娘，
给我唱支故乡的歌。"——

姑娘把镰刀放下来，
又是嗬来又是哈——①
便坐在了田埂上
唱起"哪儿是我家"②……

现在她沉默了，眼睛
朝着我，双泪交流，——
拿着我的铜十字币③
无言地吻着我的手。

(约1894年，布拉格)

(以上选自《宅神祭品》)

---

① 周围的起哄声。
② 参阅《卡耶坦·退尔》。
③ 一三〇〇至一九〇〇年流通于德、奥、匈等国的一种辅币。

我怀念

我怀念：
太平盛世一个朴素的小村庄，
里面有公鸡长啼；
而这村庄久已迷失
在花之雪里。
在穿着星期日盛装的小村庄里
有一座小屋；
一个金发头颅从网眼窗帷里
窥望出去。
户枢迅速沙哑地
向门呼救，——
然后在房间里飘着一缕淡淡的淡淡的
薰衣草的芳香……

(写作日期不详)

我觉得，有一座小屋是我的

我觉得，有一座小屋是我的；
我将在它门口坐得很晚，
当红日熄灭而坠落
到呜咽的蟋蟀提琴旁
到紫色的嫩枝后面。

我的小屋有生苔的屋顶
像淡绿色天鹅绒般的软帽，
它的四周填得紧紧
镀得亮亮的小玻璃窗
热烈地向白昼问好。

我梦见，我的眼睛伸出手
来把苍白的星星拿，——
村里传来一声"万福马利亚"，
一只迷途的蝴蝶摇曳
于雪一般闪光的茉莉花。

疲乏的羊群匆匆走过去，
小牧童吹响了哨子，——

把头埋在手里,
我觉得,我的心弦
奏出了闲情逸致。

(1896年4月13日,布拉格)

这儿玫瑰花儿黄

这儿玫瑰花儿黄,
小伙子昨日送给我,
今日给他的新坟上,
我带来了这一朵。

贴在它的花瓣上
还有透明的水滴,——看!
今日这儿泪汪汪,——
昨日可是露珠圆……

(约1894年5月1日,布拉格)

我们一起坐着[*]

我们一起坐着在薄暮里。
"妈妈,"我撒着娇,"好不,
再给我讲一遍那美丽的
故事,关于金发的小公主?"

自从妈妈死了,怀念像一位
苍白的太太引我度过朦胧的日子;
她跟妈妈一样十分熟悉
关于美丽小公主的故事……

(1896年10月26日,慕尼黑)

---

* 参阅本卷中《我常渴望一位母亲》一首。

我希望,人们为我做了

我希望,人们为我做了
一口小棺材而不是摇篮,
我会觉得很舒服,嘴唇很早
会沉默在湿漉漉的夜间。

再不会有任性的决心
颤抖着穿过不安的胸膛,
它留在小小身体里静静,
静静地,没谁会去把它想。

只有一个儿童灵魂袅袅上升
升向高空,那么慢——非常慢……
为什么人们不给我做成
一口小棺材代替摇篮?

(可能作于 1895 年)

我羡慕那些云

我羡慕那些云,
敢在高空飘荡!
它们把黑色的阴影
投在阳光照耀的荒原上。

它们大胆到能够
使太阳变得阴暗,
这时渴求光明的地球
在它们的翅翼下面抱怨。

太阳的金光如潮涌,
我也想把它拦起!
哪怕只拦几分钟!
云啊,我多羡慕你!

(1894年5月,布拉格)

像一朵硕大的紫茉莉

像一朵硕大的紫茉莉世界
炫耀着香气,在它的花苞上,
一只蝴蝶之蓝翼发着柔光,
悬挂着五月之夜。

什么动也不动;只有银色触须在闪亮……
然后它的翅膀,颜色早已褪完,
把它背向了早晨,那时从火红的紫苑
它饮着死亡……

(1896年4月14日,布拉格)

我们走在秋天缤纷的山毛榉下

我们走在秋天缤纷的山毛榉下，
两人因离别愁红了眼睛……
"亲爱的，来吧，我们来找花。"
"它们已经死了，"我说得很伤心。

我的话完全是哭。——苍穹高处
一颗苍白的星星稚气地微笑。
黯淡的白昼将要死去，
一只穴乌从远方喊叫。——

(1896 年 8 月 19 日，波希米亚北部
夏季旅途中)

在春天或者在梦里

在春天或者在梦里
我曾经遇见过你，
而今我们一起走过秋日，
你按着我的手哭泣。

你是哭急逝的云彩
还是血红的花瓣？都未必。
我觉得：你曾经是幸福的
在春天或者在梦里……

(1896年4月9日,布拉格)

很久,——很久了……

很久,——很久了……
什么时候——我可不知怎么说……
一口钟在响,一只云雀在鸣叫
一颗心如此幸福地跳过。
在幼林斜坡上天空如此闪耀,
紫丁香开放了花朵,——
一个少女穿着节日盛装,苗苗条条,
令人惊讶的难题在眼里婆娑……
很久,——很久了……

(1896年5月15日,布拉格)

(以上选自《梦中加冕》)

你我的神圣的孤独[*]

你我的神圣的孤独
你何其宽广纯洁而丰足
像一个睡醒的花园。
我的神圣的孤独你——
请将金色的大门紧闭,
门口等待着种种祝愿。

(1897年4月30日,慕尼黑)

---

[*] 本篇原被认为献给丹麦诗人廷斯·彼得·雅科布森(1847—1885),后来又有专家认为是献给比利时诗人摩里斯·梅特林克(1862—1949)。这两位诗人的作品都对里尔克产生过深刻的影响。

我爱被忘却的过道上的圣母[*]

我爱被忘却的过道上的圣母,
她无可奈何地等着什么人,
我还爱寂寞井边的少女,
她金发上戴着花,走进了梦境,

我还爱儿童,他们在阳光下高歌
又睁大眼睛望着星空,
还爱白天,它们把诗篇带给我,
还爱黑夜,它们站立在花丛中。

(1896年9月12日,布拉格)

---

[*] 原系献给爱弥儿·楚·舍奈施-卡洛拉特公爵(1852—1908),一位诗人,里尔克曾为《菊苣集》诗刊第三期向他约过稿,并于一九○一年和一九○二年拜访过他在哈泽多夫的采地。

黄昏从远方走来

黄昏从远方走来
走过雪埋的细语的松林。
然后把它冬天的面颊
贴在所有窗户上偷听。

每个屋子都很静；
老人在沙发椅上沉思，
母亲一个个像女王，
孩子们不想开始
游戏。少女们不再
纺绩。黄昏朝里倾听，
他们在里面朝外倾听。

（约 1897 年底）

少女们在唱

少女们在唱：
树木开了花，
姑娘们把人等；
我们永远缝呀缝，
缝得两眼烧得疼。
我们唱歌从来不快活，
在春天面前我们胆战心惊：
我们会在什么地方找到它，
可它装作不认识我们。

(1897年6月8日，慕尼黑)

我常渴望一位母亲[*]

我常渴望一位母亲，
一位安详的白发妇人。
我的"我"才可在她的爱里生存；
她能融解那狂暴的仇恨，
它曾像冰一样溜进我的心。

然后我们紧挨在一块儿坐，
壁炉里微微嗡响着一团火。
我谛听亲爱的嘴唇说些什么，
静谧飘忽在茶碗上面
恰如灯光周围飞着一只蛾。

(1896年10月24日，慕尼黑)

---

[*] 原系献给一位男爵夫人封·狄金森－亨内特，其夫曾与里尔克合编过诗刊《菊苣集》第三期。从本篇可以见出作者和他的母亲的实际关系；此外参阅《阿尔刻斯提斯》第三节关于儿子对待父母、特别是对待母亲的一段描写。

母 亲

母亲：
"心肝，你可曾呼唤？"
这句话在风中飘。
"多少陡峭的台阶
才能走到你身旁，宝宝？"
星星听见了她的声音，
可女儿却听不到。

谷中低矮的小酒店里
最后一盏灯熄了。

(1896—1897 年，写作日期不详)

(以上选自《基督降临节》)

有一座邸第

有一座邸第。门框上头
是式微的纹章。
树梢如祈求
的手在前面高高生长。

徐缓沉陷
的窗里伸出一枝灿烂
的蓝花供人赏玩。

没有妇人哭泣——
在这颓败的建筑物里
她作最后的示意。

(1898年2月2日,柏林)

最初的玫瑰醒了

最初的玫瑰醒了,
它们的香味有点怕羞
像个轻轻的轻轻的笑;
以平坦双翼如燕飘摇
匆匆掠过了白昼。

每道闪光忸忸怩怩,
没有音响还会迟滞,
夜太新奇,
而美是羞耻。

(1898 年 5 月 9 日,佛罗伦萨—圣米尼阿托)

在平地上有一次等候*

在平地上有一次等候，
等候一位决不会来的来宾；
不安的花园再一次探究，
它的微笑随即缓缓漾平。

到处是多余的泥泞，
林荫道近黄昏已经贫困，
苹果在枝头让人忧闷，
而每阵风都使它们伤心。

(1897年11月24日，柏林—威尔默斯多夫)

---

* 据研究，这首诗表现了内在世界和外在世界(象征和存在)的融合。

这是最后几个小茅舍的所在

这是最后几个小茅舍的所在,
还有些新房屋,它们胸襟窄狭
挤出了令人不安的脚手架,
想知道田野从哪儿开始扩展。

那儿春季往往半身不遂,面带菜色,
夏季在这些板壁后面发着热昏;
教堂树木和孩子们都在生病,
唯独秋季在那儿才有什么

和解而遥远;它的薄暮
屡屡呈现柔和的色调:
绵羊苍苍茫茫,牧人披着皮袄
阴暗里倚着最后的灯柱。

(1897年11月19日,柏林—威尔默斯多夫)

往往在深夜这样发生

往往在深夜这样发生:
风像孩子一样苏醒,
它孤零零来到林荫小径,
轻轻,轻轻向村庄走进。

它试着走近池塘,
然后四顾倾听:
房屋漂白如霜,
橡树缄默无声……

(1898年2月3日,柏林)

那时我是个孩子……

那时我是个孩子梦见了很多
可还没有享受过青春;
一天有个人演奏弦乐
唱着走过我家院门。
我不安地冲外张望:
"哦妈妈,放我出门看看……"
　　他的声音最初一响,
　　　　就把我的心撕成两半。

他还没唱我就明白:
唱的将是我的生活。
别唱,别唱,你异乡客:
唱的将是我的生活。

你唱我的幸福和我的烦恼,
你唱我的歌,接着:
唱我的命运未免太早,
我会长得越来越高,——
再不能过这样的生活。

他唱着,渐渐消失了脚步,——
他还得继续边走边唱;
唱我受不了的痛苦,
唱我抓不住的幸福,
还要带我走,带我走——
没人知道走向何方……

(1898年5月19日,维亚雷焦)

你们少女要像舢板

你们少女要像舢板；
要把自己永远
拴在时间沿岸，——
为此你们仍然灰白如霜；
你们懵懵懂懂，
竟愿把自己送给风：
你们的梦是池塘。
有时海滨的风吹动你们，
直到把船链绷得紧紧，
于是你们爱上了它：
　　　姊妹们，我们现在是天鹅，
　　　以金色的发辫
　　　拖着童话里的贝壳。

（1898年5月3日，佛罗伦萨）

他们都说:你有时间

他们都说:你有时间,
你还缺什么,小姐？——
我缺一串金项链。
我不能尽把童装穿,
瞧个个为了出嫁忙得欢,
那么光鲜,那么圣洁。

我啥也不缺,单缺一点空间,
我已经被放逐,
我的梦一天窄一点。
只有空间才使我从绸衣边
伸手高攀
一直攀到花树……

(1898 年 5 月 7 日,佛罗伦萨)

我那么害怕人们的言语[*]

我那么害怕人们的言语。
他们把一切说得那么清楚:
这叫做狗,那叫做房屋,
这儿是开端,那儿是结局。

我还恐惧它们的意思,嘲弄连着它们的游戏,
将会是什么,曾经是什么,他们什么都知道;
没有什么高山他们觉得更奇妙;
他们的花园和田庄紧挨着上帝。

躲远点:我要不断警告和反抗。
我真欢喜倾听事物歌唱。
你们一碰它们,它们就僵硬而喑哑。
你们竟把我的万物谋杀。

(1897 年 11 月 21 日,柏林—威尔默斯多夫)

---

[*] 本篇宣称日常言语使事物失去魅力,并模糊其象征性格,因此诗人负有使事物转化的神圣义务。最后一节预示了作者日后形成的"物诗"(Dinggedicht)概念。

不要怕,紫苑亦将老去

不要怕,紫苑亦将老去,
暴风雨亦将凋木撒到
湖水的静谧——
美从狭窄形体抽梢;
她成熟了,并以柔力碎掉
旧的容器。

她从树丛降临
我身上你身上,
不是为了消停;
夏日对她太端庄。
她从丰满果实逃亡
又从陶醉梦幻上升
可怜升进了日常的操行。

(写作日期不明,约 1900 年)

(以上选自《为我庆祝》)

图像集(选)

〔说明〕初版于一九〇二年七月,包括一八九八年到一九〇一年诗作共四十五首,大部分辑自柏林——施马尔根多夫和沃尔普斯威德时期的手稿本。原有"为了《米夏埃尔·克拉默尔》①怀着爱心并出于感激之情献给格哈德·豪普特曼"的献词,并插有沃尔普斯威德艺术家亨利希·福格勒的钢笔画;第二版有较大增订,出版于一九〇六年十二月;三版删去钢笔画,五版删去献词。

全书分为两册,每册又分两部分,并无明显的组诗痕迹可辨,但在个别部分(如第二册第二部分《声音集》)却可见到题材或主题相近的诗组。各篇写作时间往往相去甚远,大致说来,相当于《定时祈祷文》第三部分、《新诗集》若干首、《旗手》、专文《沃尔普斯威德》、《罗丹传》第一部分和《布里格笔记》开端等作品的写作时间。

作者的传记内容在这一阶段有重大的变化,并可在本集中找到相应的反映,如俄国旅行(1899 和 1900 年),与沃尔普斯威德的艺术家们相晤(保拉·贝克尔,克拉拉·韦斯特霍夫,亨利希·福格勒等),结婚与生女(1901 年),移居巴黎(1902 年秋),结识罗丹,旅游意大利和瑞典,重居巴黎。因此,题材、主题和形式便相应地多样化。题材涉及俄国的历史与文学艺术,沃尔普斯威德的观感,意大利和瑞典的旅游以及巴黎的各种生活体验。从主题方面来说,除了早年"青年风格"的

---

① 《米夏埃尔·克拉默尔》(1900),格哈德·豪普特曼的一个四幕剧,描写一个艺术家立志画出一个巨型戴荆冠的基督,以表达艺术与宗教同源的观念。这个主题思想正投合了里尔克,故他将自己的诗集献给了剧作者。

遗留(如青春的颂扬,生活欲望的觉醒)之外,更有对颓废精神的神化(如疯狂,没落,美的崇拜),为摆脱熟悉的市侩关系的艺术家生活所作的辩护,以及所谓"客观表达"(sachliches Sagen)的美学思想的制定。本集所以题名为《图像集》,除了类似海涅的《歌曲集》①外,更在于表明:这些诗作都是图像,而不是一种单纯的情调,都在题材或主题上保持着一种轮廓分明的来龙去脉,符合"客观表达"的创作原则,而不管来源于俄国历史(如《沙皇》《暴风雨》),或圣经传说(如《圣母领报节》),或个人的观察(如巴黎的骑战桥)。正是这样,本集可以说是从多愁善感的少作到《新诗集》的一个过渡阶段。

——译者

---

① 《图像集》直译为"图像之书",类似《歌曲集》的直译"歌曲之书"。

第一册第一部分

入　口

不论你是谁：入晚请跨出
你的斗室,其间一切你无不领会；
你的房屋位于远方的起讫处：
不论你是谁。
你的眼睛困倦得几乎
摆不脱那破损的门槛,
你却用它们慢慢抬起一株黑树①,
把它朝天摆着,瘦削而孤单。
而且造出了世界。世界何其壮丽,
像恰巧成熟于沉默的一句话。
而且一当你想去抓住它的意义,
你的眼睛便温柔地离开了它……

　　　　　（1900 年 2 月 24 日,柏林—施马尔根多夫）

---

① "树"是诗歌独创性的象征。参阅《致俄耳甫斯十四行》第一首。

写于四月

　　树林重新发香。
　　翱翔的云雀随身
举起了天空,天空对我们的肩膀有点重;
诚然从枝桠里还看见了白昼,尽管它也空洞,——
　　但在漫长的、落雨的午后
　　　　来了斜阳金黄
　　　　　　的新鲜时光,
为了逃避它们,在遥远的房屋正面
　　　　所有撞伤的
窗户可怕地拍打着翅膀。

随后平静下来。即使雨水悄悄
流过石头从容发暗的光辉。
所有噪闹完全屈服
于嫩枝的灿烂的蓓蕾。

　　　　　　(1900年4月6日,柏林—施马尔根多夫。
　　　　　　日记上记着"星期五,冒第一阵春雨回家"。)

汉斯·托玛斯六十诞辰二首[*]

月　夜

南德的夜晚,因满月而宽广
又柔和如一切童话之回归。
许多时辰从钟楼沉坠
坠入它们深处如坠入大海——
然后是沙沙声和巡夜人呼叫何其高昂,
沉默空洞地停留一会儿;
然后一柄提琴(不知从何而来)
苏醒了缓缓说道:
　　　　　一个金发女郎……

骑　士

骑士戴着黑色钢盔疾驰
而出,驰入了喧闹的世界。
外面有一切:白昼和山谷

---

[*] 汉斯·托玛斯(1839—1924),德国画家,版画家,因描绘风景与人物的简朴风格而知名。《月夜》和《骑士》分别为汉斯·托玛斯的画《月光提琴手》和《寂寞的驰骋》而作。

和友和敌和大厅里的盛宴
和五月和少女和树林和圣杯,
天神独自几千次
竖在一切大街上。

而在骑士的甲胄里面,
在最阴暗的竞技场后面,
还有死神蹲着,一定在思考再思考:
什么时候剑会跃
过铁篱呢——
那陌生的把人解救的剑,
那从我的隐蔽处
从我在里面度过
如许伛偻时日的隐蔽处
将我捉拿的剑——
我才终于伸直了腰
演奏起来
歌唱起来。

(1899年7月14日,柏林—施马尔根多夫)

少女的忧郁[*]

我想起一个年轻的骑士
简直跟一句古谚相仿。

他来了。于是大风大雨多次
来到丛林把你裹起来。
他走了。于是大钟的祝福常常
让你孤零零
留在祈祷之中……
然后你想冲着寂静呼喊
却只是悄没声儿地哭泣
直哭得手帕冰凉。

我想起一个年轻的骑士,
他带着武器走向了远方。

他的微笑如此纤柔
像古老象牙上面的光辉,

---

[*] 可能因沃尔普斯威德艺术团体同人亨利希·福格勒的一幅题材相近的画而作。里尔克在论沃尔普斯威德艺术家的专文中,曾多次提及福格勒的作品。

像怀乡病,像圣诞夜一场雪
落在幽暗的村落,像绿松石
周围有真珠排列着,
像月光
在一本心爱的书上。

(1899年7月18日,柏林—施马尔根多夫)

疯　狂

　　她一定老在想:我就是……我就是……
那么,马利,你就是谁?
　　　一个女王,一个女王!
　　　向我下跪,向我下跪!

　　她一定老在哭:我从前……我从前……
那么,马利,你从前是什么?
　　　一个孤儿,穷得精光太可怜,
　　　我也不知怎么对你说。

难道人人向她下跪的女王
是这个可怜的孩子变的?
　　　可不,事情都变了样,
　　　再没人看见她到处行乞。

原来你已变得了不起,
什么时候,你可能讲讲?
　　　一个晚上,一个晚上,一个晚上刚过去,——
　　　他们同我谈话就变了腔。
　　　我出门上街就看出:

街上好像绷起了弦；
于是马利变成了旋律，旋律……
从一端跳到另一端。
人人害怕，逃得一溜烟，
逃到屋旁紧紧把墙靠，——
因为只有一个女王才胆敢
在大街上这样跳：跳！……

(1899年11月24日，柏林—施马尔根多夫)

钟情人

是的,我怀念你。我甚至从自己手中
滑脱出来以隐没自身,
不抱任何希望,我会怀疑那件东西,
它正向我走来,仿佛从你身边,
庄重,坚定,目不转睛。

……那些时日:我曾是怎样一个人,
什么也没呼唤过,什么也没把我泄露,
我的寂静有如一块石头,
小溪的潺潺从上面流走。

而今在这早春二月
又有什么慢慢使我断绝
那不自觉的阴暗的年光。
又有什么把可怜的温暖的生命
亲手交给了某一个人,
他却不知我昨天是个什么样。

(写作日期不明,1902—1906)

新　娘

唤我，亲人，大声唤我！
别让你的新娘久立在窗前。
在古老的梧桐小路上
黄昏不再守卫着
路上空无一人。

而你来了却不用你的声音把我
锁在夜间的屋子里，
我才不得不从我手中涌出来
涌进深蓝色的
花园里去……

（1898年9月20日，柏林—施马尔根多夫）

寂　静

你听,亲人,我抬起了双手——
你听,有簌簌声……
孤独者的什么手势会发现
自己不为许多东西所偷听?
你听,亲人,我合上了眼睑,
连这也是声响直到让你听见,
你听,亲人,我又张开它们……
……可为什么你不在眼前。

我的最小动作的痕迹
留在丝绸般的寂静里显而易见;
最细微的感动不可磨灭地
印在远方拉紧的帷幕上面。
在我的呼吸之上有星星
升起又降落。
香气飘到我唇边供我饮啜,
我于是认识遥远的天使们
的手腕。
只是我想着他们:你
我却见不着。

(写作日期不明,1900—1901)

音　乐

你在吹奏什么,小伙子？它穿过花园
如急骤的步伐,如耳语的命令。
你在吹奏什么,小伙子？瞧,你的灵魂
陷进了牧笛的笛管①。

你为什么将她②引诱？声响如监狱,
她在里面把自己疏忽而耽误；
你的生命强固,但你的歌曲更强固,
如泣如诉依仗你的渴慕。——

给她一次沉默吧,让灵魂悄悄
回家,回到澎湃与繁衍,
她好活在里面,成长着,博大而精巧,
在你强迫她进入你轻柔的吹奏之前。

瞧她怎样更加吃力地拍打着翅膀：
你做梦的人便将她的飞翔加以挥霍,

---

① "牧笛",即林神潘的笛,由许多绑在一起的个别笛管构成。
② "她",指抽象化或人格化的音乐本身。

以致她的双翼为歌唱所锯伤，
她不再拍着它们飞过我的高墙，
如果我呼唤她来寻欢作乐。

（1899年7月24日，柏林—施马尔根多夫）

童 年

学校里的烦恼和期待何其悠长,
连同闷煞人的事物缓缓流淌。
哦寂寞,哦难挨的时光,……
终于下学了:街头闪耀而丁当,
广场上泉水在喷放,
公园里世界如此宽广。——
穿着短服从这一切走过,
走得和别人完全不一样——:①
哦奇妙的时光,哦时光的消磨,
哦寂寞。

远远望开去望进了这一切:
男人和女人;男人,男人,女人
和孩子,它们五颜六色,分外别致;
这儿有屋子一座,不时还有狗一只
于是恐惧悄然换成了信任——:
哦无谓的悲伤,哦梦想,哦心惊胆颤,
哦无底的深渊。

---

① 里尔克在六岁以前一直被家人用女孩衣服打扮着,并作为女孩来教养。

于是玩耍起来：球呀圈呀还有环
在一个渐渐暗下来的公园，
有时盲目擦过成人身旁
在急促的抓捉中变得野蛮，
但傍晚静下来，迈步勉强，
磨磨蹭蹭回家去，双手紧攥：
哦不断消逝的领悟，
哦烦恼，哦重负。

又几小时跪着跪在
有只小帆船的大灰塘边；
要忘掉它，因为还有别的、同样的
更美的帆不断穿过波圈，
还必须想到那沉下去又从塘里
露出来的苍白的小脸——：
哦童年，哦淡化了的对照，
哪儿去了？哪儿去了？

（1905—1906年冬，巴黎—默东）

童年一瞥[*]

黑暗留在房间如财富,
孩子坐在里面,十分隐秘。
母亲做梦般走了进去,
一只玻璃杯震颤在寂静的橱里。
她感觉,房间正将她暴露无余,
便吻一吻孩子;你在这里?……
然后两人盯着钢琴心有余悸,
因为晚上她常常弹奏一曲
让孩子缠结其间难分难解。

他静悄悄坐着。他崇敬的目光停歇
在她手上,手完全为指环压弯,
抚过白色的键盘,
仿佛艰难地走过积雪。

(1900年3月18日,柏林—施马尔根多夫)

---

[*] "童年"是诗人最重要的创作主题,据他本人解释,也是他的决定性的创作动机之一。他心目中的理想人物,除了英雄和情人,便是儿童。

第一册第二部分

向入睡者说

我愿坐在一个人身旁
把他唱入梦乡。
我想把你当婴孩摇唱
还陪你在睡眠中从容徜徉。
我想一个人来守屋,
并知道:夜很凉。
还想向四面八方倾听
在你身中,在世界上,在林子里。——
时钟敲着把人们呼唤,
可以看见时间搁了浅。
下面走着一个莽汉
扰乱了一条狗的睡眠。
之后是寂静。我把眼睛睁大
瞧着你惺惺松松;
它们轻轻擒住你又把你放开,
当什么东西在暗中挪动。

(1900 年 11 月 14 日,柏林—施马尔根多夫)

人们在夜间*

夜并非为人群而设。
夜把你和你的邻人分隔,
你可别去找他尽管这样。
夜间你要是给你的斗室点灯,
好面对面看看人们,
那么,它是谁? 你得好好思量。

光从人们脸上滴下来,
他们被光丑化得可怕,
如果他们夜间聚在一块,
你会望见一个摇晃的世界
堆积得横七竖八。
昏黄的灯光在他们的额头
挤掉了一切思想,
酒在他们的目光里颤抖,
悬挂在他们手上
是笨重的姿势,他们交谈

---

* 从其对光的攻击和对孤独与黑暗的追求来看,本篇似乎发挥了《定时祈祷文》的主题。

凭借这些而情投意合：
他们这时说:"俺"和"俺"
意思就是:随便哪一个。

(1899年11月25日,柏林—施马尔根多夫)

邻　居

陌生的提琴,你在跟踪我?
在多少个遥远城市里你寂寞
的夜可曾同我的夜谈过心?
一百个人演奏你?还是一个人?

所有大城市里可有
这样的人,他们没有你
就会迷失在河流?
怎么总是我听见你?

怎么我总是那些人的邻居,
他们烦闷地强迫你歌唱
强迫你说:生活重于
任何事物的份量。

(写作日期不明:或系 1902—1903 年,巴黎)

Pont du Carrousel*

桥头那盲人风尘仆仆
一如无名帝国的界石，
他也许就是恒星小时
从远方围着转的一成不变物，
那寂静中心的星座。
因为一切围着它漂泊，奔波而闪烁。

他是岿然不动的正义，
被置于错综复杂的街头；
是通向下界的幽暗的进口
竟和肤浅的一代在一起。

（写作日期不明：或系 1902—1903 年，巴黎）

---

* "骑战桥"，巴黎地名，位于卢浮宫与旧宫之间，中世纪骑士比剑枪刺之地。本篇是作者早期"物诗"之一。桥头盲丐是作者笔下一再出现的悲惨人物。与罗丹人物身上被赞美的运动有别，里尔克首先歌颂站立的人。关于人性所包含的孤立状态及其对宇宙的关系，里尔克在他的《罗丹传》中有所阐述。

孤独者[*]

像一个人航行在陌生的海洋，
我厕身于永远的土著；
他们的桌上是丰盛的白昼，
而我意在充满图像的远方。

我的视线里伸进来一片天地，
它也许像月亮一样荒芜，
但它不让任何感觉孤立，
它所有的话语都有人居住。

我从远方带来的东西
和他们的摆在一起显得稀有——：
它们在伟大的故乡是野兽，
到这里却因羞耻而屏息。

(1903 年 4 月 2 日，维亚雷焦)

---

* 本篇原见于作者一九〇三年八月八日致女友露·安德烈亚斯－莎乐美的重要书信中，用以描述他在友人亨利希·福格勒家中所体验的某种市侩气氛。

阿散蒂人[*]

（驯化园）

没有陌生国土的幻景，
没有跳脱衣舞
的棕色妇人的风情。

没有狂野的陌生的旋律。
没有来源于血液的啼啭，
也没有血从深处呼喊而出。

没有棕色少女舒展
天鹅绒肢体于热带困乏；
没有眼睛像刀剑直闪，

却有咧开来大笑的嘴巴。
以及一种古怪的投合
对于白人的浮华。

---

[*] 非洲西部阿散蒂王国（现为加纳共和国）的土著，性格勇敢尚武。"驯化园"系法国波瓦·德·布洛涅的一个动物园的名称，作者于一九〇二年八月至一九〇三年三月之间第一次旅居巴黎，可能访问此处。

而我多么忧伤地看到这一切。

哦在笼里来回走动
的生灵们何等忠实，
和他们所不懂的新风
异俗的骚动毫不一致；
他们像一团静火
悄悄燃烧又沉入自身，
对新的奇遇泰然自若，
并因其伟大血液孤苦伶仃。

（写作日期不明：或系 1902—1903 年，巴黎）

最后一个*

我没有祖宅，
什么也没有丧失；
我的母亲把我
生到世界上来。
我现在站在世界上又走进
世界去越走越深，
有我的幸运有我的痛苦
独自有着种种切切。
还是好些人的继承人。
我的家族繁衍着三枝
在林中七座华第里，
已经厌倦了它的纹章，
而且已经太老了；——
他们留给我的和我为古老财产
所赢得的，已无归宿可言。
在我手中，在我怀里
我得抓住它，直到我死。

---

* 本篇写成后二日，作者在日记中留下关于罗丹的一段话，其中又说到寂寞是艺术品的特征之一。相信自己是一个古老贵族最后一名负有艺术使命的后裔，经常反映在里尔克的自我写照的作品中。参阅《1906年的自我写照》及注(见《新诗集》)。

因为我扔进
这世界的一切，
都堕落了
如同放在
一个浪尖上。

（1900年11月15日，柏林—施马尔根多夫）

忧 惧

枯林里有一声鸟叫,
它在这枯林里显得无聊。
圆润的鸟叫仍然停在
把它带来的这一瞬间,
宽如枯林之上的一片天。
一切温顺被移入这声叫喊里。
整个土地似乎无声地躺在里面,
大风似乎偎依进去,
而继续有所求的一瞬间
是苍白而静止的,仿佛它懂得
从每人身上爬出来
而每人必得死于其上的事物。

(1900年10月21日前不久,柏林—施马尔根多夫)

悲 叹

哦怎么一切消逝
得又远又久了。
我相信,我从它
迎接光辉的星辰
已经死去一千年。
我相信,在划过去
的小船中,
我听见在说什么可怕的事情。
屋子里一座钟
敲响了……
在哪一个屋子里？……
我想从我的心中走出去
走到广大天空下面去。
我想祈祷。
而所有星星中间
总还有一个在。
我相信,我知道
唯有哪一个
延续下来,
哪一个像一座白城

立于天光的尽头……

（1900年10月21日，柏林—施马尔根多夫）

寂 寞

寂寞像一阵雨。
它从大海向黄昏升去；
从遥远而荒凉的平芜
它升向了它久住的天国。
它正从天国向城市降落。

像雨一样降下来在模糊的时间，
那时一切街道迎向了明天，
那时身体一无所得，
只好失望而忧伤地分散；
那时两人相互憎厌，
不得不同卧在一张床上：

于是寂寞滚滚流淌……

(1902 年 9 月 21 日，巴黎)

秋　日

主啊，是时候了。夏日何其壮观。
把你的影子投向日规吧，
再让风吹向郊原。

命令最后的果实饱满圆熟；
再给它们偏南的日照两场，
催促它们向尽善尽美成长，
并把最后的甜蜜酿进浓酒。

谁现在没有房屋，再也建造不成。
谁现在单身一人，将长久孤苦伶仃，
将醒着，读着，写着长信
将在林荫小道上心神不定
徘徊不已，眼见落叶飘零。①

(1902 年 9 月 21 日，巴黎)

---

① 这一节描写了里尔克在巴黎的最初时日的精神状态，参阅本卷中的《寂寞》。

回 忆

于是你等着,等着那件东西,①
它使你的生命无限丰富;
那强有力的,不同寻常的东西,
石头的苏醒,
向你转过来的内心深处。

金色和棕色的书卷
在书架上模模糊糊;
于是你想起旅行过的国土,②
想起图画,想起重新失去
的女人的衣服。

于是你恍然大悟:就是那件东西。
你便起身,你面前袅袅
升起一个逝水年华的
忧虑和形象和祈祷。

(写作日期不明:1902—1906 年)

---

① 将等待变成回忆,参阅《八十老妪写照》及注(见《新诗集续编》)
② 指诗人访问过的俄罗斯和意大利。

秋

叶片在落,像从老远一样落,
仿佛遥远的花园已在天上枯朽;
它们落着打出手势说"莫"。

而夜间又落下沉重的地球
从所有星辰落进了寂寞。

我们都在落。这只手也在落。
请看另一只手:它在一切之中。

但有一个人,他以他的双手
无限温存地捧住了这个降落。

(1902 年 9 月 11 日,巴黎)

在夜的边缘

我的斗室和醒于
入夜大地之上的
这片广阔地带
是二而一的。我是一根弦,
绷在嗡嗡作响的
宽广的共振之上。

万物是提琴的躯干,
充满咕咕哝哝的黑暗;
里面有女人的哭泣入梦
里面有整个家族的恼怒
动弹在睡眠中……
我会像
银铃似的战栗:然后一切
将在我下面震颤,
而迷途于万物者
将追求光源,
它从我的舞蹈的音响
(天空为之沸腾)
通过狭窄的憔悴的缝隙

坠入无边的

古老的

深渊……

(1900年1月12日,柏林—施马尔根多夫)

前　进

于是我深沉的生命重新隆隆然，
仿佛进入了更宽阔的河岸。
万物于我愈来愈有缘，
我看万象愈来愈深远。①
对于不可名状物我已愈加熟谙：
我的感官像鸟一样我用它们，
从橡树高攀到多风的云天，
而我的感觉仿佛脚踩鱼脊
沉入了池塘里被切取的白天。

(1900年9月27日，沃尔普斯威德)

---

① 里尔克第二次访俄归来，于一九〇〇年八月二十七日到达沃尔普斯威德，住在友人亨利希·福格勒家中，不久与沃尔普斯威德的艺术家们相识，其中有女画家保拉·摩德尔松-贝克尔和女雕塑家克拉拉·韦斯特霍夫(后为诗人之妻)。这期间，诗人产生了一种罕见的愉快心情，他说是这些艺术家教会他用眼睛"看"。

预　感[*]

我像一面旗帜为远方所包围。
我感到吹来的风，而且必须承受它，
当时下界万物尚一无动弹：
门仍悄然关着，烟囱里一片寂静；
窗户没有震颤，尘土躺在地面。

我却知道了风暴，并像大海一样激荡。
我招展自身又坠入自身
并挣脱自身孑然孤立
于巨大的风暴之中。

（写作日期不明：1902—1906；或系 1904 年秋，瑞典）

---

[*] 本篇所表现的预感和期待的心情，将反复见于诗人日后的作品中。

暴风雨

被暴风雨驱赶的云朵
飞奔着:
要飞一百天的天空
仅仅一天就飞过——:

那时我摸到你,海特曼①,从远方
(你有意将
你的哥萨克引见
最伟大的君王)。
我摸到了你,马策帕②,
你平躺地面的颈项。

那时我也给拴上了
一匹奔马,马背热气蒸腾;
万物对我都消失了,
只有各色天空我还能辨认:

---

① 海特曼,原指古代立陶宛或波兰的军事统帅;后泛指哥萨克首领。
② 马策帕,即哥萨克首领伊凡·斯切潘诺维奇。原在彼得大帝麾下服役,后在北方战争中投奔瑞典卡尔七世。他曾因爱上波兰国王宫廷的一位命妇而受酷刑,被赤身裸体绑在马背上驱向草原。布莱希特写过一首《马策帕谣曲》。

被遮蔽着又被照耀着
我平躺在天空下面,
像平原一样平躺;
我的眼睛张着像池塘,
里面逃窜着同样
的飞翔。

（写作日期不明:或系 1904 年秋,瑞典）

斯科讷的黄昏*

园林很高。仿佛从一座房屋
我从它的暮霭走出来
走进了平原和黄昏。走进了风,
那阵风连云也能觉察它,
还有明亮的河流和站在天涯
徐徐磨着的风磨。
现在我也是它手中一件什么,
这片天空下面最渺小的什么。——请看:

这是一片天空吗?
淡得近乎神圣的碧蓝,
有不断净化的云彩挤进去,
下面所有白色在变换色度,
上面则是那稀薄庞大的灰暗,
仿佛在红底色上沸腾如炽,
而在一切之上则是落日
这宁静的余辉。

---

* 斯科讷,瑞典南部一省名。里尔克作为拉尔森小姐的客人,曾在该省她的波格比-戈特庄园住过,那儿有一个大林苑。参阅《在一个异国林苑里》(见《新诗集》)。

多么神奇的修建,
在自身运动着又为自身所支撑,
成形的形体,巨大的翅翼,褶痕
还有第一颗星前面的崇山
突然间,那儿:远处还有一扇门,
也许只有鸟才知有多远……

(约 1904 年 11 月 1 日,瑞典—哥德堡)

黄　昏

黄昏徐缓地更衣，
一道衣边挂上了古树；
你望着：两片陆地都与你分离，
一片上了天，一片落下去；

而且离开你，不属于任何人，
不完全暗得像沉默的房屋，
不完全可靠地召遣永恒
有如每夜变作星斗而上升的事物——

而且离开你（有如快刀斩乱麻）
你的生命惶恐，巍峨而成熟，
于是它时而拘束时而通达，
在你身上轮番变成石头和星斗。

（写作日期不明：1902—1906 年；或系 1904 年秋，瑞典）

严肃的时刻

而今谁在世上什么地方哭泣,
在世上无缘无故地哭泣,
他就是哭我。

而今谁在夜间什么地方发笑,
在夜间无缘无故地发笑,
他就是笑我。

而今谁在世上什么地方走着,
在世上无缘无故地走着,
他就走向我。

而今谁在世上什么地方死去,
在世上无缘无故地死去,
他就看见了我。

(1900年10月中旬,柏林—施马尔根多夫)

第二册第一部分

圣母领报节[*]

（天使的话）

你不比我们更接近上帝；
我们都离他很远很远。
但你的双手不可思议
竟蒙受了他的恩典。
没有哪个女人的手
从衣缘如此闪烁地成熟：
我是白昼，我是雨露，
而你是树。

我现在累了，我的路走了很长，
原谅我，我已忘记
他威风凛凛，金碧辉煌，
仿佛坐在太阳里，
曾经让我告诉你什么，你沉思的人，
（空间把我弄得糊里糊涂。）

---

[*] 据基督教教义，三月二十五日为天使迦百列向圣母马利亚通报耶稣诞生的节日。

看吧,我是开头那个人,
而你是树。

我展开我的翅翼
变得异常宽广;
现在你的小屋里
充满了我的大氅。
可你还是那么孤单
对我几乎不予一顾;
这使我如微风吹自林苑,
而你是树。

天使们都忐忑不止,
彼此分散:
渴望从未如此,
如此模糊而又伟岸。
也许你在梦中领悟,
很快会有什么发生。
恭喜你,我的心灵看出:
你已成熟,正迎接新生。
你是一扇又高又大的门,
很快你就会开启。
你是那只耳朵,最爱我的歌声,
现在我觉得:我的话沉入你的心
有如消失在树林里。

于是我来了,来圆
你的第一千零一个梦。

上帝望着我:他令人目眩……

而你是树。

(1899年7月21日,柏林—施马尔根多夫)

在卡尔特教团修道院*

每位白衣修士勤于栽培
都信任自己的小花园。
每片花畦都写明它属于谁。
有一片在秘密的自满中期待着,
到五月
勃发的花朵将像一幅画显示
它的被压抑的力量。

于是他的双手松弛无力地扶住
他褐色的头,它由于从黑暗中
焦急滚过的浆液而沉重,
他的肥厚而起皱的羊毛长袍
滑到了脚下,而在他的双臂处
却绷得紧紧,那双臂恰如强壮的枝干
支住可能在做梦的双手。

没有赞美歌,没有弥撒祈祷文①

---

* 卡尔特教团于一〇八六年由圣布吕诺在法国沙特鲁斯山设立,提倡苦修冥想。此处系指佛罗伦萨的瓦尔·德玛修道院。
① "赞美歌"指第51首赞美诗起句"上帝怜悯我";"弥撒祈祷文"指东正教祈祷文。

从他年轻而圆润的声音中发出,
也没有诅咒会使这声音惊逝;
它可不是一头小鹿。
它是一匹骏马,咬着嚼子腾跃起来,
遥远而熟道地载着他
跨过栅栏、陡坡和障碍,
根本不用鞍就可驭住他。

但他坐着,在沉思中
宽阔的手腕几乎破碎了,
于是他感到思想沉重越来越重。

黄昏来临,那温柔的归人,
一阵风起,道路变得更其空寂,
阴影在深谷中聚积。

于是像一只锁在链上摇晃的小船,
花园变得模糊起来,像被风
摇动似的悬在浓重的暮色上。
有谁来解开它呢?……

这位修士如此年轻,
可他的母亲早就死了。
他知道她:人们管她叫 La Stanza①;
她本是一只又脆又亮的玻璃杯。人们把它

---

① 意大利语:体弱多病身。把女人喻为"玻璃杯",参阅《一个女人的命运》(见《新诗集》)。

交给某个人,他喝完水就把它摔碎了
像一个瓦罐。

父亲就是那个人。
他当红色大理石开采场的师傅
混口饭吃。
每个匹特拉卞卡①的产妇
都害怕他晚上走过她们窗前
骂骂咧咧吓唬人。

他在穷极无聊的时刻把他儿子
献给了 Donna Dolorosa②,
儿子便在修道院的连环拱式庭院里沉思,
沉思着,周围有微红的气味沙沙作响:
因为他的花都开了,红通通的。

(1899 年 7 月 28 日,柏林—施马尔根多夫)

---

① 匹特拉卞卡,镇名,直译为"白石"。
② 意大利语:"悲伤的夫人。"一般用以称呼圣母马利亚。

最后的审判*

（摘自一位僧侣的手记）

他们从他们腐朽的陵墓
像从一个浴场复活了；
因为都相信重逢，
可怕的是他们的信念，没有慈悲。

悄悄说吧，上帝！可能有人认为
你的王国的长喇叭曾经呼唤；
它的声音深不可及：
因为一切时代从石头里爬出来，
一切失踪者现形为
干皱的亚麻布和风化的骨骸
并因其土块的重量而倾斜。
这将是对一个奇异的故乡之
一次奇异的回归；
连从不认识你的人们都将呼喊
将渴望你的伟大如同一件公理：

---

* 本篇是对基督教的复活说的反驳，但同时却歌颂了死亡。参阅《请使一个人伟大，主啊……》及注（见《定时祈祷文》）。

如同面包与酒。

洞察一切者啊,你认识我在我的黑暗中
颤抖地创作的这幅怪诞的图景。
一切从你而来,因为你是大门,——
一切原在你的颜面上
在消失于我们的颜面之前。
你认识这幅宏伟的图景:

是一个早晨,却来自一道
你的成熟爱情从未创造过的光,
是一阵轰鸣,却不来自你的呼唤,
一阵战栗,不是由于为神所抛弃,
一阵摇晃,没有保持住你的平衡。
是一阵窸窣声和所有破裂建筑物
　的一次拾掇,
一次自我补偿和一次自我浪费,
一次自我交配和一次自我凝视,
和一次对所有古老欢娱的触摸
和所有乐趣之憔悴的回归。
而在裂开如伤口的教堂之上,
你从未创造的黑鸟排成
混乱的行列飞来飞去。

他们这样挣扎着,长眠者们,
龇牙咧嘴地奔跑,
惶惶不可终日,因为他们不再流血,
在眼眶大张处以冰冷手指

寻求死去的眼泪。
而且疲惫不堪。他们早晨之后
几分钟,黄昏突然降临。
他们变得严肃,独自我行我素
并准备在暴风雨中翱翔起来,
当你的愤怒之阴暗的点滴
出现在你的情爱之香洌的酒浆中
以便接近你的判决时。
于是它在巨大的呼喊之后开始了:
那特大的可怕的沉默。
他们都坐着仿佛在黑门面前
在一道给他们布满耀眼斑点
如同布满疮疖的光里。
于是黄昏进展着变老了迟了。
于是黑夜大块大块地
落在他们手中,落在他们背上
那摇晃着承受黑色重负的背。
他们久久等待着。他们的肩膀震颤
在一片暗海似的压力下,
他们坐着似乎沉浸在思想中
实际上空空洞洞。
为什么他们支撑着额头?
他们的脑子在什么地方思考,
在大地深处,凹陷下去,呈褶状:
整个古老大地强有力地思考着,
而它的大树在沙沙作响。

洞察一切者啊,你可记得这苍白的

令人惶恐的图景,它在你所意愿的
图景中可谓无与伦比?
难道你不害怕这喑哑的城市,
它们挂在你身上如同一片枯叶,
却想起身迎向你的愤怒的标记?
哦,且拦住所有的日子,
免得它们太快地接近终点,——
也许你还能避开
我们两人都见到的那伟大的沉默。
也许你还能从我们中间推出一个来,
他从这可怕的再生取走了
感觉,渴慕和灵魂,
他彻底地愤怒了
却仍然愉快地游过一切事物,
各种力量之漠不关心的消耗者啊,
他弹奏着所有琴弦
像匿名的潜水者完好无损地
投入了一切死亡。
……或者,你怎样希望忍受这一天,
它以其沉默之可怖的歌唱
比所有日子的长度还要长,
当天使们像高声的询问
以其令人恐怖的拍翅声
把你团团围住时?
瞧,他们怎样颤抖地悬挂在摆动中
并以千百只眼睛向你申诉
却不敢将其温柔歌曲的声音
从许多混乱的过门再提高

成为明朗的曲调。
而当劝戒过你胜勿骄的
蓄着大胡子的老者们
只是轻摇他们的白头时,
当那为你哺育过儿子的妇人们,
为他所误导的人们,同路者们
以及所有为他供奉自身的处女们:
你的黑暗花园的明亮的白桦们,——
当她们都沉默了,谁会来帮助你呢?

坐在你的宝座周围的人们中间,
怕只有你的儿子会起身吧。
那么你的声音是否刻入了他的心?
那么说说你无声的痛苦吧:
儿子!
你可在寻找曾经呼唤过审判,
你的审判和你的宝座的
那个人的脸:
儿子!
你,父亲,可在吩咐你的继承人,
悄悄为马格达雷娜①所伴随,
下降到那些
渴望重新死去的人们中间去?

但愿这是你最后的王诏,
最后的恩宠和最后的憎恨;

---

① "马格达雷娜",即《新约》中的"抹大拉的马利亚",拿自己的头发为耶稣擦脚、后来宣告耶稣复活的赎罪妓女。

随后一切却会安静下来：
天庭和审判和你。
那长久被遮掩着的
世界之谜所有的帷幔
随着这个挂钩落下来了。
……我不胜惶恐之至……
洞察一切者啊，瞧瞧我怎样惶恐，
量量我的痛楚吧！
我恐惧你久已消逝，
当你第一次
把一切尽收眼底，
看见这次苍白无力的
审判的图景，
你，洞察一切者，无助地向它走近。
那时你逃走了吗？
逃到哪儿去呢？
没有人能比我
更信任地
走向你，
我不愿
像一切笃信者那样
为了报酬而背叛你。
我只愿，因为我隐藏着
像你一样疲乏，也许更疲乏，
因为我对那伟大审判的恐惧
跟你的恐惧相等，
我只愿紧紧地
脸挨脸

附着在你身上；
我们将以些许力量
挡住那庞大的轮子，
洪水从它上面流过
它哗哗流着，咻咻喘着——
然后：天哪，他们要复活了。
这就是他们的信念：伟大而不慈悲。

(1899年7月21日，柏林—施马尔根多夫)

儿　子[*]

我的父亲被流放，
一名流放海外的王。
一位使节把他找：
他的外套像只豹，
他的佩剑重又长。

我的父亲一直很朴素，
既无头盔又无貂皮裘；
房间黑咕隆咚，
周围一无所有。
他的双手哆嗦，
空虚而又白皙，——
两眼漠然张望
没有图画的四壁。

母亲走在花园里
白衣漫穿绿叶间，

---

[*] 本篇以象征手法表现自己高贵的出身、贫困的祖宅和艺术家的使命。参阅《我父亲青年时期的肖像》《1906年的自我写照》（均见《新诗集》）和《致俄耳甫斯十四行》第一部第17首。

期待一阵风起，
吹在夕照面前。
我梦见她在唤我，
可她独自踱步，——
让我从台阶边缘
倾听马蹄声渐弱渐远，
接着走进屋里去：

父亲！你那陌生的使节……？
他又迎风骑马……
他想干啥？孩子，
他认出了你的金发。
父亲！他穿得多怪！
他的外套多么飘悠！
肩膀，胸脯和骏马
千锤百炼如绕指柔。
他是一种刀剑之音，
他是一个出没黑夜的人，——
但他随身捎来
狭小的王冠一顶。
每一步它都碰着
沉重佩剑叮当作响，
珍珠嵌在它中央
多条性命也比不上。
由于愤怒抓攥
发圈已经扭弯，
它便经常落下：
这是个儿童王冠，——

国王们看也不爱看；
——把它送给我吧！
我有时真想戴它
在夜间，羞得脸发白。
还想向你，父亲，问：
使节从哪儿来。
那里东西有什么用，
城市可是石头堆成，
或者帐篷里有没有
谁在把我等。

我父亲一向受欺凌，
平日很少得安宁。
他把额头罩上
成夜把我偷听。
我头上就戴着那发圈。
我还轻言细语凑得很近，
说母亲并没有醒，——
其实她想着同一件事情，
身穿白衣泰然自若，
面对晚间的庞然大物，
走过了阴暗的花园。
  *　　*　　*
于是我们成为恍惚的提琴手，
悄悄跨出了门槛，
好在自己祈祷前向外探看，
有没有邻人把自己偷听。
正当人人消遣

在最后的晚钟后面,
他们奏起了歌曲,在歌曲后面,
(如风中林木在泉水后面)
黑色琴匣发出了沙沙声。
因为只有当沉默为它们伴奏,
当琴弦的对语后面
噪音一直如血溅
那时声音才可称优秀;
时代惶恐而荒谬,
因为在它们的虚浮背后
什么闲着的东西都不能存留。

忍耐:悄然的指针在盘旋,
曾被允诺的一切都将兑现:
我们是沉默者面前的耳语者,
我们是神林面前的草原;
里面还有模糊的嗡鸣——
(是许多声音却不是合唱歌舞)
面对沉默而深沉的神林
它们胸有成竹……

(第一部分:1900 年 10 月 1 日,沃尔普斯威德;
第二部分:1900 年 4 月 12 日,柏林—施马尔根多夫)

歌者在一位幼君面前歌唱

——怀念保拉·摩德尔松-贝克尔①

你苍白的孩子,每个黄昏
歌者总隐约地站在你的物事②旁边
通过他的声音的桥梁给你带来
洋溢在血液中的传说
和一支他双手满捧着的竖琴。

他对你讲述的一切并未过时,
它们仿佛从壁挂上升起;
这样一些形象从未有过;——
他便把生命称之为"得未曾有"。
而今天他选择了这一支歌:

你金发的王孙,出自
孑然期待于白厅的妇人之手,——

---

① 保拉·摩德尔松-贝克尔(1876—1907),德国女画家;与风景画家奥托·摩德尔松结婚(1898);从一九〇〇年起长居巴黎;以静物画、自画像而知名,受高更、塞尚等印象派大师影响。参阅《前进》注释(见《图像集》第一册第一部分)和《为一位女友而作》(见《挽歌》)。
② 所谓"物事",指本诗中画家和诗人的创作素材。

几乎人人殷切盼望把你抚养,
将来好从肖像画中把你观望:
观望你眉毛诚挚的眼睛,
观望你明亮而瘦小的双手。

你从她们得到珍珠和绿玉,
从那些妇女们,她们站在肖像画中
仿佛寂寞地站在黄昏的草地,——
你从她们得到珍珠和绿玉,——
还有铭文发暗的指环
和飘着残香的绸缎。

你带着她们腰带上的宝石
在辉煌的时刻走向高窗,
你的小书用柔软婚服
的绸带捆扎起来,
你凛然超越国土,在书中遇见
你的名字以丰富圆熟的字母
写得十分粗大。

于是一切仿佛已经发生过。

她们以为你再也不会来了,
便把嘴唇放在一切杯盏上,
为一切乐事煽动她们的情感
而对任何痛苦漠不关心;
以致你现今
站着并感到惭愧。

……你苍白的孩子,你的生活也是一种生活,——
歌者来对你说,你存在着。
你不止是一场林苑的梦,
不止是许多灰色日子所忘却的
阳光的幸福。
你的生活是你的,简直不可言说,
因为它装载过重。

你可觉得,过去种种是怎样
变得轻而易举,当你生活了一会儿,
它们是怎样安详地为奇迹而有所准备,
用图画来伴随你的每种感情,——
而全部时光似乎只是一个符号
代替你优雅抬起的一个手势。——

这就是曾经存在过的一切的意义,
它不会因其全部重量而继续存在,
它重新回归而成为我们的本质,
交织在我们心中,深沉而奇妙;

这些象牙般的妇人就这样
为许多玫瑰红彤彤地照射,
君王疲倦的脸色就这样阴暗下来,
王侯惨白的嘴唇就这样变成石头一般,
不为孤儿的哭泣所动,
小伙子们就这样发出和声如提琴
并为妇人的浓发而死;
少女们就这样前往侍奉圣母,
世界为她们而迷惑起来。

于是琵琶响了还有曼陀铃,
一个陌生人曾洪亮地弹奏过它们,——
匕首的锐利伸向了温暖的天鹅绒,——
命运由幸福和信仰构成,
别离在向晚的园亭长叹,——
而在一百顶黑色铁盔上面
野战如一艘巨舟晃荡而过。
于是城市慢慢变大有如
海洋的波浪回落到自身,
于是铁矛疾速飞翔的冲力
投向了报酬昂贵的目标,
于是孩子们为花园游戏装扮自己,——
于是发生了无关紧要的和艰难的事情
只为了获得这日常的经验
而给你一千个伟大的比喻
使你好靠它们成长壮大起来。
过去种种栽进了你的心中,
正好从你身上像从花园一样升起。

你苍白的孩子,你以你让人歌唱
的命运使歌者富有:
于是一场游园盛会以火树银花
倒映在惊惶的池塘之中。
在神秘诗人心中静静重复着
每件物事:一颗星,一座屋,一片林。
而他想颂扬的许多物事
围绕你动人的形象而立。

(1900年10月3日,沃尔普斯威德)

第二册第二部分

声音集

扉页题辞①

富家儿和幸运儿最好闭口,
没人想知道,他们是什么东西。
但穷人必须出头,
必须说:我是瞎子,
或者:我快变瞎了,
或者:我的日子过得不好,
或者:我有个生病的孩子,
或者:我给人随便拼凑……

也许这样还不够。

他们还须歌唱,因为否则人人
从他们身旁走过,都会旁若无人。

---

① 以下九首近似莲花落式的歌曲,融合了作者个人的困境和他在大城市(如巴黎)的消极经验,从而构成一幅现代人的悲惨素描。但是,其中一些表现主义手法和基督教思想相混,便使贫困的社会意义退居到美学颂扬后面了。

于是你还听得见美妙的歌曲。

当然人们是古怪的；他们宁肯
倾听儿童合唱队的阉歌人①。

但是上帝亲自来了并将停留很久，
如果这些被割者使他烦闷。

（《题辞》的写作日期不明，其他各篇
写于 1906 年 6 月 7—12 日，巴黎）

乞丐之歌

我沿门告化，
日晒雨淋；
忽然我把右耳
放在右手心。
于是我觉得异样，
仿佛从没听见过我的声音。

于是我搞不清楚，是谁在哭喊，
是我还是随便哪一个。
我为一两文钱哭喊。
诗人哭喊为了更多。

最后，我用双眼
关闭了我的脸；

---

① 幼时去势以保持童音者。

它沉重地躺在手里，
看来几乎像在安息。
因此人们不致于猜想，
我连放脑袋都没有一个地方。

盲人之歌

我是瞎子，你们外人看来，这可是一场厄运，
一阵嫌恶，一桩矛盾，
每天躲不脱的麻烦。
我把手扶在女人的手臂上，
把我的灰手放在她的灰色的灰色上，
她引我穿过纯粹的空间。

你们活跃着挪动着自以为
响起来不像石头碰在石头上，
可你们错了：只有我一人
活着受罪，吵吵嚷嚷。
我身上有一阵呼喊永无休止，
不知为我呼喊的是
我的心还是我的腑脏。

你们可认识我的歌？你们不唱它们，
完全用不着这样声嘶力竭。
你们每天早晨有新光
温煦地照进宽敞的住宅。
你们有一种感觉从脸到脸
使人误认为这就是恩爱。

醉汉之歌

它不在我身上。它走出来又走进去。
我想抓住它。酒却把它抓住。
(我不再知道,它是什么。)
于是他给我拿这又拿那,
直到我完全投靠了他。
我是个蠢货。

而今我落入他的圈套,他将我
轻蔑地四下抛散,今天还会把我
输给这个畜牲,输给死亡。
如果死亡赢得我,这肮脏的纸牌,
它就会用我来搔它灰白的癣疥
并把我扔进垃圾箱。

自杀者之歌

那么还剩一转眼。
可他们为我再而三
剪断了绳。
前不久我就准备就绪,
我的腑脏里
已有了一点点永恒。

他们把汤匙给我递来,
这汤匙就是生命。

不,我不再要它,不再,
让我呕吐干净。

我知道,生命实在好极,
世界是满满一杯,
可并没有流进我的血里,
而在脑里使我沉醉。

它营养了别人,却使我生病;
要知道,有人瞧它不起。
我现在需要把口禁
至少以一千年为期。

寡妇之歌

开初生活对我充满好意。
它使我温暖,给我勇气。
原来它对青年人都一样的,
我当时又怎能判断。
我不知生活是什么味道——,
突然间它不过年复一年过去了,
不再美好,不再新鲜,不再奇妙,
仿佛从中撕成两半。

这可不能怪他,我也不能引咎;
我们两个除了耐心一无所有,
可死亡连耐心也没有一点一滴。
我看见它来了(它来得多么糟),

我盯着它，它捞了又捞：
它捞走的却不是我的。

我的又是什么呢；我的这，我的那？
可不都是从命运借来的吗，
甚至连我的忧愁？
命运不仅索回了幸福，
还索回痛苦和啼哭，
它还把毁灭作为旧货买到手。

命运就在那儿，简直不费一文
就赢得我脸上每个表情
直到我走路的脚步。
这是一次日常的大拍卖，
当我变空了，它便把我抛开
让我听人摆布。

白痴之歌

他们不拦我。让我到处走。
他们说，啥事也不会有。
多好。
啥事也不会有。一切都来转悠，
一直围着圣灵转悠，
围着（你知道的）某个灵魂转悠——，
多好。

不，可别认为，这样干

会有什么危险。
血当然不少。
血是最沉的。血多沉。
有时我相信,我再也不能——。
(多好。)

哦这是多美的一个球;
又红又圆,无处不有。
好的,你们把它创造。
可它会不会来,如果有人喊叫?

这一切显得多么稀奇,
相互拥入,又彼此游离:
亲切友好,又有点暧昧;
多好。

孤儿之歌

算不了什么将来也算不了什么。
我现在太小小得没法活;
可日后也活不成。

爸爸妈妈们,
可怜可怜我。

值不得费心照料:
反正我会给人掐死。
没人会需要我:现今太早

明天可又太迟。

我只有这身衣服,
单薄而又灰暗,
它将永远穿下去
即使到了上帝面前。

我只有这几根头发
(永远就是这几根),
它曾经为一个人爱煞。

而今他对什么也不动心。

侏儒之歌

我的灵魂也许方正而整洁;
可我的心,我扭曲的血,
使我痛苦的这一切,
她都不能挺胸承担。
她没有花园,她没有床榻,
她依附于我尖利的骨架
受惊的翅膀一搧一搧。

从我的双手什么也变不出。
瞧瞧吧:它们多么干枯:
顽强地弹跳着,潮湿而沉郁,
像雨后的小蛤蟆一样。
而我身上的其他方面

则是褴褛、破旧而惨淡；
为什么上帝迟迟不愿
把这一切扔进垃圾箱。

难道他生了我的气,为了那
呶呶不休的嘴巴长在我脸上？
可脸经常准备为存真起见,
要变得又光又亮；
但从没什么挨他那么近
像那些大狗一样。
狗却没有那样一张脸。

麻风患者之歌

瞧,我是个人人摒弃的人。
城里没谁知道有我这个人,
我得了麻风病。
我敲着我的呱嗒板儿,
把我忧伤的指望
敲进所有打近旁
走过的人们耳朵。
他们听见这阵木头声,
竟不朝我瞅一瞅,不愿打听
这里发生了什么事情。

我的呱嗒板儿响到哪儿,
哪儿便是我的家；但多半
你使我的呱嗒板儿太响了,

响得从近处躲开我的人
没有一个相信我是那么远。
这样我可以走很久很久
碰不见男人,女人,少女
或小孩。

连动物我都不想吓唬。

读书人*

我已读了很久。自从今天下午,
雨幕淅沥,隔着窗户。
我再听不见外面的风声:
我的书本变得很沉。
我瞅着它的页子如瞅着脸面,
它们由于沉思变得暗淡,
我想阅读有很多时间。——
突然书页被光亮照遍,
不再是烦人字迹模糊一片
而是:黄昏,黄昏……在上面处处耀眼;
我还没有望出去,长长的字行
竟然撕碎,单词从它们的捻线
滚向前去,滚到它们想去的地点……
我知道那儿:盈满而灿烂
的花园上面是广阔的天;
太阳应当再出来一遍。——
现在是夏夜,望得见很远很远:
稀稀落落的很少结队成群,

---

* 参阅《读者》(见《新诗集续编》)。

漫长的路上模糊走着人们，
颇不寻常，仿佛包含更多意蕴，
人们听见刚才发生的几件事情。
我现在把眼睛从书本抬起，
什么都将不令人惊讶，一切都将伟大。
外面那里正是我在屋内之所经历，
这里和那里都是一望无涯；
只是我将更多与之交织在一处，
如果我的目光注意到那些事物，
注意到物质的诚挚的朴素，——
因为大地从自身成长开去。
它似乎包括了整个天宇：
最初一颗星就像最后一座房屋。

（1901年9月间，韦斯特尔威德）

观望者[*]

越过越没劲的日子里
树木把我不安的窗子狂敲,
我从它们看出了风暴,
还听见远方诉说一些事情
我没有朋友就受不了
没有姊妹就爱不了。

风暴是一个变形人
吹过了树林吹过了时间,
一切仿佛都没有年龄:
像《诗篇》里一节诗,风景
是严肃,是重量,是永远。

我们用以搏斗的何其渺小,
而与我们搏斗的又何其雄壮;
如果我们像万物一样

---

[*] 原为致克拉拉·韦斯特霍夫的书简诗,发表时经过修改。从今后的发展情况来看,这首诗似应作为一篇纲领来读。"观望"、"看见"及其他同义动词,已成为作者所有纲领性言论的关键词。参阅《豹》及注(见《新诗集》)。本篇第四节,参阅《旧约·创世记》第三十二章第三十三节雅各与天使摔跤一段。

受制于巨大的风暴,
我们会变得辽阔而难以名状。

我们战胜的是渺小,
胜利本身却使我们渺小。
永恒与非凡
不愿为我们折腰。
这就是那个天使
曾向《旧约》的斗士们显现:
他的对手的肌肉
在战斗中拉长成为金属,
他抚摩它们于手指
恰如深沉音乐的和弦。

谁败北于这位天使
(可他常常谢绝战斗),
谁便从那只粗手
变得挺拔伟大而正直,
那手揉着他像要把他塑造。
胜利并不引诱他。
他的成长乃是:为那不断变大
的东西彻底击倒。

　　　　　(1901年1月21日,柏林—施马尔根多夫)

写于暴风雨之夜

扉页题辞

为不断扩大的暴风雨所摇撼的夜，
它是怎样一下子变得宽广起来，——
仿佛它往常一直积聚
在时间狭隘的褶皱里。
哪儿有星星阻拦它，它哪儿都不会终止，
它不会在树林中开始
不会在我的面前开始
也不随着你的形象开始。
灯火结结巴巴地说着，却不知道：
我们光难道会骗人吗？
夜难道是唯一的现实
自从几千年以来……

1

在这样的夜晚你能在小路上
遇见未来事物，那狭长的苍白的
脸颊，它们不认识你

会沉默地放你过去。
但如果它们开始讲话,
你可就是一个久已逝去的人,
你虽站在那儿,
却久已腐烂。
可它们仍然像死者一样沉默着,
虽然它们是即将来临者。
未来尚未开始。
它们只是把视线投入时间
却不能观望如在水中;
它们还得忍耐一会儿,
才像在波涛下面一样看得见:
鱼儿的匆忙和钓丝的潜没。

2

在这样的夜晚监狱打开了。
通过看守人的噩梦
带着轻微的笑声走出了
他们的权限的藐视者。
森林!他们身负长久刑罚,向你走来,
想在你里面睡上一觉。
　　森林!

3

在这样的夜晚一个歌剧院突然
发生了火灾。真像一头怪物,

设有包厢的大厅开始把
拥挤在它里面的几千人加以
咀嚼。
男士们和女士们
在走廊上目瞪口呆,
仿佛大家彼此离不开,
大墙塌了,把他们一起拽走。
再没人知道,谁整个儿给压在下面;
有人为他而伤心时,
他的耳朵还充满着为此
掠过的音响……

4

在这样的夜晚如在多日以前,
已故王侯的石棺里的心
开始重新起搏了:
它们的重新跳动如此猛烈地
撞击着抵抗的棺盖以致
它们继续穿着金缕玉衣通过
黑暗和腐朽的锦缎。
主教座堂连同大厅黑黝黝地摇晃。
使劲抠入钟楼的大钟
如鸟悬挂着,门在颤动,
每个环节在支架上战栗:
仿佛动弹的盲龟
承担着作为基础的花岗岩。

5

在这样的夜晚无可救治者知道：
我们曾经是……
而他们在病人中间继续想着
一个简单的良好的想法，
在它曾经中断的那个地方。
但在他们放任不管的儿子们中间，
也许在最冷清的小巷里走着最年幼的一个；
因为正是这样的夜晚
他觉得他仿佛第一次思考：
它久久沉重地压在他身上，
但现在一切将揭开面纱，——
于是：他将颂扬它，

　　他觉得……

6

在这样的夜晚所有城市都一样，
都挂着旗。
于是揪住为暴风雨所袭击的旗，
如同揪住头发被拖到
任何一个国土以及模糊的
轮廓和河流。
然后所有公园里有一个池塘，
每个池塘旁有同一座房屋，
每座房屋里有同一盏灯光；

而所有人看起来都相像
都用手捂住了脸。

7

在这样的夜晚垂死者变得清醒,
把手轻轻插入越长越长的头发,
发茎在这些漫长的日子里
从头颅的弱点钻了出来,
仿佛它们想要留在
死亡的表面。
他们的手势在屋内走动,
仿佛到处挂着镜子;
于是他们——连同他们头发里
这道裂痕——散发着
他们在逝去岁月所积聚
　　的力量。

8

在这样的夜晚我的小妹妹长大了,
它曾在我面前活过又在我面前死去,很小很小。
此后过去许多这样的夜晚:
她一定长得很漂亮。不久会有人
　　来娶她。

(1901年1月21日,柏林—施马尔根多夫)

盲　女[*]

　　陌生人
你不怕谈到它么？

　　盲女
不怕。
它很久远了。那是另一个人。
她当时看得见，她大喊大叫、东张西望地活过，
她死了。

　　陌生人
可死得艰难吧？

　　盲女
死亡对于一无所知者是残忍。
得放坚强些，即使陌生人死了。

---

[*] 这篇对话诗充分抒写一种艺术家的心境：因失明而孤独，因孤独而陷入困境，但经过痛苦的洗礼，最终会转变为内心的财富。参阅本集所选《盲人之歌》及其配对诗《观望者》，以及《盲人》(见《新诗集续编》)。

陌生人
她对你陌生么?

　　盲女
——不如说:她曾经陌生过。
死亡甚至使母亲和孩子疏远。——
可头几天很可怕。
我遍体鳞伤。世界,
现在在事物中盛开而又成熟,
当时却从我身上连根拔起,
连我的心一起(我觉得),我袒露着
躺在那儿如被掘开的土地饮着
我的泪水的冷雨,
它从死去的眼睛不停地
潸然流出如从荒凉的天空,
这时上帝死了,乌云降落下来。
而我的听觉却是巨大的,向一切开放。
我听见了听不见的事物:
从我头发上面流过的时间,
在脆玻璃上玎玲作响的寂静,
还感觉到:一朵大白玫瑰的气息
飘近了我的双手。
我一再想到:除了夜,还是夜
并相信看见一条亮光
将像白昼一样扩张开来;
相信会走向久已
捧在我双手中的早晨。
睡眠从我模糊的脸庞

沉滞地滑落,我唤醒了母亲,
我对她喊道:"你,来吧!
快点亮!"
于是倾听。久而久之,寂静无声,
我觉得我的枕头变成了石头,——
后来我仿佛看见什么在发亮:
原来那是母亲的悲泣,
我再也不愿想到的悲泣。
快点亮!快点亮!我常在梦中这样呼喊。
空间已经倒塌。快从我的脸、
我的胸把空间抓住。
你必须举起它,高高举起它,
必须把星星重新交给它;
我不能这样生活,让天空在我头上,
可我是在对你说话么,母亲?
要不,是对谁呢?那么谁在后面?
谁在帷幕后面?——是冬天?
母亲:是暴风雨?母亲:是夜?说吧!
要不,就是白天?……白天!
可没有我!怎么能白天没有我?
是不是我在哪儿都碍事?
是不是谁也不再关心我?
是不是我们完全被人忘记?
我们?……可你却还正在那儿;
你还有一切,可不是?
还有一切在照顾你的视力
使它感觉舒坦。
如果你的眼睛垂下去,

如果它们很疲倦，
它们还会重新抬起来。
……我的眼睛却沉默了。
我的花将失去色泽。
我的镜子将冻结成冰。
我的书里的字行将模糊不清。
我的鸟将在胡同里四下飞扑
并在陌生的窗口受伤。
什么也不再和我相干。
我已为一切所抛弃。——
我是一个岛。

　　陌生人
可我已跨海而来。

　　盲女
怎么？来到岛上？……来到这儿？

　　陌生人
我还在小船上。
我把它轻轻靠拢
你。它在动荡：
它的旗子在向陆地飘。

　　盲女
我是一个岛，我孤单。
我富有。——
首先，许多旧路还在

我的神经里，由于多次
使用而损坏：
我也因此而受苦。
一切从我的心中离去，
我先不知道去向哪儿；
但我随即发现它们都在那里，
我现在所有的一切感觉，
集合起来停顿着，拥挤着，呼喊着
面对用墙堵住的、一动不动的眼睛。
我所有的被引诱的一切感觉……
我不知道多年来它们是否这样停顿着，
但我知道几个星期以来
它们已支离破碎地回来了
什么人也不认得。

接着道路伸展到了眼前。
我再也不知道它。
现在一切在我身上走来走去，
确信而自在；感觉像久病初愈者
走着，享受着行走，
走过我的肉体这座暗屋。
有些人是记忆
的读者；
但年轻人
都向外望去。
因为他们在我旁边所步往的地方，
正是我的玻璃衣服。
我的额头看得见，我的双手读着

别人手里的诗。
我的脚用它踩的石头说话，
我的声音从日常的墙壁
带走了每只鸟。
我现在再也不缺少什么，
一切颜色翻译
成音响和气味。
它们不停地叮当着美如
乐声。
一本书对我何用？
风在树林中翻着书页；
我知道上面是些什么字，
我多次轻声温习它们。
摘眼有如摘花的死亡
可找不到我的眼睛了……

  陌生人（轻声）
我知道。

  （1900年11月25日,柏林—施马尔根多夫）

定时祈祷文[*]（选）

---

[*] 《定时祈祷文》这个题名，原文为 Das Stundenbuch，Gerhard Wahrig 的《德语大辞典》解作："bes. im 13. bis 16. Jh. gebräuchliche, nach den tägl. Andachtsstunden geordnete Gebetssammlung für Laien, häufig mit reichem Bildschmuck"（Deutsches Wörterbuch, Bertelsmann Lexikon-Verlag），意为："特别常见于十三至十六世纪的、按照每日祈祷时刻为普通教徒所编排的祈祷文集，经常附有大量装饰性插画。"

〔说明〕本集包括三部分:关于僧侣的生活,关于参诣圣地,关于贫穷与死亡。写于一八九九年九月二十日至十月十四日柏林—施马尔根多夫;又一九〇一年九月十八至二十五日沃尔普斯威德;又一九〇三年四月十三至二十日维亚雷焦。出版于一九〇五年十二月。题词:"亲手赠露。"

　　这是里尔克最著名的抒情诗集,作者因此被认为是最虔诚的诗人。三次写作时间相距颇远,每次都很短暂,就其紧张与成效而言,堪与一气写完"哀歌"并写出五十余首"十四行"的一九二二年二月相比。三部分的生活背景亦不相同:第一部分写于第一次访俄后不久,那时作者对于露·安德烈亚斯-莎乐美的爱慕方兴未艾;第二部分写于在沃尔普斯威德与克拉拉结婚后不久,那时他与露之间暂时倾向疏远;第三部分写于初次旅居巴黎之后,那时大城市的生活经验使他心烦意乱,匆匆逃往维亚雷焦。第二部分写完后一年内,他的女儿露特出世,他已开始采取步骤,促成刚刚建立的家庭共同体的瓦解。

　　从题材方面来看,本集铭刻着作者这个时期各种不同的感情经历:参谒意大利文艺复兴艺术遗址(佛罗伦萨日记),俄国之旅和俄国艺术(圣像画),对露·安德烈亚斯-莎乐美的爱(佛罗伦萨日记和致露的书信),对未来家庭生活的渴望和一个独立艺术家的生活需要之间的冲突(这种冲突正隐藏在对僧侣的孤独生活的神化之中),最后则是对大城市的烦恼和恐惧(一方面直接来源于巴黎生活经验,另方面又由于文学先行者如波德莱尔、奥布斯特费尔德①等人的思想影响）。不过，作者终于成功地将这些极不相同的诱因熔铸在一起，使得读者和翻译者必须十分细心，才能把本集中的俄国僧侣和他的意大利的"南方兄弟"区别开来，最后才不致把这一切同后来成为全书的象征形象——阿西西的圣方济各混为一谈。

  本集的形式特征在于虚构一个谪居斗室的僧侣以诗作为"祈祷"。作者正是在"祈祷"这个大概念下面进行创作，即使后来打破了这个虚构的框架。专家们指出，作者在这里一方面表示了一种姿态，即从基督教派生的虔敬，另方面却缺乏这种姿态所应有的前提，即否定了正是这个基督教所特有的内容，二者之间的差异在本集中表现得十分明显。由于诗中的僧侣既是祈祷者，又是艺术家，既是全神贯注于上帝的隐修者，又是现代事物的批评家，这部诗集必须从多方面加以理解：既是一个青年人的密码化的爱情知识，又是一个男人的决定方向的蓝图，又是一个伟大艺术家的自白尝试。

  本书三部分都是按照写作时间顺序排列的，每篇都与邻近篇目密切相关，因此其连续性不单纯是直线式的，而且有变化，有增强，有交错，有反差，呈波浪型前进；此外在韵律上也相当繁复而自由，有头韵，有元音押韵，脚韵等。可惜这些艺术特色在汉译中都无从反映出来。

——译者

---

① 奥布斯特费尔德(1866—1900)，挪威著名象征主义诗人，里尔克的小说《布里格笔记》的主人公。

关于僧侣的生活

(1—31)

1.

祷将尽,并触我以
清亮金属敲击声的时候:
我的感官颤栗起来。我觉我能——
我能握住这造型的白昼。

在我目睹之前,无物得以完成,
每种生发均已停顿。
我的目力成熟了,每望一次
所盼之物乃如新娘姗姗来临。

万物我不觉其小,我反而爱它
并以黄金底色将它画大
并将它高高举起,却不知
谁的灵魂将脱体而羽化……

2.

我生活在不断扩大的环形轨道,
它们在万物之上延伸。
最后一圈我或许完成不了,
我却努力要把它完成。

我围着天神,围着古老钟楼转动,
转动了一千年之久;
还不知道我是一只鹰隼一阵狂风
或是一支宏大的歌曲。①

(1899年9月20日,柏林—施马尔根多夫)

---

① 这一首从宗教角度看具有纲领性的意义,说明了作者作为祈祷者的立场。

3.

我有许多穿法衣的兄弟在南方,
那儿修道院里长着月桂树。
我知道,他们按照人性把圣母想象,①
我还常常梦见年轻的提香,
天神经他们的手而如火如荼。

但不论我如何倾入自身:
我的天神是阴暗的,有如一挂
由一百支沉默吸水的根须织成的织物。
只知我从它的体温上升,
其他一无所知,因为我所有枝桠
贴近地面在风中微微挥舞。

(1899 年 9 月 20 日,柏林—施马尔根多夫)

---

① 此处指意大利的宗教画家,他们不同于俄国东正教圣像画家,后者拒绝对圣像作任何主观的个性化的描绘。

4.

我们不敢擅自将你构成画图，
你朦胧的曙色，早晨从你升起。
我们从古旧的颜料盒里来取
同样的条纹和同样的光束，
圣者曾经用它们将你隐蔽。

我们在你面前筑造图像如墙壁；
于是几千堵墙壁围着你竖立起来。
然后我们虔敬的双手覆盖着你，
每逢我们的心看见你缓缓张开。[①]

(1899年9月20日，柏林—施马尔根多夫)

[①] 本篇在主题上接近前一篇，再次将俄国圣像画同西方—意大利的圣徒像尤其是圣母像进行对照。

5.

我爱我的生命的黑暗时分,
我的感官向它逐渐深入;
我在其中如在旧信中觉出
我的日常生活业已过尽
变得普遍而陈旧有如逸闻。
由此得知我有余地
过第二次阔大而无时间的生活。

有时我却像一株树伫立
坟头枝叶茂密而婆娑
实现了那逝去的小家伙
(他周围拥挤着它温暖的根)
遗失在悲伤和歌曲中的梦。①

(1899年9月22日,柏林—施马尔根多夫)

---

① 初稿有"九月二十二日于林中"字样。

6.

我活着适逢世纪过去。
从一片大叶感到了风,
神和你和我曾把大叶描述,
它高高旋转在陌生的手中。

从一个新的方面感觉到荣光,
上面还能把一切变出。

各种静力试验着它们的宽广
暗暗中还彼此注目。[①]

(1899年9月22日,柏林—施马尔根多夫)

[①] 初稿曾有如下引言:"遇暴风雨,经黄昏的林子回家,树梢寂然无声,乃屏息谛听。"又有附记:"回家途中,在西边天空的浓重灰暗里升起了一道明亮的红光,把云彩映成一种新的罕见的紫色。而在战栗的树后则是一个从未有过的黄昏。僧侣觉得这是世纪转换的一个信号,因此变得虔敬起来。一八九九年九月二十二日。"足见,本篇将作者自己的身世和希望纳入了僧侣的祈祷。

7.

你,我所从来的黑暗,
我爱你甚于爱火焰,
火焰把世界约束,
因为它燃出
一道光圈为了任何人,
却无人从中把你辨认。

但黑暗包容了全体:
形状和火焰,动物和我自己,
它何其善于聚敛,
人与权——

可能有一股巨大的能源
活跃在我的身边。

我相信夜晚。①

(1899年9月22日,柏林—施马尔根多夫)

---

① 对黑暗的赞颂一直是里尔克诗作的主题之一。从文学史角度看,诗人继承了诺瓦利斯的《夜颂》的传统;从时代潮流看,这种对黑夜的神化,对进步的不信任,可说是世纪末流行的一种悲观主义文化批判。

8.

我相信尚未言说的种种切切。
我想放纵我最虔敬的情感。
尚无人敢于希求的一些,
对我将会是自然而然。

如果这是狂妄①,我的天神,请予宽恕。
但我只想向你这样诉说:
惟愿我最好的精力有如嫩株,
这样没有愤怒也没有畏缩;
孩子们正是这样把你倾慕。

随着这阵退潮,随着广阔汉港
涌向大海的出口,
随着这不断扩大的回流
我要将你信奉,我要将你宣扬
一如事前所未有。

而且如果这是傲慢,就让我傲慢
为了我的祈祷起见,
它是如此诚挚而孤单
站在你云雾笼罩的额前。

(1899年9月22日,柏林—施马尔根多夫)

---

① 通过这种精巧的论证,作者调和了明确的自觉和祈祷者应有的谦卑态度。

9.

我在世上太孤单但孤单得还不够,
好使每小时变得神圣。
我在世上太渺小但渺小得还不够,
好在你面前像一件东西,
神秘而机灵。
我愿伴随我的意愿伴随我的意愿
走上通向行动的路径;
愿在寂静的、不知怎么踌躇的时间
正当某物临近时,
和识者们在一起
否则孤立。
我愿永远映照出你的整个身材
并愿从不盲瞽或者老迈
以致举不起你沉重的摇晃的图像。
我愿自我扩张。
我一直不愿在任何地方折腰,①
因为我一折腰当即撒了谎。
我还愿我的感官
在你面前真实。我愿把自己白描
如一幅我近观
很久的图片,
如一句我懂得的古谚,

---

① 这是向自己的宗教立场要求一种个人主义的独立性,但这种独立性与通常理解相反,并不表现为自由放任和自我实现,而是表现为自觉的奴仆式的屈从。

如我日用的水罐,
如我母亲的脸,
如一条船
载我安渡
最致命的风险。

(1899年9月22日,柏林—施马尔根多夫)

10.

你看,我要许多。
也许我要一切:
每次无限沉坠的昏黑
和每次攀登的闪烁。

许多人活着一无所求,
竟然变成了公侯
由于受用粗茶淡饭。

你却乐于目睹
每张侍奉而渴慕的脸。

你欢喜把你作为工具
加以使用的每个人。

你还不冷,为时不晚,
可以向你不断加深的深处潜入,
生命在那里宁静地显露自身。

(1899年9月22日,柏林—施马尔根多夫)

11.

我们以颤抖的双手在你身上营建,
我们把微粒堆在微粒上。
但谁能把你完成,
你主教的座堂。

什么是罗马?
它已瓦解。
什么是世界?
它将被击碎,
在你的钟楼戴上拱顶之前,
在你发光的额头
从几里远的马赛克升起之前。
但有时在梦中
我能远眺
你的空间,
从开端的深处
一直望到屋顶的金色穹棱。
于是我看见:我的感官
在构成在建造
最后的装饰品。①

(1899 年 9 月 22 日,柏林—施马尔根多夫)

---

① 正在形成的或者尚有待创造的神,是作者的一个心爱的精微观念,它帮助弥补了无神论和宗教信仰之间的差距。

12.

由于一个人曾经把你希求,
我才知道我们都能希求你。
即使我们把所有深度抛弃:
如果金子在一座山里藏有
却再没人可以去挖,
水流便会开采它,
那抓进石头之沉默的水流,
那丰满的石头。

即使我们并不希求:

上帝在成熟。

(1899 年 9 月 22 日,柏林—施马尔根多夫)

13.

我在,你忧心忡忡者。你未曾听见我
以我全部感官向你汹涌而来么?
我的感觉找到了翅膀,
苍白地围着你的面容转。
我的灵魂穿着一件寂静做的衣服
紧站在你面前,你难道没有看见?
我的青春的祈祷可不已经成熟了
在你的目光中如在一株树上?

你如是做梦人,我就是你的梦。
但如你要醒来,我就是你的意愿
并将掌握一切辉煌
并求自己圆满如一颗星的寂静
在时间之奇异的城池之上。

14.

我的生命不是这陡峭的时辰,
你看见我从中匆匆而过。
我是一株树前立于我的背景,
我只是我的许多嘴巴之一
而且是最早关闭的那一个。

我是两个音响之间的停顿,
那两个一直不相适应:
因为死亡这个音响总想攀高——
但二者在黑暗的音程
却颤栗地言归于好。
    而歌曲依然美妙。

(1899 年 9 月 24 日,柏林—施马尔根多夫)

15.

我在所有这些事物中间找到你,
我对它们亲密有如兄弟;
你像种子自得于卑微
而对伟大者则高贵地献出自己。

这是各种力量之奇妙的游戏,
它们如此勤勉地从万物穿过:
在根部成长,在茎部萎靡
而在梢部则有如一次复活。

(1899年9月24日,柏林—施马尔根多夫)

16.

一个年轻兄弟的声音：

我快流完，我快流完
像沙流在指间。
我突然有许多感官，
它们都干渴得不一般。
我在一百处觉得
肿胀和痛楚。
但最是在心头。

我想死。让我去。
我相信，我竟会
如此忧惧
以致脉搏裂碎。①

（1899年9月24日，柏林—施马尔根多夫）

---

① 初版有一段引言如下："今夜僧侣被惊醒了。他的兄弟的哭声从邻室传来。警觉的耳朵听见了，他便起身，穿戴就绪，向兄弟走去。年轻僧侣立即静下来。但醒者把那沉默且含敌意的哭过的脸托到窗前朦胧月光下，称它是一本合上的书，便把它翻了开来，开始在发光的书页上读下去。"后来作者把这段引言简化为本篇第一句。

17.

我爱你,你最温顺的规律,
我们曾赖以成熟,当我们与之搏斗;
你是伟大的乡愁,我们不曾克服,
你是森林,我们永远走不出去,
你是我们以各种沉默吟唱的歌曲,
你是感情匆匆被缚住
的黑暗的网罟。

你已经无限伟大地开始了自己
按照你为我们开始的那个日程,——
而我们已在你的阳光下如此成熟,
长得那么宽,栽得那么深,
你现在在人、天使和圣母身上
能够歇着把自己完成。

让你的手歇在天空的斜坡
沉默忍受我们暗中对你的所作。①

(1899年9月26日,柏林—施马尔根多夫)

---

① 初版曾有后记如下:"一天雨下个不停,林中颇为罕见的大脑袋蘑菇笔直挺立,世上几乎没有足够的光,来看清紫红色枯葡萄枝的湿叶上的色泽。(约二十六日向晚)"

18.

上帝这棵大树的枝桠①，从意大利伸过来，
已经开花了。
它也许乐于
已经早临，硕果累累，
可它将在繁荣中萎靡下去，
它将果实毫无。

只有上帝的春季在那儿，
只有他的儿子，神语②，
在完成自己。
全部力量转向
发光的儿童。
他们都带着礼物
向它走来；
都像小天使高唱着
把它歌颂。

而他作为玫瑰之玫瑰
轻轻散发着清芬。
他是一个圆圈
围着无家可归的人。

---

① 根据基督教把十字架称作 arbor vitae（"生命之树"）的习惯用语。
② 比起上帝，更欢喜基督的形象，本是文艺复兴艺术的一个特点。"神语"（das Wort）即逻各斯，指降世以前的三位一体中的第二位，亦即圣子、基督。

他穿着斗篷,带着变形,
走过时间所有的强音。①

(1899 年 9 月 26 日,柏林—施马尔根多夫)

---

① 里尔克在佛罗伦萨深感文艺复兴的精神未曾得到继承,故经常在创作中采用春、夏、花、果等富于生命力的形象。

19.

连那醒觉于果实的,
羞怯的为美所惊骇的
被天使凭附过的少女也被爱了。
盛开的繁花,未被探访的胜迹,
其中却有一百条通道。

他们让她独自行走飘泊
并随青春岁月成长,
她婢仆似的马利亚生活
变得奇妙而堂皇。
有如钟声之于节日庆典,
它洪亮地响彻所有屋宇;
她一度处女般心不在焉,
而今却将她的子宫如此专注,
如此充满着那一个
又如此足以把千万个包容,
以致一切似乎把她照耀着,
她像一片葡萄园丰盛而葱茏。①

(1899 年 9 月 26 日,柏林—施马尔根多夫)

---

① 本篇歌颂处女母亲圣母马利亚,她的形象反衬着儿童耶稣的形象。

20.

我不能相信,那小小的死亡,
我们每天从它头顶望过去,
对我们仍是一场苦恼,一场惊惶。

我不能相信,它果真使人恐慌;
我还活着,我有时间建筑:
我的血比玫瑰红得更久长。

我的感觉深似与我们的畏惧
所作的智力游戏,它正乐此不疲。
我则是它恍惚迷离
从中滑脱的寰宇。

   像他一样
游方僧侣们云游四方;
人们害怕他们倦游还乡,
人们不知道,每次是同一个,
是两个,十个,一千个还是更多和尚?
人们只认识这只陌生的黄手,
它伸得那么近那么赤裸——
喏,喏:
仿佛伸自你自己的衣袖。

(1899 年 9 月 26 日,柏林—施马尔根多夫)

21.

如果我死了？主啊，你将如何？
我是你的水罐（如果我碎了？）
我是你的饮品（如果我污了？）
我是你的衣裳和手艺，
失去我，你也失去了意义。

我身后你再无房舍其中
有温馨的话语向你说。
从你疲乏双脚褪下的
丝绒鞋，那便是我。

作为你的大衣，我从你松脱。
我以脸颊领受你的目光
它如同偎在温暖的枕上
它将望过来，将久久把我寻觅——
在日落时分，你歇在陌生岩石的怀抱里。

主啊，你将如何？我惊惶不已。[①]

(1899年9月6日，柏林—施马尔根多夫)

[①] 里尔克的宗教信仰中的审美因素使他认为神是最古老的艺术品。本篇正是这个观点的形象化，从而被某些研究家认为是"赤裸的渎神言词"。

22.

你是窃窃私语的被熏黑了的,
你在所有炉灶上睡得真舒坦。
知识仅在时间之中。
你是黑暗的下意识
从永远到永远。
你是祈求者和忧惧,
将万物的感觉镇住。
你是歌声中的音节,
不断战栗着在强音
的约束中重复。

你从没有教训过别的什么:

因为你不是周围摆满珍馐
四下罗列金玉。
你朴实无华,只知节省。
你是长胡子的老乡
从永恒到永恒。①

(1899年9月27日,柏林—施马尔根多夫)

---

① 初稿有如下引言:"早上僧侣从沉睡中醒来,庄重地对外面的阳光说。"后面还有附记:"于是僧侣幸福地抓住了他的白昼。(九月二十七日早晨在阳光和暴风雨中。)"本篇所有形象可解为对教堂里正式被崇拜的著名神祇的讽刺。参阅《请使一个人伟大,主啊》及注。

23.

你的第一句话是:光!
有的是时间。于是你久久沉默。
你的第二句话变成人而且惴惴不安
(我们仍因你的音调而阴郁),
你的容颜重新思索起来。
可我不要你的第三句。

我夜间经常祈祷:愿做哑者,
不断在手势中成长
又在梦中为精灵所驱逐,
好在额头和山脉上书写
缄默之沉重的全部。

愿你是个庇护所,使人免受
将无以言状者摈斥的愤怒。
漫漫长夜在天堂:
愿你是拿号角的牧人,
只须说,他已经吹响。①

(1899 年 10 月 1 日,柏林—施马尔根多夫)

---

① 初稿有如下引言:"一个明朗的秋季礼拜日,僧侣渴望在一条长长的枯萎菩提树遮荫的小道上,长久而孤单地走来走去。"

24.

你来了又走。大门
悄然关闭,文风不动。
你是一切中最悄静的,
穿过了悄静的房屋。

能够如此习惯于你,
就可不从书本向外看,
如果它的图画变得很美,
被你的影子变得更蓝;
因为万物使你发响,
一会儿低语,一会儿高喊。

常常我看见你沉思,
你的全身化整为零;
你行走如同纯洁的浅色小鹿,
而我发暗,我是森林。

你是我站在上面的一个车轮:
你的许多黑色轮轴中间
总有一个变得很沉
而且越转离我越近,
我心甘情愿的工作增加着
一再重复不停。

(1899年10月1日,柏林—施马尔根多夫)

25.

你是耸立的最低深谷,
是潜水者又为钟楼所羡慕。
你是自言自语的温柔者,
可要是一个胆怯者来问你,
你又沉醉于缄默。

你是矛盾之林。
我把你当作孩子来摇晃,
你的诅咒竟然实现,
可怕地落在众人头上。

为你写出了第一本书,
第一张图画引诱过你,
你曾在苦难中又在情爱中,
你的诚挚仿佛从青铜
提炼到每个额头上,它们把你
同七个充满了的日子相比。

你走着迷失在千万人身上,
所有献祭品都变冷了;
直到你随着高昂的教堂合唱
活跃在金色大门后方;
于是一阵天生的惊恐
为你佩带了形状。

(1899 年 10 月 1 日,柏林—施马尔根多夫)

26.

这就是我的日课,我的身影
躺在上面如同一枚空壳。
我还像树叶和泥泞,
每逢我祷告上苍或涂抹颜色,
只要是礼拜日,我身处丘壑
也是一个欢庆的耶路撒冷。①

我是主的骄傲的城
用一百个舌头把他歌颂;
大卫的谢恩声消逝于我身中:②
我偃卧于竖琴的朦胧③
呼吸着昏星。

我的甬道通向日升。
我久已见弃于人,
正是这样我越长越欢。
我听见人人在我体内迈步
于是扩大了我的孤独
从开端到开端。

(1899年10月1日,柏林—施马尔根多夫)

---

① 指基督进入耶路撒冷时民众所表现的欢庆,见《新约》。
② "大卫的谢恩声",见《旧约·历代志上》第十六章。
③ 指大卫的竖琴演奏,参阅《旧约·撒母耳记上》第十六章扫罗召大卫鼓琴驱魔一节,及伦勃朗的油画《大卫在扫罗面前》。

27.

你们这许多未被入侵的城
难道你们从没注意到敌寇?
哦唯愿他把你们重重围困,
达漫长动荡的十年之久。

直到你们绝望而悲哀,
直到你们饥饿着把他容忍;
他像山水留在城墙外,
因为他深知坚持不懈
胜过他所侵袭的那些人。

且从你们屋顶边缘向外望:
他就驻扎那儿毫不示弱,
没有减员没有张皇
没有派人进城逼降
允诺和劝说。

他最善于攻破城墙,
他在沉默地工作。①

(1899年10月1日,柏林—施马尔根多夫)

---

① 本篇经过重大修改。初稿烦琐而冗长,出现过舞女、大海、玫瑰、新娘、黄玉、紫水晶等形象描写。定稿将这类描写全部删去,力图保持主题的完整性。

28.

成千位神学家沉没
于你的名字的古老夜分。
少女们向你苏醒,
少年们披着银甲闪闪烁烁
行进在你身中,你就是战争。

在你长长的拱廊
诗人们相互会晤,
他们是铿锵的君王
温柔深沉而娴熟。

你是宁静的黄昏,
使所有诗人彼此逼肖;
你挤入他们口中含混不清,
每个诗人福至心灵
便以豪华将你围绕。

千万只竖琴如翅翼
把你从沉默中高举。
而你古老的风阵阵吹起,
将你美妙的气息
吹向万物和一切急需。①

(1899 年 10 月 2 日,柏林—施马尔根多夫)

---

① 初稿有"十月二日在柔和的晚云下"字样。

29.

如同葡萄地里的看守人
有他的窝棚并且目不交睫,
主啊,我就是你手中的窝棚
主啊,我就是你的夜中之夜。

葡萄园,放牧草场,旧苹果园,
不放过一个春季的田亩,
即使在花岗岩般坚硬的地面
也结得出一百枚果实的无花果树:

香气从你丰满的枝桠散溢。
你却不问,我是否保持警惕;
你的深度无畏地溶解于汁液,
从我身旁悄悄地升起。

(约 1905 年 5 月 1 日,沃尔普斯威德)

30.

天主对每个人说话,只是在他造出它之前,
然后他沉默着带它从黑夜走出。
但话语,在每个开始之前,
都是这些阴霾似的话语:
被你的思考遣送出来,
一直走到你的渴望的边缘;
给我衣服。

在万物后面成长着像火灾,
你的影子好张开来
永远完全把我覆盖。

让一切为你发生:美与恐怖。①
人只需走下去:没有任何感觉最遥远。
让你别同我分开。
你称之为生活
的土地近在眼前。

凭借他的诚挚
　　你将认识这一点。

把手给我。

(1899年10月4日,柏林—施马尔根多夫)

---

① 参阅《杜伊诺哀歌》第一首:"因为美只是恐怖事物的开端……"

31.

尽管如此：我仍感觉到，
仿佛在我内心深处
我为他储藏着每一支歌。

他在抖动的胡须后面沉默着，
他想从他的旋律中
重新获得自己。
这时我来到他的膝前：

他的歌便潺潺流着
流回到他身上。

关于参诣圣地

（32—44）

32.

暴风雨的冲击并未使你惊讶，——
你已看见它越下越大；——
树木逃走了。它们一大排
构成骑马的林荫道。
这时你才知，它们所逃避的
正是你所走向的，
于是你的感官歌唱它，
当你站在窗旁时。

夏季的星期停顿了，
树木的血液升高了；
现在你才觉得，它愿落入
完成一切者的手中。
你相信威力已被认识，
正如你抓住了果实，
现在它又变得扑朔迷离，

而你又成为旅客。

夏季就像是你的房屋,
你知道里面一切都已停顿——
现在你必须走出去,走向你的心
正如走向平原。
伟大的孤独开始了,
日子变得麻木不仁,
风从你的感官刮
走世界如同枯叶。

通过它的空枝且看
你所有的天空;
现在且成为土地和晚歌
和天空与之相称的田野。
现在且放恭顺些像一个
成熟于世故的小东西,——
好让传说中的那人
感觉到你,如果他捉住你。

33.

熄掉我的眼睛：我能看见你，
堵住我的耳朵：我能听见你，
没有脚我能走向你，
没有嘴我还能恳求你。
折断我的胳臂，我将
以心代手拥抱你。
堵住我的心，我的脑还会跳动不已，
你若在我脑中放火，
我将以我的血液背负你。①

---

① 写作日期有争议。据露·安德烈亚斯－莎乐美回忆，写于一八九七年夏季；又据云，原是写给她的，后经她建议，才收入本集第二部分中。但是，有的研究家认为，可能写于一九〇五年十二月；而且有可能作者在《定时祈祷文》的上帝身上，看见他所钟爱的女性的身影。

34.

我的灵魂还是你面前的一个女人。
还像拿俄米的儿媳,像路得,
她白天围着你的麦垛转
像一个干粗活的婢女。
但晚上她便跳进河里
洗澡并穿戴打扮一番
来到你身边,那时万籁俱寂,
她便掀开你脚下的被……。
到半夜你问她,她便十分
单纯地答道:我是婢女路得。
把你的羽翼张开在你的婢女身上。
你是继承人……

我的灵魂于是睡着,直到天明,
在你的脚旁,因你的血而温暖。
并且是你面前的一个女人。并且像路得。①

(1901年9月18日,韦斯特尔威德)

---

① 本篇依据《旧约·路得记》写成。拿俄米是路得的婆母,丧夫失子,也没有后裔,因此她劝告在波阿斯麦田拾穗的儿媳设法和这男人发生关系。路得遵照劝告行事,从而生出大卫王的祖先。

35.

你是继承人。
儿子们是继承人,
因为父亲死了。
儿子们繁荣昌盛。
　　你是继承人。①

(1901年9月18日,韦斯特尔威德)

---

① 本篇是前一首的续篇。文句上重复路得对波阿斯的祷词:"把你的羽翼张开在你的婢女身上,因为你是继承人。"

36.

于是你继承昔日花园的
碧绿和倾覆天空的
湛蓝。
一千天的露水,
众多太阳所说的众多夏天,
富于光泽和悲叹的纯粹春天,
有如一个少妇的许多信简。
你继承秋天,如花衣
留在诗人们的记忆里;
而所有冬天,如孤苦伶仃的田野,
似乎悄然紧贴在你身边。
你继承威尼斯和卡桑①和罗马,
佛罗伦萨将是你的,比萨大教堂②,
劳拉三一堂和洞穴修道院③,
它在基辅的园林中间造成错杂的
小径,阴暗而纠缠,——
莫斯科钟声悠扬如回忆④,——
于是声音将是你的:小提琴,号角,簧片,
以及每支深沉浑厚的歌曲,
将在你身上如宝石璀璨。

---

① 卡桑,俄国鞑靼地区的城市。
② 比萨,意大利城市,以斜塔著名。
③ 劳拉三一堂,俄国信奉三位一体的修道院,十六、十七世纪莫斯科国家文化中心,现在萨戈尔斯克城区。洞穴修道院在基辅。
④ 第一次访俄期间听到的复活节钟声是作者最美的回忆。他在致友人信中说:"是我所过的唯一一次复活节。"

为了你，诗人们只好封闭自己，
搜集富丽堂皇的形象，
走了出去并通过譬喻而成熟，
他们毕生是如此孤单……
而画家只画他们的图画，
因此你不朽地回收了
你暂时创造的自然：
一切变得永恒。看哪，女人久已
在圣母丽莎①身上成熟如酒；
她决不会再是一个女人，
因为新事物决不会添出一个新女人。
造形者们也像你一样。
他们要求永恒。他们说：石头，
永远存在吧！这就是说：为你所有！②

(1901 年 9 月 18 日，韦斯特尔威德)

---

① 即达·芬奇创作的名画《蒙娜丽莎》。
② 在本篇，"继承人"的生活细节采用了不少作者本人的经历。

37.

寻找你的一切人,在试探你。
找到你的人们,把你绑在
图像和手势上。

但我理解你,
像大地理解你;
你的王国。
成熟了
与我的成熟一起。

我不想从你获得
把你证实的虚荣。
我知道,时间
所命令不同
于你。

别为我创造什么奇迹。
但请赞同你的规律
它们世世代代
日益引人注意。

(1901 年 9 月 19 日,韦斯特尔威德)

38.

这村落里有最后的房屋
像世上最后的房屋一样寂寞。

大路摆脱了小村落,
慢慢向黑夜伸延过去。

小村落只是一条过道
在两个远方之间,疑惧而烦恼,
不是一条小径而是大路经过房屋旁。

离弃村落的人们流浪很久了,
许多人说不定死在半路上。[①]

(1901年9月19日,韦斯特尔威德)

---

① 本篇反映了作者在韦斯特尔威德的生活空间,当时他与克拉拉·韦斯特霍夫新婚,不久唯一的女儿露特出世。

39.

有时一个人晚餐时起身
走了出去走呀走呀走——
因为有一座教堂在东头。

他的孩子们认为他死了便为他安魂。

又一个人死在自己的房屋,
依然住在里面,停留在杯盘中央,
于是孩子们出门向世界走去
走向他所忘却的那座教堂。

(1901 年 9 月 19 日,韦斯特尔威德)

40.

你是未来,是伟大的曙光
照在永恒的平面上。
你是时间黑夜后面的鸡啼,
是露水,晨祷和少女,
是陌生人,母亲和死亡。

你是变化着的形体,
永远寂寞地耸立于命运,
从无人喝采,从无人惋惜,
从无人描绘,如一座荒林。

你是万物的深沉的典型,
将其本质的定论隐瞒不提,
永远向别人显得不一样:
如海岸之于船,如船之于陆地。

(1901年9月20日,韦斯特尔威德)

41.

世上的王侯们都已衰老
却一个继承人也没有。
儿子们个个短寿,
苍白的女儿们饮泣幽幽
把破损的王冠交给强暴。

暴民们把它们砸成齑粉,
时髦的世界主人
用火把它们熔成机器,
隆隆然服务于他的意志;
可幸运不和它们在一起。

矿苗有怀乡病。它会
离开造币厂和工作台,
它们教它一种寒伧的生活。
它将从工厂从钱柜
返回到那被打开
的大山的脉络,
大山将在它身后重新关闭。[①]

(1901年9月20日,韦斯特尔威德)

[①] 本篇证明作者对于新世纪的悲观主义的估价。城市化和科技化在这里遭到批判。

42.*

一切将再变得巨大而惊人
陆地朴素,水有皱纹,
树木巍峨,城墙矮小如侏儒;
而在山谷里,多姿而强盛,
是一个牧人和农夫的民族。

也没有教堂,把上帝紧抱
如一个逃亡者,又把他悲悼
如一个被捕的受伤的动物,——
房屋对于叩门求进者不胜殷勤
而在一切交往中,在你身我身,
都有一种无尽牺牲的情愫。

没有彼岸,不向那边望去,
只有渴望,渴望在尘世练习侍候,
连死亡也不去加以亵渎,
以便对它的双手不再生疏。

(1901年9月20日,韦斯特尔威德)

---

* 本篇宣示了工业社会以前的自然风景和教会以前的虔诚心态,从而反映了作者一种超时空的无可奈何("没有彼岸")的向往。

43.

红色的伏牛花已经成熟,
老去的紫菀在花坛上微微呼吸。
谁等着等着永远享有不了自己,
眼见夏天走了他还不富足。

而今谁不能闭上眼睛,
确信他身上许许多多幻象
在等待黑夜降临
以便在他的暗影中扶摇直上:——
他便成为明日黄花像一个老人。

再也没有指望,来日屈指可数,
对他发生的一切都在把他欺骗;
连你也在,我的上帝。而你像一块石头,
每天把他拖进深渊。

(1901 年 9 月 22 日,韦斯特尔威德)

44.

我在深夜挖掘你,你啊财宝。
因为我见过的一切富裕
都是贫穷,都是你的尚未发生的
美之可怜巴巴的代替物。

但通向你的路却远得可怕,
而且因无人行走,久已泯没。
哦,你寂寞。你就是寂寞,
你是心,走向遥远的山谷。

我的双手,由于挖掘而
流血,我把它们张着举向风中,
于是它们像一株树分出枝杈。
我便用它们从空间把你吮咂,
仿佛你一度在那儿被摔碎于
一个亟不可待的手势
而今你,一个化为齑粉的宇宙,
从遥远的星球重新落到地面
悄悄地,落得像一场春雨。

关于贫穷与死亡

(45—60)

45.

说不定,我穿过沉重的大山
走进坚硬的矿脉,像矿苗一样孤独;
很深了深得看不见末端
看不见远方:一切近在眼前
一切近物都是石头。

我在悲痛中浑浑噩噩——
于是这庞大的黑暗把我变小;
可你就是它:闯进去,看这一遭:
你的整个手就会碰到我
我会碰到你以我的整个呼叫。①

(1903年4月13日,维亚雷焦)

---

① 本篇系根据一次前往维亚雷焦的火车旅行的记忆写成。

46.

你，因山脉来了而留下的山，——
是没有茅屋的斜坡，没有名字的顶峰，
是星星在里面跋行的永恒的雪，
还是那些长满仙客来的山谷的地基，
从那谷里散出了大地所有的香气；
你，所有大山的嘴巴和教堂尖塔①
（从它还从没发出过晚祷的高呼）：

现在我可进入你体内？我可在玄武岩内
如一块尚未发现的金属？
我敬畏地填满你的岩石褶皱，
我到处感觉到你的硬度。

或者这就是我在其中的恐惧？
你已把我齐颈投入其中的
特大城市的深沉的恐惧？

哦唯愿有人向你恰当地说到
他们的生命的幻觉与荒谬。
唯愿你站立起来，你从开端产生的暴风雨，
并把他们像谷壳一样从你面前刮走……

如果你现在有求于我：那就请说——

---

① 指伊斯兰教的教堂尖塔，供祈祷者向上苍高呼之处。

我不再是我口中的主，
只想像一个伤口一样闭合；
而我的双手如狗守住
我身旁，可每次呼唤都不听。

你在强制我，主啊，在一个陌生的时辰。①

(1903年4月13—14日，维亚雷焦)

---

① 本篇反映了作者初到巴黎的郁闷心情，参阅本卷《主啊，伟大的城池都已土崩瓦解……》注释。

47.

把我当作你辽阔地带的看管，
把我当作倾听石头的人，
给我眼睛来浏览
你的海洋的寂寞心情；
让我为江河的流动陪伴
从两岸的大叫大喊
深入到黑夜的声音。
送我到你荒凉的土地①，
有遥远的风从中吹起，
那儿庞大修道院如悬崖峭壁
围着尚未活过的生命直立。
我愿在那里与朝圣者交游，
不再因错觉而离开
他们的声音和形影，
并愿跟在一位盲老人身后
去走无人认识的路程。

(1903年4月14日，维亚雷焦)

---

① 这一节暗示作者的俄国之旅。

48.

主啊,伟大的城池
都已土崩瓦解;
最伟大的一座仿佛刚逃离火灾,——
什么慰藉都无从令它们开怀,
它们短暂的时日正在流逝。

那儿住着的人们狼狈而艰苦,
在低暗的房间,害怕表情和会意,
比一群幼畜更惊惶不已;
而外面有你的土地在守望在呼吸,
他们活着却不再知道生活为何物。

儿童们成长在窗台旁边,
(窗台永远是在同样阴影中),
不知道外面有花朵在呼唤
呼唤一个白昼辽阔,幸运而有风,——
不得不是儿童,而且是忧伤的儿童。

少女们面对未知物如花盛开
渴望着她们的童年的安谧;
但她们为之燃烧的一切都已不在,
于是她们颤栗着重新关闭。
而在被遮掩的后房里做母亲
令人沮丧,那白昼那漫长的黑夜
充满孱弱的啜泣,那没有斗争

没有力量的寒冷岁月。
临终床榻整个儿陷入黑暗,
她们渴望自己慢慢走拢去;
躺着好久才死,死得如带锁链
最后断气像一个乞妇。①

(1903 年 4 月 14 日,维亚雷焦)

---

① 本篇证明,里尔克的诗作往往是文学、心理学以及传记等方面的复杂的交错。作者在这里不但处理了他本人所特有的、前不久作为灾祸感受过的巴黎生活经验,同时还应看到通过大城市题材,对行将结束的十九世纪和世纪转型期进行了文化批判。城市化包括工业化和科技化,在诗人眼光中,是一切社会问题的总和。有些专家从心理学角度指出,对于里尔克而言,"城市、父城(即出生地)和父亲之间有着同一性"。

49.

那儿住着一些人,苍白地成长着,毫无血色,
令人惊讶地死于艰难人寰。
也没人见过裂开的鬼脸壳,
冲着它一个温柔种族的笑靥
在无名黑夜变得真难看。

他们四下奔走,为劳累而出丑,
没有胆量效力于愚蠢的事物,
他们的衣服在身上已经褴褛,
他们漂亮的双手早已衰朽。

人群拥挤着,不把他们珍重,
虽说他们不免迟疑而又衰颓,——
只有胆怯的狗无地自容,
才在他们身后片刻间悄悄跟随。

他们受制于上百名折磨者,
并为每个时辰的敲钟声所呼唤,
孤单地围着养老院旋转,
忧心忡忡地期待进去的那一天。

那儿就是死。不是他们童年
奇异地接触过它的致意的那种死,——
那渺小的死,一如人们在那儿所认识;

他们独特的死亡①,发青而不香甜,
悬在他们头上如一枚未熟的果实。

(1903年4月15日,维亚雷焦)

---

① 参阅下一首《主啊,给每人以其独特的死》及注。

50.

主啊,请给每人以独特的死①,
从那个他活着有过爱、感觉和苦恼
的生命中走出来的死。

(1903 年 4 月 15 日,维亚雷焦)

---

① "独特的死"这一说法,借自延·彼·雅科布森的小说《马利·格鲁伯夫人》。不过,这个观念对于里尔克,远远超过后者所赋予的意义,即死亡不仅仅是从自然科学上对于个人生存的否定,而是生存的新的开始。作者还在其他诗作中发挥过这个观念。

51.

因为我们只是皮壳和叶片。
每人身上所含有的伟大的死①,
这才是人人围着转的果实。

为了它的缘故少女们才开始
放下多弦琵琶走来像一株树,
儿童们围着它渴望成人;
女人们是发育者的知己
为了否则无人能够承担的恐惧。
为了它的缘故被观望者持续着
如同永恒,即使它早已流逝,——
而每个从事造型和营建的人,
变成这枚果实的世界又冰冻又融解
又向它刮风而且把它照射。
全部热量都注入其身,
心和脑变得白热蒸腾——:
可你的天使迁飞如同鸟群
他们发现所有果实都还很青。

(1903 年 4 月 16 日,维亚雷焦)

---

① 参阅《主啊,给每人以其独特的死》及注。

52.

请使一个人伟大,主啊,使他宽宏,
为他的生命开掘一个美丽的子宫,
并把它的私处竖立起来如一道门
在一片金褐色的童发之林,
通过不可言说的部位
产生骑兵产生白色军队,
产生聚在一起的千百粒种胚。
那么给一个夜晚,好让人收下①
尚未进入谁人深处的那话;
给一个夜晚,那时万物兴旺,
并使它们芬芳胜似紫丁香,
比你的风翼还要摇晃不迭
比约沙法②还要兴高采烈。
那么给他一个长久怀孕的时间
让他穿着越来越大的衣裳,
送他一颗星斗的孤单,
让谁人眼睛的惊叹都无从高攀,
如果他的五官融化着变了样。
调养他以一种纯洁的食物,
以露水,以未被杀死的荤腥,
以那轻悄如祷祝
温暖如呼吸的从旷野冒出的生命。

---

① 包括女人在内的"人"在德语中是阳性词,此处实际上指"女人"。后文依据这个阳性词"人"而出现的"他",实际上都应当是"她"。
② 约沙法,犹大王,见《新约·马太福音》第一章第八节。

使他重新知晓他的童年;
那未被知晓和不可思议的一切
以及他的预兆不祥的最初岁月
之幽深无穷的传奇长篇。

那么,还请吩咐他等待他的时辰,
那时他将分娩死亡,分娩主:
孤零零沙沙作响如一座大园圃
和从远方聚集起来的一群。①

(1903年4月16日,维亚雷焦)

---

① 本篇的性隐喻系针对基督教关于处女受孕分娩的神话而发;同时通过对"分娩死亡者"的神化,又反驳了基督教的复活说和永生的预言。参阅《最后的审判》及注(见《图像集》第一册第一部分)。

53.

接着我还看见活着的宫殿
它们像生就一副坏嗓子的
美丽禽鸟扬扬得意,架子十足。
许多人富有,都想抬高自己,——
但富有者并不富有。

不像你的游牧民族,那明净的
绿色平原的居民们的老爷们,
他们饲养着熙熙攘攘的羊群
像清晨天空黑压压一大片。
他们驻扎下来,命令
逐渐消失在新的夜晚,
然后却仿佛是另一个灵魂
苏醒在平坦的漫游地带——:
黑色的高大的驼队环绕着
像崇山峻岭一样壮观。

牛群的气味跟在
队伍后面十来天都不散,
温暖,沉重,也不避风。
正如在一座辉煌的婚宅,
丰足的酒浆彻夜流着,
连牝驴也奶汁如涌。

也不像那荒漠部落的酋长,

他们夜间躺着凋敝的毛毯，
却为他们心爱的骏马
把红宝石往银梳上嵌。

也不像那些君王
对没有香味的黄金不屑一顾，
却让他们骄奢的生活少不了
龙涎香，杏仁油和檀香木。

不像东方的白人戈苏达尔①
向国家显示上帝的特权；
但他披头散发地斜卧着，
苍老额头搁上垫脚石板，
痛哭起来，——因为整个天堂生活
他一小时也没有过完。

不像第一批古老的商港，
它们操心要以无比的
图像超过它们的实际，
又要图像跟上时代一起；
它们在黄金外壳的城市里
像一片叶子卷起来，
以苍白的两鬓轻轻呼吸……

这就是强制生活的国家，
辽阔无垠，温暖而沉重。

---

① 俄语：国君，俄国沙皇的自称。

但富人的日子过完了,
没有人会向你索还它们,
只让穷人终于重新贫穷。

(1903年4月17日,维亚雷焦)

54.

他们不是穷。他们只是不富,
没有意愿,没有人间;
被画上了最后忧虑的标志,
到处脱得精光,实在难看。
他们身上沾满城市的尘垢,
身上还挂满所有垃圾。
他们声名狼藉如同叶被,
如同被扔的碎片如同骷髅,
如同年份过完的日历,——
但当你的土地有了危难:
他们便把它和玫瑰项链串在一起
并戴着它作为护身符。
因为他们比清洁的石头还清洁
而且像刚出生的盲兽,
十分朴素而且永远为你所有,
什么也不需要,只需要一桩:

能如此贫穷像他们实际上那样。[1]

(1903年4月17日,维亚雷焦)

---

[1] 本篇原来还有一节。这一节后被作者删去,只有一行被保留下来,独立成篇。

55.

因为贫穷是一片从内部发出的灿烂光辉……①

(1903年4月17日,维亚雷焦)

---

① 原系前一首被删一节的第一行。里尔克在一九〇七年十月三日致克拉拉信中写道,这一行除了指天主教方济各会创始人、意大利修道士阿西西的圣方济各(1182—1226)外,还指艺术家梵高,尤指他的作品和身世。参阅下一首注释。

56.

你是穷人,你是一文不名者,
你是无处存身的石头,
你是被扔掉的麻风,
摇着拨浪鼓在城郊漫游。

因为你一无所有,穷得像风,
荣誉简直遮不住你的裸露;
一个孤儿的破衣烂衫
要更华丽些,毕竟是点财物。

你穷得像一个胚胎的力量
在一个少女身上,她乐于把它保养
并按住自己的腰部,它几乎窒息
她的妊娠的第一阵呼吸。
你穷,穷得像春雨
幸福地落在城市的屋顶上,
像囚犯在不见天日的囚室里
所怀抱的一线希望。
还像住在特别病房里的
幸运的病人;像铁轨上的花朵
在旅途的狂风中穷得那么惨;
像手,人们用它捂脸哭泣,那么可怜……
于是冻僵的鸟群对你算什么,
一条成天不吃东西的狗算什么,
自我消失对你算什么,

作为俘虏被人忘却的
动物之无声的长久的悲哀又算什么?

夜间收容所里所有的穷人们
他们对你和你的艰苦又算什么?
他们只是小小石头,不是磨臼,
但他们还是磨出了一点点面包。

而你却是最深刻的一文不名者,
把脸孔藏起来的乞丐;
你是贫穷所有的伟大的玫瑰,
是从黄金变成阳光的
永恒的嬗变。

你是悄然无声的无家可归者,
再也不回到世界上去:
任何需要都太大太难。
你在暴风雨中号哭。你是一架
竖琴,使每个演奏者粉身碎骨。[1]

(1903年4月18日,维亚雷焦)

---

[1] 本篇是对天主教方济各会创始人、意大利修士圣方济各(1182—1226)的一篇颂歌,他为了传教,甘心过极度贫困的生活。诗中一些形象描写大都来自他的传记,里尔克曾读过他的传记的德译本。有的研究者指出,其中还有一部分是画家梵高的素描,和作者本人在巴黎的生活体验。

57.

请看他们,看他们可用什么譬喻:
他们颤动着如在风中
歇下来如被人握住。
他们眼里是明亮的草原地带
到节日变得阴暗下来,
上面落着一阵夏日的豪雨。

(1903年4月18日,维亚雷焦)

58.

看哪：她的身躯像一个新郎
躺下来像一条小溪潺潺流淌
活得美丽如一场美梦，
如此热烈，如此特殊。
弱点集合在它的纤柔中，
还有来自许多妇人的恐惧；
但它的性欲旺盛如一条龙
熟睡着等待在羞耻之谷。①

(1903年4月19日，维亚雷焦)

---

① 本篇的性隐喻亦系针对基督教的贞节观念而发。参阅第52首。

59.

穷人的房屋像一个祭坛圣龛，
里面永恒变成了菜肴，
黄昏来临时它悄悄
回到自身绕了一个大圈，
缓缓进入自己余音袅袅。
穷人的房屋像一个祭坛圣龛。

穷人的房屋像孩子的手。
它不拿成人所要的东西；
只拿一只昆虫长着螯，
从小溪冲来的圆石头，
流的沙，发声的贝壳；
它悬挂着像一副天平
连同小盘久久颤摇，
说出最轻微的领受。
穷人的房屋像孩子的手。

穷人的房屋还像地球：
一个未来水晶的碎片，
时明时暗在坠落的疾逝中；
穷得像一个马厩的温暖的贫穷，——
但到夜晚：那时它便是一切，
一切星星都从它闪烁而出。

（1903 年 4 月 19 日，维亚雷焦）

60.

哦他在哪儿,那一直响下去的清亮的声音?
为什么苦苦盼着的穷人们从远处
听不见他呢,那欢快而年轻的声音?

为什么他爬不进他们的薄暮——
　　那为穷人所有的伟大的长庚星。①

(1903年4月20日,维亚雷焦)

---

① 本篇的"他",仍指天主教方济各会创始人圣方济各。参阅第56首注释。

马利亚生平（选）

[说明] 这部组诗是作者一九一二年初借居杜伊诺古堡,动手创作《哀歌》前几天写出来的。缘起似应回溯到一九〇〇年,同年九月作者住在沃尔普斯威德艺术家亨利希·福格勒家中,据九月二十九日"沃尔普斯威德日记"记载,福格勒"早餐以后"把一本"速写本"交给里尔克看,其中除其他内容外,还有几幅马利亚的生活素描。里尔克当时为这几幅素描写了两首诗,即《向牧人的通报》和《逃往埃及途中的休息》。一九〇一年圣诞节把这两首诗交给《波希米亚圣诞副刊》发表时,里尔克又添了第三首,即《领报节》(同题诗作之一)。到一九一一至一九一二年,福格勒试图把这几首诗,也许还有后来写的几首诗,辑在一起配上他的素描加以发表;里尔克对于这个计划表示踌躇和冷淡,并认为他所有关于马利亚生平的诗作(包括《定时祈祷文》、《图像集》和《新诗集》所收)没有构成一个完整而不可分的连环画面。于是,他在杜伊诺又赶写了其余各篇,共十三首。

当时里尔克在杜伊诺图书室见到一本适用于教堂画家的《贝格·阿托斯画家手册》。这本神像手册是按照一首拜占廷颂歌划分段落的,每幅插图都有说明。原作相应诗节开头几个字,都分别预放在手册个别章节的前面;第六节开头是一则希腊文格言:"心中藏有一场风暴。"这恰好吻合圣约瑟夫的精神状态,里尔克便据以写出了《约瑟夫的猜疑》。

组诗中个别诗篇所包括的马利亚生平的各种细节及其编排,并不完全符合艺术史的传统表现,但也不是作者的杜撰,而是借自一位西班牙人里巴赖拉的著作,作者手头有这本著作的德译本。此外,德国坊间还流传着大画家阿尔布雷希特·丢勒以"马利亚生平"命名的版画集,其中《马利亚诞生》《对圣母的访问》《逃往埃及》《逃往埃及途中的休息》《基督告别母亲》等幅尤为著名,想必里尔克也见过此书。当然,单凭外在的机缘,还不足以促成这部组诗,更重要的还在于作者本人对于基督教的抵触和他的宗教观的不断翻新。

——译者

马利亚在庙堂显圣

为了懂得她当时的状况,
你必须先把自己召唤到一个地方,
那儿圆柱竖在你心中;那儿你能
与阶梯同感;那儿充满危险的桥拱
跨过停在你心中的一段空间的深渊①,因为它由
这样一些片断堆积如塔,以致你再不能
把它们从你身中拔出:除非你把自身拆毁。
如果你到了这地步,你心中一切便是石头,
墙壁,坡道,鸟瞰,拱顶——,于是尝试
用双手掀开一点点
你面前所有的大幕帷:
这时十分高大的物件有光芒闪烁
并超过你的呼吸与触摸。
向上,向下,宫殿遥望宫殿,
扶手不断地从扶手流出
又高高显露在这样的边缘
使你一望见它们就感到昏眩。
这时从香架上升起一阵云烟

---

① "一段空间的深渊",这个空间观念经专家研究,是从作者曾经参考过的一本画书产生的,其中一个希腊词"暴风雨"被误译成"空间"。

使附近浑浊起来;但最远处却以其
笔直的光线向你内心射入——,
如果现在明亮焰杯中的光华
嬉戏在缓缓走近的衣袍上:
试问你如何经受得住?

但是,她来了抬起
目光来观看这一切。
(妇女中间的一个孩子,一个少女。)
然后她静静上升,充满自信,
走向由于讲究而延宕的富丽堂皇:
于是人类建造的一切
早已为她心中的赞扬

所压倒。由于喜悦
把自己呈献给内心的征兆:
双亲打算把她捧上去,
那胸前满是珠玉的恫吓者
似乎接受了她:但她走过了一切,
她虽小,却从每人手里走出来
走进了比殿堂更高、已经准备就绪
而且比房屋更沉的她的宿命。

(1912年1月15—22日,杜伊诺)

约瑟的猜疑*

于是天使说着,煞费苦心
于捏紧拳头的那人:
但你没有见到每条皱纹,
它凉冷有如神的清晨。

那一个却阴沉地望着他,
一面嘟囔着:她怎么变得这样?
天使却喊道:木匠,
你难道不知是上帝的做法?

因为你刨制木板,你便骄傲,
可你果真想质问那一位,
他谦逊地从同样的木料
发出了叶片,长满了花蕾?

他领悟了。且看他现在
分外惊恐,向天使抬起目光,

---

* 参阅《马利亚生平》说明。

可他走了。这时他慢慢推开
他的厚帽。于是把赞歌高唱。

(1912年1月15—22日,杜伊诺)

向牧人们的通报

抬头看,你们那些人。那边在火旁的人,
你们认识无垠天空的人,
星相占卜者,到这儿来!看哪!我是一个新
升起来的星。我的全部身心燃烧着
强烈地照耀着,发出如此巨大的
光芒,以致这深邃的苍穹
不再够用。让我的光辉照进
你们的实存吧:哦,黑暗的目光,
黑暗的心,朦胧如夜的命运
将你们充满。牧人们啊,我在你们身上
何其孤单。突然间我扩张开来。
别惊讶:硕大的面包果树
投下了一片阴影。是的,这是由于我的缘故。
你们无畏者,哦,你们知道,
眼下在你们观望的脸上
怎样闪现着未来。在这强烈的光源里
将会发生多少事情。我把它告诉你们吧,因为
你们守口如瓶;对于你们十足的信徒
这儿一切都在讲话。火和雨在说,
鸟的迁徙,风和你们的本色,

没有一件压倒一切,饱食终日,越长
越虚浮。你们没有
在胸腔的间隙里羁留事物,
以便折磨它们。于是就像他的喜悦
涌过一位天使,尘俗也同样
涌过你们身上。如果一团荆棘
突然燃烧起来,永恒似乎还会
从它呼唤你们,小天使们,
如果他们屈尊在你们的羊群旁
阔步而来,没有使你们感到惊骇:
你们便稽颡顿首
膜拜着,称此为尘世。

这确是。现在应该是个新的,
它的寰球在挣扎着扩大自己。
一团荆棘向我们显示:上帝设身
处于一个处女的子宫。我是陪同你们的
她的热忱的假象。

(1912 年 1 月 15—22 日,杜伊诺)

基督的诞生

难道你没有现今为黑夜点亮
的那点纯真,如你身上所应发生?
看哪,上帝曾震怒于万民之上,
变得和颜悦色,借你来到凡尘。

你可曾把他想象得更其英俊?

何谓英俊?横贯他所涂掉
的所有尺度,走他笔直的命运。
连星星都没有这样的街道,
你瞧,这些王才叫英俊,

他们把他们认为最大的珍品

扛近了你的膝前,
你也许为这件礼物惊讶万分——:
但且瞧瞧你的布帛的折线
这礼物已比一切优胜。

所有龙涎香用船外运,

每件黄金首饰和芬芳香气
模模糊糊向感官散喷:
所有这一切倏忽即逝,
到头来人们为此悔恨。

但(你会看到):他才使人高兴。

(1912年1月15—22日之间,杜伊诺)

逃往埃及途中的休息

刚从婴儿谋杀者中间
气喘吁吁逃出来的这些人:
哦,他们东奔西颠
不觉变成一大群。

他们的恐怖与压迫
尚未化解于胆怯的回顾,
他们骑着灰色的马骡
已使全城陷入了危惧;

因为一当他们(在大国不足挂齿,
几近于无)走近大庙,
所有偶像破裂了泄露了
完全丧失了理智。

你可认为,他们这一帮
个个会如此绝望而愤激?
只有孩子无比安详,
而他们都变得害怕自己。

至少他们这时得坐下来
休息一会儿。可还走个不停——
看哪:那树静静罩着他们,
像一名侍者把他们接待:

那棵树鞠着躬,
它的花冠永远眷顾
已故法老的头部;
现在它鞠着躬,觉得仿佛
新冠盛开。他们坐着如梦。

(1912年1月15—22日,杜伊诺)

迦拿的婚礼*

她能为别人而不为他
骄傲吗,他已将她的纯朴美化?
连高大的、习以为常的黑夜
不也在他显现时意气风发?

甚至他一度消失不也
空前成为他的荣誉?
最贤明的不也曾经以耳
换口?而房屋

不也因他的声音而焕然一新?
唉,肯定她已一百次强忍
流露出对他的欢欣。
她惊讶地把他紧跟。

但在那婚筵盛开之际,
不意酒浆短缺,——

---

* 耶稣和他的母亲参加加利利的迦拿的一次婚筵。酒用尽了,耶稣在马利亚的祈求下,将水变成酒,创造了奇迹。参见《新约·约翰福音》第二章。

她望着他，祈求一个手势
却不懂他表示拒绝。

接着他照办了。她后来才明白，
是她把他逼上这条路：
因为他现在真是奇迹创造者，
全部牺牲早已宣布，

不可阻挡。是的，它写得清楚。
但当时是否准备就绪？
她：她弄到这个地步
只因她虚荣而盲目。

桌上布满水果和蔬菜
她和大家一起高兴，却不了解
她的泪腺的水分
随着这酒变成了血。

　　　　　　　　　（1912 年 1 月 15—22 日，杜伊诺）

Pietà[*]

而今我的苦难受够了,它说不出地
充塞着我。我呆望着,像石头的
内心呆望着。
我麻木不仁,只知道一件事情:
你长大了——
……长大了,
作为伟大的痛苦
完全超出
我的心框之外。
而今你横躺在我怀里,
而今我再也生不出
你来。

(1912年1月15—22日,杜伊诺)

---

[*] 意大利语:本义为"怜悯",泛指圣母马利亚膝上抱着基督尸体的图画或雕像。本篇6—12行见于一九一一年十一月份的一份草稿,题目为《阿奎雷雅大教堂的Pietà》。参阅同题诗(见《新诗集》)。

马利亚之死

(三章)

1

那个曾经下凡给她
带过临盆信息的大天使
站在那儿,静待她注意到他,
并且说道,现在是你显现的时候了。
而她惊怖不减当年,再次证明
是向他俯首应命的使女。
但他光芒四射,又不停走近,
仿佛当她的面逐渐消逝——并吩咐
那些向远方走去的传道师们
聚集在山坡上的房屋里,
那晚餐的房屋。他们步履维艰地来了,
忧心忡忡地走了进来:那儿,沿着
狭窄的床榻,躺着那个神秘地
潜没在毁灭与超升之中的人,
完好无损,有如新生的婴儿,
倾听天使的歌声。

现在她看见烛光后面的一切人
静候着,她便从繁杂的声音中
解脱出来,诚心实意地送出
她所有的两件衣服,
抬起脸望望这个,又望望那个……
(哦无名的泪溪的源头啊)。

但她又衰弱地躺下了
并把天国拉得离耶路撒冷
那么近,她的灵魂将逝未逝,
不得不稍微舒展一下:
而那知道她的一切的他
已把她抬进了她神圣的自然。

2

谁曾想到,在她来临之前
富庶的天国竟然不完备?
复活者①已经就位,
但在他身旁,经过二十四年,
位置仍然空着。而他们已开始
习惯于这纯粹的缺陷,
它仿佛已经愈合,因为圣子以其
优美的斜晖将它充满。

于是她即使走进天国

---

① 复活者,指耶稣。

也没有走向他,尽管她渴望这样;
那儿没有位置,只见他在那儿闪耀
一种使她痛苦的光。
而今她,那动人的形体,
已与新的升天者结伴,
不引人注目地直立着,
这时从她的本体发出这样一种
久储未发的光采,致使被她照亮的
天使眯眼喊道:那是谁呀?
是一种惊叹。然后她看见一切,看见
天上的父把我们的主截留住①,
于是空缺的位置为薄暮所环绕,
显示出少许悲伤,
一痕孤独,有如他仍然忍受的一切,
一段尘世时间的剩余,一种干枯的残疾——。
人们看着她:她焦急地望过去,
深深前倾,仿佛感觉到:我是
他最长久的痛苦——:便突然向前冲去。
但天使们把她引回到自身,
扶着她,祝福地歌唱着,
把她、这最后的部分抬了起来②。

---

① 天上的父,指耶和华;我们的主,指耶稣。
② 最后的部分,指离开肉体的灵魂。

3

但使徒多马①来得太晚了，
那快速的天使抢在他前面
早已胸有成竹
并对坟地指指点点：

把石头推开去。你可知
使你动心的人儿在何处：
看哪：她像一个薰衣草枕头
马上会给安放进去，

好让大地将来发出芳香
从那一片纱巾似的皱纹。
所有死人（你可觉得），所有病弱者
都因她芬芳馥郁而眩晕。

瞧那亚麻布：一片灰白哪儿去了，
他已眼花撩乱，并未走进？
这具纯洁遗骸上面的这道光
他觉得比阳光更能使人澄清。

未必你不惊讶，她怎样轻柔逃离了他？
几乎仿佛她还在世，什么也没延宕。

---

① 多马是耶稣的十二门徒之一。他在看见和抚摸耶稣的伤口之前，曾经不相信他的复活。参见《新约·约翰福音》第二十章第二十四节。

然而天空已在头上震荡:
人啊,跪下来,望着我,随我歌唱。

(1912年1月15—22日,杜伊诺)

挽歌(选)

〔说明〕挽歌,又名安魂曲,在里尔克的诗集中一般共收有四首:《为格蕾特尔而作,献给克拉拉·韦斯特霍夫》①,《为一个男孩而作》②,《为一位女友而作》,《为沃尔夫伯爵封·卡尔克洛伊特而作》。这里选译较长而又较著名的后两首。

——译者

---

① 格蕾特尔·科特迈尔,系里尔克夫人克拉拉·韦斯特霍夫的女友。
② 男孩指里尔克认识的埃德加·雅费夫妇的八岁儿子。

为一位女友而作*

我歌颂过死者①,我又让他们走了
并讶然看见他们如此安详,
如此疾速地适于死亡,如此恰当,
如此不同于他们的声望。只有你,你回
来了;你从我身旁掠过,你绕着走,你想
碰着什么,好让它因你而发响
并把你暴露出来。哦别从我拿走我
慢慢学到的一切。我做得对;你错了,
如果你曾经为任何一件事物挑起
一件乡愁②。我们将这乡愁变换着;
它不在这儿,我们从我们的存在把它

---

* "女友"指沃尔普斯威德女画家保拉·摩德尔松－贝克尔,里尔克于一九○○年在沃尔普斯威德同时认识她和后来成为里尔克夫人的克拉拉·韦斯特霍夫(参阅《图像集》第二册第一部分《歌者在一位幼君面前歌唱》)。女画家于一九○七年十一月生产一女婴后不久逝世。本篇挽歌为纪念她的忌辰而作,其题旨在于母性与艺术家生活之冲突及其不可调和,作为纲领来看,似须与《为沃尔夫伯爵封·卡尔克洛伊特而作》并读。作者在《佛罗伦萨日记》中已经写过:"一个女人既是艺术家,如果当了母亲,就一定不再创作。她已从自身展示了她的目标,今后可以在最深刻的意义上过艺术生活了。"

① 作者歌颂过欧律狄克(《俄耳甫斯·欧律狄克·赫耳墨斯》及《致俄耳甫斯十四行》第二部第13首),还歌颂过阿尔刻斯提斯(《阿尔刻斯提斯》)。

② 乡愁,参阅《罗马的喷泉》(见《新诗集》)及《杜伊诺哀歌》第八首结尾。

反映进来，一当我们认识了它。
　　　我一直继续信任你。你恰巧错了，
来了，比任何一个女人变化
更大，使我不知所措。
我们惊慌不已，因为你死了，不，是
你强大的死亡神秘地干扰了我们，
将"此前"撕脱了"今后"：
这正与我们有关：将它排列好
将是我们同大家一起做的工作。
可你自己也惊慌不已，甚至现今
在不再需要惊慌的地方也惊慌起来，
你丧失了你的一片
永恒，走进这儿来了，女友，到这儿来了，
这儿一切还不存在；你心不在焉，
第一次对万有和片段心不在焉，
却没有像在这儿抓住任何事物一样
抓住无限自然的阶梯；
从那已经接待过你的循环，
任何一种骚动之无声的重力
把你向下拖到屈指可数的时间——：
这像破门而入的小偷常常晚间惊醒我。
于是我敢说，你只是屈尊而已，
你来自慷慨，来自大量，
因为你如此确信，如同确信自身，
你像个孩子四下转悠，不在乎
为某人做过什么的地点——：
可是不：你在祈求。这一点深入
我的骨骼，像锯一样穿过。

你承担着如同鬼魅的一句谴责,
随后落到我身上,当我夜间引退
到我的肺里,到内脏里,
到我的心最后最可怜的斗室里,
这样一句谴责便不那么残酷,
如同这个祈求。你祈求什么呢?

　　说吧,我可应当旅行①?你可曾把
一件费力想跟上你的东西
留在什么地方?我可应当到一个
你没有见过的国土去,虽然它对你
亲近得像你的另一半感官?

　　我想航行在它的河流上,想
行走在陆地上,想采访古老的风俗,
想同门内的妇女谈话并且
观望着,如果她们呼唤她们的孩子。
我想记住,她们在外面从事
草原和田野的古老劳动时是如何
让那儿的风景披围着;想请求
把我引到她们的国王面前,
想用贿赂引诱祭司,让他们
把我安置在最牢固的立像面前,
然后走开去,把庙门关闭。
但接着我还想当我知道许多时
干脆注视一下动物,让它们的一点
什么变化滑进我的关节,想在它们眼里

---

① 此处暗示着对死者的尊敬,以及自己对于尼罗河畔生者与死者的国土的旅游乐趣。作者另有专文详细论述过保拉·摩德尔松－贝克尔与埃及艺术的关系。

有一点短暂的实存①,让那些眼睛留住我,
让我慢慢安静下来,不作任何判断。
我想让花园里许多花朵
给我说,是我把一百种香气的
一点残余带进了美丽的
专有名词的碎片里。
我还想购买果实,那些果实里
又一次存在着大地直到天边。
　　　因为你懂得这个:丰满的果实。②
你把它们放在你面前的盘子上
用颜色来平衡它们的重量。
于是你还看见女人像果实一样,
还看见孩子们,从内部生长
成它们的实存的形式。
最后还看见你自己如一枚果实,
把你从你的衣服里取出来,把你
带到镜子前面去,让你进去
直到你看见自己;你的身影在镜前很大,
却没有说:这是我;不:是这个。
到最后你的目光如此无好奇可言③
又如此一无所有,如此真正赤贫,
以致它不再追求你自己:虔诚地。
　　　于是我想留住你,正如你把自己

---

① 它们眼里……的实存,参阅《黑猫》(见《新诗集续编》)。
② 这一行是指女画家的巨幅静物画,如一九〇五年的《甜瓜静物写生》。下列各行还评价了今天在艺术史上仍被珍视的她的肖像画,包括她的自画像。
③ 无好奇可言,表示一种摆脱主观感伤成分的实事求是的艺术见解("没有说:这是我;不:是这个。"),这是作者在巴黎期间逐渐形成的。

放进镜中,深深放进去,
摆脱一切。为什么你与众不同?
何以你要取消自己?何以你想说服
我,在你颈周的那些
琥珀珠子①里还有若干重量,
是那样一种重量,决不是九泉之下
的宁静形象;何以你用姿势
向我表示一个凶兆;
是什么命令你展示你的身体的
轮廓有如展示一只手的纹络,
以致我如不是注定便再见不到它?

  到烛光下面来吧。我不怕
凝视死者。如果他们来了,
他们有权利像其他东西一样
逗留在我们的视线里。

  来吧;我们想安静一会儿。
瞧瞧我的写字台上这朵玫瑰;
它周围的光并非恰好那么迟疑
如在你的头上:它甚至不该待在这儿。
在外面花园里,没有和我混在一起,
它曾经不得不留下或者走开——
而今它这样延续下去:我的意识对它又算什么?

  别害怕,如果我现在触摸,啊哈,
这时它就会在我心中升了起来:我不能不这样,
我必须触摸,即使我会因此而死去。

---

① 琥珀珠子,装饰过自画像《拿玉兰枝的女画家》(1907),这是她最后的作品之一,所以说"到最后你的目光无好奇可言"。

要懂得你在这儿。我触摸着。
完全像一个盲人向四周触摸一件东西,
我摸到你的命运,却不知道它的名称。
让我们一起抱怨吧,有人从你的镜中
取走了你①。你还能哭吗?
你不能。你已把你的泪水的汹涌力量
转化为你的成熟的观望
而且还要把你身上所有汁液
这样变成一种强大的实存,
它上升着又盘旋着,平静地又盲目地。
一个偶然,你的最后的偶然,把你
从你最遥远的进展拽回
到一个希望有汁液的世界。
不是整个拽你;先只拽一部分,
可是为了这一部分,一天天
增长着现实性②,以致它变重了,
那时你完全消耗了自己:那时你走掉
并依据规律把自己一块块
艰苦地拆卸出来,因为你消耗了自己。
那时你拖垮了自己,从你的心之
夜暖的土壤挖掘仍然发青的种子③,
从中正萌发着你的死亡:你的,
为你独特的生而有的你独特的死。

---

① 女画家被爱情、被婚姻和母性纠缠在人的义务之中,这些义务使她日益摆脱、最后完全摆脱她的画家任务。
② 指妊娠。
③ 不仅因为她还年轻,而且因为死亡并无内在必然性,也就是说,她死得很"偶然"。这就是所谓"独特的死",参阅《定时祈祷文》第50首。

于是你吃着,你的死神的谷粒,
如同所有别人,你吃着他的谷粒,
而且在你身上有甜的余味,你所
不想要的那种甜,你有甜嘴唇,
你:你已在感官的内部变甜了。

　　哦让我们申诉吧。你可知你的血液
怎样空前踌躇而不情愿地从一次
循环中流了回来,当你命它离去时?
它又怎样迷惘地再一次开始
肉体的小小循环;怎样充满猜疑
和惊讶走进了胎盘并
由于遥远归程而突然疲倦。
你催促它,你向前推着它,
你把它拖到了火场,有如
把一群牲畜拖到了祭坛;
你还希望它这时会高兴起来。
于是你最后强迫它:它高高兴兴
跑了过来,奉献了自己。你觉得如此,
因为你习惯于另外的尺度,
它仿佛只有一会儿;但
你在时间中,时间是漫长的。
而时间流逝着,时间增长着,时间
像一场痼疾的复发。

　　你的生命何其短促,你把它比
作那些时辰,你坐着把
你的许多未来的许多力量
沉默地向下弯向了新的幼芽,
它又是命运。哦痛苦的工作,

哦花费所有精力的工作。你一天天
做着它,你蹒跚着向它走去
并从织机抽出美丽的纬纱,
别出心裁地使用着你所有的纤维。
最后你还有勇气参加庆祝。

当它做成了,你想得到报酬,
像孩子一样,他们喝了也许
有助健康的又苦又甜的茶水。
你这样报酬了自己:因为你远离
别的每个人,甚至现在;没有人
能设想,哪一种报酬于你有益。
你知道这一点。你坐上了产床,
你面前是一面镜,它把你的一切
完全反映出来。现在你就是这一切
而且完全在它面前,里面只是假象,
每个欢喜披戴首饰梳改发型
的女人的美丽的假象。

于是你死了,像从前的妇女一样死去,
你按照旧式在暖房里死了
产妇之死①,她们希望重新
愈合,却再也做不到,
因为她们同时生下来的那个阴影
又一次来临,挤着走进来了。

是不是还须找到
陪哭妇?那些为金钱而
哭的女人,人们雇用她们

---

① 参阅《定时祈祷文》第50首《主啊,请给每人以独特的死》。

在夜深人静时嚎哭一场。
让她们来吧！我们雇用得
不够。都走了，再也不让雇。
所以你死了还必须来，在这儿和我一起
补足悲哭。你可听见，我在悲哭？
我愿把我的声音像一块布
扔在你的死亡的碎片上
并且拽着它，直到它若断若续；
而我所说的一切必须如此
破烂地进入你的声音并且冻结；
在悲哭中一直是这样。可现在我要控诉：
不是把你从你身上撤回的那个人，
（我找不出他来，他像一切人）
可我在他身上所要控诉的是：男人。

　　如果一种我还不知道的童年遗迹
在什么地方，在我身体深处升了起来，
也许是我的童年最纯洁的稚气吧：
我不想知道。我想望也不望
就从中造出来一个天使，还想
把他扔到令人记起上帝的
呼号天使的第一排去。

　　因为这种苦难已持续太久，
没有人受得住；它对我们太沉重，
虚假爱情的糊涂苦难，
它倚老卖老如同习惯，
自称一种正义却从不义中蔓生。
有权占有的人又在哪儿？
谁能占有那不能保持自身的，

那只是偶尔快乐地开始动手
却又像孩子扔球似的重新扔掉的一切。
即使一位奈基①也很少像统帅一样
能够固守在船只的船首,
当她的神格之秘密的轻松心情
突然在强烈的海风中离开了她:
即使我们中间一个很少能够高呼
那个不再看见我们的女人,
那个好似奇迹一般继续她的
一条狭窄实存而免于事故②的女人:
这时他也会把职业和乐趣当作债务。
　　　因为这就是债务③,如果是任何一种债务:
一种爱的自由并不为了
人们本身具有的一切自由而增加。
如果我们爱,我们就只有这样:
彼此相让;因为我们持久不变,
这一点我们容易做到,而且不是刚学来的。

你还在吗?你在哪个角落?——
关于一切你已经知道许多
而且能够做到许多,因为你这样走了,
为了开放的一切,如同破晓的白昼。
女人们受苦:爱就是孤单,

---

① 奈基,希腊神话中的胜利女神。
② 免于事故,这里借用欧律狄克的典故,但不是指她被蛇咬伤而致死,而是指从冥府还阳途中的转身,从而将这个判断同偶然的产妇之死区别开来。
③ 下列各行包括里尔克的艺术信条,即生活与艺术、爱情与艺术家生活是互不相容的。

艺术家们经常在工作中预感到，
她们要爱，就必须变化。
你开始了二者；二者在于
现在毁坏了一个声誉，是它把二者从你取走。
唉，你已远离任何声誉。你不
引人注目；你已悄悄收敛了
你的美，仿佛在一个工作日的
灰暗早晨降下了一面旗帜，
你一无所求，除了一件没有做完的
漫长的工作：尽管仍然没有做完。

　　如果你还在，如果在这片黑暗中
还有一个位置，让你的灵魂
敏感地一同振动在平淡的声波上，
这位置在高大房间的潮流里
激起了一个夜间寂寞的声音：
那么倾听我：帮帮我吧。看哪，我们滑行着，
不知什么时候，才从我们的进步中滑回
到我们没有想到的任何什么；我们
陷在里面如同陷在梦中，
我们在里面死去，不再醒来。
再没有人了。对于任何一个把你的血
提升到一件悠久事业中去的人，
可能发生这样的事，他再也高举不起它来
而它将随其重量而消逝，变得一文不值。
因为任何地方都有一种古老的敌意
在生命与伟大的工作之间。
我认识到这敌意，它说：帮帮我吧。

　　别回来。如果你受得住，就跟

死者死在一起吧。死者们在忙碌。
可请帮帮我,它好不分你的心,
正如最远的有时帮过我:在我心中。

(1908年10月31日至11月2日,巴黎)

为沃尔夫伯爵封·卡尔克洛伊特而作[*]

我难道真的从没有见过你？我的心想着你
是如此沉重，像想着人们拖延下去的
太沉重的开端。唯愿我能开始谈到你，
你死者；你高兴地
热烈地死去的人。这可是那么
轻松如你所料，或者
"不再活"离开"死去"还很远？
你妄想在无人重视财产的地方
会更好地拥有它。你觉得
你在那里会深入风景内部，
它在这儿却像一幅画呈现在你面前，
你会从内部来到被爱者身中
并通过强大而飞舞的一切向前走去。
哦唯愿你现在不会久久
为你幼稚的错误增补欺骗。
唯愿你在一道忧郁的激流里松弛下来，
兴高采烈地，只是半自觉地，

---

[*] 封·卡尔克洛伊特（1887—1906），青年诗人，翻译过魏尔仑、波德莱尔等，服兵役初期自杀。里尔克本人并不认识他，只是从别人获悉他的悲惨命运，故本篇的第一句说："难道我真的从没见过你？"这篇挽歌实际上是借题发挥作者自己的艺术理论。

在围绕遥远星斗的运动中
找到了你已从这儿移到
你所梦想的死亡状态中的欢悦。
亲爱的,你在这里是多么接近它。
它在这里是怎样安适自在如你所想,
你的苦涩眷恋的诚挚欢悦。
当你失望于幸福与不幸,
挖掘你的内心并带着一种顿悟
艰苦地爬了上来,几乎粉碎在
你的黑暗发掘物的重压之下:
这时你背着它,你还不曾认识的它,
你背着喜悦,你把你的小小救星①的重担
背过了你的血液,把它渡了过来。

　　为什么你不曾等到那重量
变得完全不堪忍受:那时它才突变,
它才由于如此真实而如此沉重。看哪,
这也许是你的下一个瞬间;
它也许在你猛地关上的门前
及时整好了头上的花冠。

　　哦这是怎样的一击,它贯穿了宇宙,
当什么地方一个打开的东西又被
强劲尖利的急躁气流②一下子锁住了。
谁能发誓否认,在土地里

---

① 此处暗示圣克里斯托弗的传说。圣克里斯托弗系公元二五〇年殉教的基督教圣徒,据传他身材高大,信奉基督教后专门背负人过河;一次他背负一个儿童过河,听到有声音说他所背负的是全世界的救星耶稣基督。后世以他为旅行者的主保圣人,每年七月二十五日为他的节日。
② 里尔克在书简和诗文中一再表述过,首先应向艺术家要求谦逊、忍耐和沉着。

一道裂纹突然穿过了健康的种子；
谁曾经探究过,在驯服的野兽身上
会不会冲动地腾起一股杀欲,
如果这种冲动闪电似的穿过它们的头脑。
谁又认识那从我们的行动跳到
一个附近顶端的影响,
谁又在事事善于指引处来陪伴它?
　　　事实是你已动手破坏。人们一定会
为此谈到你,直到永远。
如果一个主人公出现,把我们
认为是事物面孔的意义像一个
面具似的撕掉,并急匆匆向我们
揭露那些让眼睛通过被堵塞的窟窿
久久无声地把我们凝视的面孔：
这才是面孔,将不会变样了：
你已动手破坏。片片块块堆在那儿,
它们周围空气中已响着一个
建筑物的节奏,再也抑制不住；
你走来走去,看不清它们的条理,
一个向你掩盖着另一个;你觉得
每一个都似乎生了根,你路过时
想试它一下,却又不确信
你举得起它来。而在绝望中
你竟举起了它们每一个,但只是为了
把它们扔回到那张开的采石坑里,
可它们为你的心所膨胀,
竟再也落不进去了。假如一个妇人
把纤手放在了这场愤怒的

仍然温和的开端;假如一个忙碌的人
在内心忙碌着,当你默然走出去
有所作为时,他悄悄和你相遇——;
甚至假如你被人引导着,
路过一爿醒着的车间,
那儿人们锤击着,直截了当地
实现了白昼;假如在你装满的视线里
只有那么一点余地,让一个
辛辛苦苦的甲虫的映像钻进来:
那么,你便随着一种直觉而豁然贯通,
读完了那篇文章,其中的字迹你
自童年起就慢慢镌刻在你心上,
不时尝试着,可否借以
造出一个句子来:唉,它似乎毫无意义。
我知道,我知道:你就躺在前面,摩挲着
纹道,就像在一块墓碑上摸索
上面的碑文。任何似乎燃出
光来的东西,你都当灯拿着
凑近这些字行,但在你看懂之前
火焰便熄灭了,也许由于你的呼吸,
也许由于你的手的颤抖;也许完全
是自动的,像火焰经常熄灭那样。
你竟从没读到它。但我们也不敢
通过痛苦并从远方来读。

　　我们只有注视那些
把你所选取的单词带往
你的感觉的斜坡下面去的诗篇。不,
你并没有选取一切;常常只是一个开端

作为全体托付给你,你便把它作为
一个任务重复着。你还觉得它很悲惨。
唉,要是你从没有从你自己听到它!
你的天使现在还在发声并以不同的重音
念着同一个文本,听着他说话的方式我
突然发出了欢呼,为你的欢呼:因为这就是
　　你的:
即每次爱重又从你退缩回去,
即你在目睹中认识了断念①并
在死亡之中认识了你的进步。
这就是你的,你,艺术家;这三种
空着的模子。瞧,这里是第一种的
铸件②:你的感情周围的空间③;接着
从那第二种我为你铸出了静观,
一无所求的静观,伟大艺术家的静观④;
而第三种你自己过早打碎了它,头一股
震颤的熔浆还没有从心的白热
流注进去——,其中已铸出了一种为真诚
　　劳动
所加深的死亡,那种独特的死亡⑤,
它对我们如此必要,因为我们以它为生,
我们在哪儿都不如在这儿离它更近。
　　这一切就是你的财富和你的友谊;

---

① 封·卡尔克洛伊特的一句诗:"因为目睹意味着断念。"
② 里尔克经常采用模子和铸件的形象,来表现要求与成就、期待与实现的关系。铸件是目的,为此才造出了模子。参阅《杜伊诺哀歌》第十首第18行。
③ 第一个要求就是艺术家对自己的感情保持距离。
④ 一无所求的静观,即采取实事求是的客观态度。
⑤ 独特的死,参阅《定时祈祷文》第50首。

你经常预感到它;但接着
那些模子的空虚①又把你吓倒,
你向里面摸索,掏出了虚无而
不胜悲伤。——哦诗人们的古老磨难,
他们在应当说话的时候却悲伤起来,
他们永远判断他们的感情
而不是塑造它;他们永远认为
在他们身上显得悲哀或快乐的
就是他们所知道的并应在诗中
加以惋惜或庆祝的。正如病人一样
他们需用哭哭啼啼的语言
来描绘他们所患的病痛,
而不是严格地变成这样的文字,
恰似一座大教堂的石匠
坚韧地变成石头的镇静。

   这就是拯救。如果哪怕只一次
你认识到,命运怎样在诗中一去而
不复返,它怎样在里面变成形象,
无非是形象,无异于一位祖先②,
他在你偶尔瞻仰的框架中
似乎与你相似又不相似——:
你便算是熬过来了。

      但这未免小题大作,
去思考没有的一切。连对照起来
一种没有说中你的责备借口也是。

---

① 模子的空虚,即要求尚未实现。
② 参阅《单身汉》(见《新诗集续编》)注释。

发生过的事物往往如此领先
于我们的判断,以致我们从来追不上它,
也从来不知道它真正是个什么样。
　　别害羞,如果死者和你擦身而过,
那另一些坚持到底的
死者。("底"又是什么意思?)同他们
交换一下目光吧,平静一如寻常,
也别害怕我们的忧伤会奇怪地
落到你身上以致你因它们而引人注目。
想当年,发生过的还看得见,①——
那些时代的大言壮语并非为我们而发。
有谁在谈胜利呢?忍耐就是一切。

(1908年11月4—5日,巴黎)

---

① 新时代由于经验日益晦涩难懂,越来越与人相异化,这是里尔克的文化悲观主义论点。参阅《杜伊诺哀歌》第九首第42行以下。

新诗集(选)

〔说明〕本集写于一九〇二至一九〇七年。众所周知,《新诗集》中写得最早的一首《豹》,是在艺术大师罗丹的启示下,到巴黎植物园冷静观察许久才写出来的,从此他力图摒弃早年创作中的感伤性和主观性,自觉地培养一种转向现实的、绝对客观的、视创作为"劳动"的表现风格,随之并产生了所谓"物诗"(Dinggedicht),即以造型艺术为榜样,仅以感性的具体事物为主题,而不让主观情绪流入艺术品这一种诗体的概念和目标。他当时有一句名言:"诗并非如人所想只是感情,感情我们已经有得够多了;诗是经验。"有的专家指出,里尔克这时已成为"现象学结构的创造者",认为"中止对于现实的任何判断,是艺术家的最高职责"。虽然后来,与之相反,在《杜伊诺哀歌》和《致俄耳甫斯十四行》中,作者却公然宣称,歌颂和赞美是他的目标,并认为这才是他所取得的决定性进步。

里尔克在本集中是否完成他自觉承担的任务,是否创作出纯粹的现象,即所谓"物诗",或者他是否不过只推出了自己的主观本体,为了有利于他的艺术,才把这个本体转移到一种为艺术作象征的现实中去——这是一个聚讼纷纭的问题。但是,可以肯定,《新诗集》在遣词造句上实现了一种前所未知的语言微差;连最挑剔的读者都认为,这本诗集体现了感觉的敏感化和视觉的扩大与推进,是作者不断进行探索的一个卓越成果。

里尔克奉若典范的,除了文学方面的波德莱尔和福楼拜,还有造型艺术家罗丹、梵高和塞尚。这些文学艺术家对里尔克产生影响,不单纯由于他们的作品,更因为他们的生活方式,他们在生活时空中向艺术创作所作出的让步,以及他们在社会生活中所体验的贫困与谦卑,向他证实了劳动与侥幸不能两全、艺术家身份和市侩生活水火不相容的美学观念。正是这样,里尔克在《新诗集》的创作过程中,才一心只想以这些大师为榜样,成为放弃自我及其意愿、将如此这般的现实化为文字的感觉者或观望者。但是,从实践情况来看,大部分作为题材的"现实",或来源于圣经和古代神话,或来源于博物馆珍藏(如绘画)和文物性建筑,或来源于业余从事的历史研究——这种选材方法恰好说明,里尔克是一位把现实首先看作艺术现实的艺术家。值得注意的是,《新诗集》和后来的《新诗集续编》分别都以一首关于阿波罗的十四行开端,接着从整体来看,从古代经过圣经和中世纪直到现代,颇近乎一部题材编年史,虽然在主题方面,全书始终围绕艺术和艺术家生活这个纲领性的问题。

——译者

早年阿波罗*

正如已然春意荡漾的一缕晨光
多次穿过尚未长叶的枝杈：
他的头颅里没有什么可以阻挡
所有诗歌的光华

几乎置吾人于死亡；
因为他的顾盼中没有阴影，
他的颞颥对于月桂未免太凉，
只到后来才从那眉棱

耸起茎干高大的玫瑰园，
从中有个别叶片飘零
飘到了颤栗的嘴边，

现在仍很宁静，未试锋芒，目光闪烁，
只以微笑饮下一点什么，
全身仿佛灌注了他的歌声。

(1906 年 7 月 11 日，巴黎)

---

* 阿波罗系古希腊主管艺术、学术和音乐的神。本篇所据蓝本不详，或谓系巴黎卢浮宫希腊厅的一座阿波罗雕像。

情　歌[*]

我将如何把握我的心灵，
好让它不触动你的？我将如何把它
举过你而举向其他事物？
唉，我真愿把它安插在
暗中消失的随便什么中间
在一个陌生的静处，那儿
不再颤动，即使你的深处在颤动。
可是触动我们、触动你和我的一切
却把我们聚在一起如操琴，
用两根弦发出一个声音。
我们给绷在什么乐器上呢？
哪位演奏家把我们拿在手里？
哦甜蜜的歌曲。

(1907年3月中旬，卡普里)

---

[*] 头几行反映了作者所见的艺术家职责和情爱意向之间的紧张关系。

东方的日歌*

这张床可不就像一个海滨,
一长条我们躺在上面的海滨?
没有什么像你的隆乳一样可信,
我的感觉在上面攀登得有点眩晕。

因为今夜,有许多东西在高呼,
动物在相互叫唤相互撕咬,
它岂不陌生得令我们恐怖?
而在外面缓缓开始的,也就是明朝
它岂不比今夜更使我们听得清楚?

看来我们必须相互拥入
有如花瓣围着雄蕊:
参差不齐本是人间正轨,
它堆积起来向我们猛扑。

但当我们相互推进

---

* 日歌,中世纪德国宫廷情歌的一种,又译作"破晓歌""晨叹曲""清晨骊歌"。上升的太阳,开始的白昼,破坏了情侣们的幸福,因此日歌的情调往往不同于夜歌。

以免看见它从四周接近,
它可以从你,它可以从我抽出自身:
因为我们的灵魂正以背叛为生。

(1906年5—6月间,巴黎)

约书亚聚集以色列众支派[*]

恰似河流在出口处以其
河口的积水冲决了堤防,
约书亚的声音最后一次
同样冲垮了最老的族长。

发笑的人们被冲得如醉如痴,
一齐抑制住他们的心和手,
仿佛三十场血战的喧哗出自
一张嘴;于是这张嘴开了头。

于是千万人重新充满惊讶
如在耶利哥城下那伟大的一天①,
但里面响起了长喇叭,
他们生命的城墙如此震颤,

以致他们旋转起来,满怀惊惧
毫无防御,被人征服,后来才似乎

---

* 约书亚是《旧约》中人物,摩西的继位人,曾带领以色列人进入迦南。本诗所咏集会见《旧约·约书亚记》第六、十、二十四章。
① 指耶利哥城垣的塌陷。

懂得,他是如何随心所欲
向基遍①的太阳高呼:停住!

于是上帝走上前去,惊恐如伴当,
并把太阳抓住(直到他感到双手
发痛),高悬于战斗的种族之上,
只因一个人发出让它停住的要求。

他就是这个人;就是这位老前辈,
他们认为他再也不中用,
他已经一百一十岁。
可他站起身来,冲进了他们的帐篷。

他像一阵冰雹扑向了麦秸。
你们想向上帝允诺什么?周围
有无数的诸神等待你们取舍。
你们取舍时主会一举把你们粉碎。

那时,带着一种无比的骄傲:
我和我的家族,我们和他已经婚配。

于是他们呼喊起来:救救我们,给一个信号
使我们有力量完成我们艰难的选择。

但是他们看见他,多年来沉默着,

---

① 基遍,即今吉卜,古代巴勒斯坦重要城镇,位于耶路撒冷西北。以色列人征服迦南(见《约书亚书》第九章)时,其居民自愿投降约书亚。

登上了山头他坚固的城堡；
然后不见了。这是最后一回。

(1906 年 7 月 9 日前不久,巴黎)

浪子出走*

告别所有混乱，
它是我们的却不属于我们，
它像古井里的微澜，
颤抖地映照出并破坏了脸形；
告别——又一次像荆棘一般
依附在我们身上的这一切，
又突然望见
这个和已不再可见的
这些（它们如此寻常又
如此粗劣）：温柔，和解，
有如从一开端并从近处
预感似地觉察到，童年所
充满、满到边缘的愁肠百结
发生得如何与个人无关并超越一切——
然后告别，把手从手抽开，
仿佛撕裂一个愈合的伤口，
于是告别：到哪儿去？到不可知处，

---

* 本篇题材来源于《新约·路加福音》第十五章耶稣的一个比喻。诗人可能从马尔堡的伊莉莎白教堂里一幅表现同一题材的十四世纪壁毯，或者罗丹的一座浪子塑像有感而发。浪子作为为神所抛弃的人的象征，其出走从一开始就证明是徒劳的。

远在一个不相干的温暖的国土,
它在一切行动后面宛如从幕后
变得漠不关心:不论是花园还是墙壁;
于是告别:为什么? 由于冲动,由于本性,
由于不耐,由于朦胧的期待,
由于不被理解和不理解:
把这一切承担起来并枉然
放弃也许抓住了的东西,以便
孤零零死去,而不知为了什么——

难道这是一种新生活的入口么?

(1906 年 6 月,巴黎)

橄榄园[*]

他从灰叶下面往上走——
灰蒙蒙一片,溶化在橄榄的园地,
又把他沾满灰尘的额头
深深放在热手的尘垢里。

毕竟就是这样。这就是结果。
而今我该走了,我已经失明,
为什么你还要我不得不说
你活着,当我再也找不到你本人。

我再也找不到你。在我身上找不到。
在别人身上找不到。在这石头身上也找不到。
我再也找不到你。我无依无靠。

我独自承担全人类的悲惨,

---

[*] 为法国大画家欧根·德拉克罗瓦(1798—1863)的名画《基督在橄榄园》而作。这就是《新约》中耶稣在客西马尼园被出卖的场面。拿耶稣基督作创作题材并不新鲜,把耶稣加以人化并表现他作为生物人的绝望,亦非里尔克的独创;在十九世纪末,这正是学术界的一个共同现象,如大卫·弗里德里希·施特劳斯的《耶稣传》,路德维希·费尔巴哈的《基督教的本质》,都对基督形象的神化提出了质询。

我本来想借你来把它减缓,
你却不在。哦无名的羞惭……

后来人们说:一位天使下凡——

为什么是一位天使?唉来的是黑夜
漠然在林间掀动树叶。
门徒们在梦中辗转反侧。
为什么是一位天使?唉来的是黑夜。

来的黑夜毫不稀罕;
几百个黑夜这样过去了。
群狗在熟睡。石头不动弹。
唉一个悲伤的夜晚,唉任何一个夜晚,
它等待着,直到又一个清早。

因为天使不为这些祈祷者降临,
黑夜也不为他们变得浩渺如海。
误入歧途者被一切摈诸门外,
他们见弃于父亲,
又回不了母亲的胸怀。

(1906年5—6月,巴黎)

Pietà*

于是我又看见你的脚了,耶稣,
这双脚当时属于一个小青年,
我正焦急地为它们脱袜洗涤;
瞧它们站在我头发里狼狈不堪,①
就像一只白色野兽在刺丛里。

于是我看见你从未被爱过的肢体
第一次在这合欢的夜晚。
我们还从未躺卧在一起
而今竟只被赞叹和照管。

请看你的双手已经伤残——:
亲爱的,不是我,不是我一口口咬烂。
你的心敞开着,可以往里走:
它却只能是我的进口。

---

* 意大利语,泛指圣母马利亚膝上抱着耶稣尸体的图画或雕像。此处指罪女"抹大拉的马利亚"见证耶稣复活的场面,其中性爱描写为《新约》所不载。本篇可能取材于文艺复兴时期波提切利的一幅画或罗丹的一件作品。参阅同题诗(见《马利亚生平》)。
① 据《新约》各福音书,逾越节前六日,"抹大拉的马利亚"曾拿香膏抹耶稣的脚,眼泪滴在脚上,便用自己的头发把它擦干。

现在你倦了,你疲倦的嘴唇
对我痛苦的嘴唇已无喜悦——。
哦耶稣,耶稣,何时是我们的良辰?
瞧我俩怎样奇特地走向了毁灭。

(1906年5—6月,巴黎)

女士们向诗人们唱的歌*

瞧,万物怎样显露自己:我们亦然;
因为我们就只有这样的福气。
一个动物身上所有的血和黑暗,
在我们身上生根成为灵魂并比

灵魂走得更远。而且跟着你走。
你当然只是把它挂在脸颊,
仿佛它是风景:温柔而不贪求。
因此我们认为,你不是它

跟着走的那人。你真不是我们
为之彻底沉醉的那人吗?
难道我们多情于任何一个人?

"无限"跟着我们一起走开。
但愿你存在,你是喉舌,我们听见它,
但愿你,正给我们说话的人:愿你留下来。

(1907 年 3 月中旬,卡普里)

---

* 本篇表现了唯美主义者对于爱情的漠不关心与无能为力。

诗人之死

他躺着。他高耸的苍白脸型
在陡峭的枕头上把一切排斥,
自从世界及其有关学识
已脱离他的感知,
又退回到冷漠的年辰。

那些见过他活着的人们并不知道
他曾怎样与这一切唇齿相依,
这一切:这些深谷,这些草地
和这些流水都是他的面貌①。

哦他的面貌就是这整个幅员,
而今它仍在把他寻找,把他追求;
而他那惶惶然逝去的面具
温柔而坦白有如一枚腐烂

---

① "面貌"(das Gesicht),又可解作"视觉""幻境":这个双关意义暗示着里尔克的一种审美伦理,即作为自我的人必须退回到艺术家及其劳作的后面去。他在致克拉拉的信(1905年9月20日)中写道:"他(指罗丹)注意到,他画画时像一个猎人,把自己和一切对立起来,而作为观察者他则是一切的一部分,为一切所承认,所容纳,所溶解,他就是风景。"请玩味"脸庞""面貌""面具"等词的微差。

在空中的果实的内部。

(1906年5—6月,巴黎)

佛[*]

仿佛他在谛听。寂静:一片远处……
我们且打住,它已远不可闻。
而他是星。另一些巨星,
我们看不见,却将他团团围簇。

哦他是一切。我们岂真等候
他把我们看见? 他可有此需要?
如果我们这儿向他拜倒,
他便保持低下而迟缓如一头畜。

因为那个什么把我们拽到他脚前,
几百万年来一直在他身上盘旋。
他,忘却我们把什么体验,
他,却知道什么把我们指点。

(1905 年底,巴黎—默东)

---

[*] 可能取材于罗丹花园里一尊佛像。一般说来,佛是与万有相连的形象,它强调人的迷惘与无助;本篇却表现他把人忘记或加以拒绝。据研究,这个形象可能与罗丹有关,因此本篇或可视作师(罗丹)徒(里尔克)关系的一种反映。

大教堂*

在那些小城里,四周
蹲着破旧房屋像一个集市,
集市突然不胜惊恐地瞥见它,
便关闭了货摊,紧紧关闭而又缄默,

叫卖小贩静下来,鼓声停下来,
用仓皇的耳朵向上倾听着——:
这时它镇定如常,立于其扶壁①之
破旧起绉的大氅里,
对群屋一无所知:

在那些小城里你可见到
大教堂大得如何与其
环境不相称。它的重建
凌驾一切而继续前进,有如奇特
生命之目光持续超越广阔的近处,

---

* 本篇并无实指,只是一般地表现城市的日常喧嚣与大教堂的沉着冷静的鲜明反差。但从里尔克的艺术眼光来看,与上帝交往的大教堂首先作为艺术品而高出于平凡生活之上。
① 指撑托并加固教堂高墙的支柱或扶壁。

仿佛其余一切都没有发生；仿佛
命运就是这个，就是无可计量地堆在里面
变成石头、注定永远存在下去的这个，
而不是那个，不是在下面阴暗的街道上
偶然起个随便什么名字
让人叫着，有如穿红着绿的孩子
以及小贩作为围裙穿着的那个。
因为诞生就在这基础之中，
力量和冲击就在这高耸之中
而爱则如酒与面包无处不在，
入口处充满了爱的悲叹。
生命在时钟的敲击中踌躇不前，
而在那些充满断念突然不再
攀登的钟楼里，正是死亡。

（1906 年 7 月 1 日前后，巴黎）

陈尸所*

他们已经躺在那儿,仿佛还须
事后发明一种情节,
使他们彼此同这阵冷酷
白生生连成一片并互相和解;

因为这就是一切尚无结局。
从口袋里可以找出
一个什么名字?人们不胜嫌恶
把他们嘴周洗来洗去;

他没有走开;他变得十分清爽。
胡子翘着,还有点硬,
颇合看守人的雅兴,

只为了免得使瞠目者反感。
眼睛在眼睑后面
已经变样,正往里面张望。

(1906年7月初,巴黎)

---

* 指巴黎的陈尸所,一个大厅,里面排列着一些未经辨认的尸体,如罹难者、自杀者等,供可能的家属前来认领。波德莱尔和福楼拜都写过同样的题材。

瞪　羚[*]

(Gazella Dorcas[①])

着迷了:两个选词一齐发音
怎样才能押上韵,
用它把你叫来叫去,如同一个象征。
从你额头升起了树叶和弦琴[②],

而你的整体作为譬喻贯穿
情歌[③],它们的歌词柔软
如玫瑰花瓣,放在不再吟诵
的那位的眼睛上,他把它们闭拢,

好看见你:并一齐带走,宛若

---

[*] 一九〇七年六月十三日里尔克致克拉拉信:"昨天一天我在植物园观赏瞪羚。那儿有两只,还有一只孤单的,相距只有几步远,反刍着,休息着,观望着。……它们撒腿测验自己的能力时,我看见这种奔跑的优美姿势:(它们像步枪一样,从它们射出了跳跃。)我不忍离去,它们太美了……"

① 拉丁语学名:前一词为属名"羚羊",后一词为种名"瞪羚"。
② 暗示自然与艺术,参阅《致俄耳甫斯十四行》第一部第 17 首。
③ 可能指"所罗门婚歌",其中常把情人比作瞪羚,例如《旧约·雅歌》第二章第九节。据说巴勒斯坦盛产瞪羚。

每一跑步装载着几跳，
却又并不弹射而去①，只要颈脖
把头抬起来倾听：恰如
林中浴者中断了洗澡②，
转过来的脸上听出林中湖。

(1907 年 7 月 17 日，巴黎)

---

① 显然是前信"它们像步枪一样"一句的延伸。
② 可能来源于伦勃朗的名画《沐浴的苏珊娜》，或指希腊神话中沐浴时被阿克泰翁窥视而受惊的阿尔忒弥斯。

独角兽*

圣者抬起了头,祷祝
落下来如他头上一顶甲胄:
因为这从未见过的白兽①
悄悄走近了,它像一只被拐走
的无助的牝鹿以眼睛祈求。

象牙般的大腿支架
挪动着保持轻巧的平衡,
毛皮掠过一道白色光华,
兽额明亮而又宁静,
独角立着如月光下的塔,
每走一步都把它立得笔挺。

兽嘴长着淡红带灰的绒毛
微微掀开,于是牙齿的点滴
白色(比一切更白)闪闪发亮;
鼻孔嗅吸着略见憔悴。

---

* 本篇取材于当时在巴黎克隆尼博物馆展出的一幅名贵织锦《独角兽旁的夫人》。
① 参阅《致俄耳甫斯十四行》第二部第4首"哦,这可是不曾有过的动物"及注。

但它的无从限制的目光
把自己种种印象抛向九霄
并合上了一本蓝色的传奇演义①。

(1905年冬,巴黎—默东)

---

① 里尔克在《布里格笔记》中描写过这幅织锦,说它把独角兽场景织成一个"椭圆形蓝岛"。

豹[*]

（巴黎植物园）

他的视力因栅条晃来晃去
而困乏，什么再也留不住。
世界在他似只栅条一千根
一千根栅条后面世界化为无。

威武步伐之轻柔的移行
在转着最小的圆圈，
有如一场力之舞围绕着中心
其间僵立着一个宏伟的意愿。

只是有时眼帘会无声

---

[*] 本篇是《新诗集》中最早的也是最著名的一篇。据作者自己说，这是他在罗丹的影响下所受的"一种严格的良好训练的成果"。当年罗丹曾经督促他"像一个画家或雕塑家那样在自然面前工作，顽强地领会和模仿"。因此，才有了本篇的副题《巴黎植物园》，该园同时是一个动物园。除了动物园的这只野兽，罗丹所有的一个老虎石膏模型也曾给诗人以灵感。关于本篇有过多种解释，或从现象学眼光认为，它对客观事物作出十分真切的描绘，或从象征主义眼光认为，它是诗人自己在被隔绝的囚禁中自我折磨的灵魂的比喻。其实，在世纪转折期，自然生存环境的丧失或受威胁已成为一个重大的论题。

掀起——。于是一个图像映进来，
穿过肢体之紧张的寂静——
到达心中即不复存在。

（1902—1903年，或1902年11月5—6日，巴黎）

圣塞巴斯蒂昂[*]

他站着像一座斜倚雕像；全然
为巨大的意志所支持。
恍恍惚惚像母亲抚慰孩子，
又紧束于自身像一只花环。

于是羽箭来了：一根又一根
仿佛喷自他的腰间，
铁似的震颤于未嵌入的末端。
但他黯然微笑，了无伤痕。

只是偶然涌出一阵悲哀，
两眼才痛苦地裸露出来，
直到它们拒却某种卑劣，
又仿佛它们不屑地放开
一件美丽事物的毁灭者。

(1905—1906年冬，巴黎—默东)

---

[*] 圣塞巴斯蒂昂(1554—1578)，天主教圣徒，葡萄牙国王(1557—1578)，约翰三世之子，在一次讨伐北非穆斯林的战役中为弓箭射死而殉教。本篇咏文艺复兴时期威尼斯画家保罗·委罗内塞(1528—1588)的名画，现存卢浮宫。据说第一行为该画所印证，表现了作者非凡的视觉敏感。

施 主[*]

这是跟画家公会订的合同。
或许救世主从未向他显露;
或许连圣洁的主教也从未优容
步往他身旁如在这幅画中
并在他身上轻轻放下他的手。

或许这样跪着才别无所求
(这正是我们经验过的一切):
跪着:才好把自己的轮廓,那些
一心向外扩张的轮廓,全神贯注
抓在心中,就像用手把马抓住。

于是,假如一件怪事发生了,那件
怪事从不曾被允诺也不曾被确证[①],
我们倒可以希望,它不会把我们看见[②]

---

[*] 指西方历史上文学艺术家的保护人或资助者。本篇似无实指,但涉及这样一个风俗:虔诚的资助者往往请画家把他以不显著的地位画进他所资助的图画里去,或者由画家为了表示感谢主动把他画进去。

[①] 指基督教的上帝启示说。诗人这里明确反驳了这个说法。

[②] 让艺术品满足于自身,是里尔克的美学核心,同时是他所描绘的人物形象(如圣塞巴斯蒂昂)一再重复的结构标志。

却会走近前来,直到我们身边,
专注于自身,潜心于自身。

(1906年7月中旬,巴黎)

罗马石椁

还有什么妨碍我们相信,
(既然我们已被如此安排和分派)
片刻间并非只有冲动和仇恨
和乱人心意的事物在我们心中徘徊,

正如从前在以环链、神像、
玻璃、彩带装饰的石椁里,
躺着一个缓缓解脱的躯体,
穿着缓缓风化的衣裳——

直到那些不说话的未知的
嘴巴把它吞掉。(从前为了利用它们[①],
哪儿有过一个头脑在思索?)

那时从古老的水渠里

[①] 指吞掉躯体的"嘴巴"。"石椁"原义为"食肉石"。相传古希腊人曾以石灰石造棺,纳尸于棺中,经数周尸体即为棺食尽。

把永恒的水向它们①引进——：
那水至今还在反光、流淌并在它们里面闪烁。

（1906年5—6月，巴黎）

---

① 指罗马的石椁。后来这些石椁被改造成为水渠加以利用。这个概念又见于《致俄耳甫斯十四行》第二部第10首和第15首。一九〇三年九月到一九〇四年六月，里尔克旅居罗马，曾于一九〇三年十月二十九日在致友人信中谈到"经过古老水渠流入城市的源源不竭的、生气勃勃的水"。

天　鹅[*]

累赘于尚未完成的事物
如捆似绑地前行,此生涯之艰苦
有如天鹅之未迈出的步武。

而死去,即吾人每日所立
之地面不复容身,则仿佛
天鹅忐忑不安地栖息

于水中,水将他温存款待
水流逝得何等欢快
一波接一波,在他身下退却;
他这时无限宁静而稳健
益发成年益发庄严
益发谦和,从容向前游去。

(1905—1906年冬,巴黎—默东)

---

[*] 里尔克在一九○五年九月二十日致克拉拉的信中谈到他和罗丹的生活:"黄昏时分……我们坐在他养小天鹅的有围栏的水池旁观赏它们……。"但是,"天鹅"在诗中只是一个象征,一个表现人的经验的工具。第一行"尚未完成的事物",即指艺术家尚未完成的作品;而未完成的作品据说比成品更为精确,更为圆熟。第三节系以天鹅的游泛动作象征死亡。

诗 人

你远离了我,你时间①。
你的翅翼拍击着我的伤口。
孤身一人:我的嘴巴与我何干?
还有我的夜?我的白昼?

我没有亲人,没有房屋,
没有居留的地点。②
我为之献身的一切事件
变富了,到处把我分布。

(1905—1906年冬,巴黎—默东)

---

① 指创作灵感来临的时刻。
② 里尔克在给瑞典女友埃伦·凯的信中写过:"我没有一座乡村风味的祖宅,在世上没有一个房间,放一两件旧物,开一扇窗……"参阅《最后一个》《秋日》(见《图像集》第一册第二部分)。

一个女人的命运[*]

正如国王狩猎途中举起
任何一只杯,用它来饮酒,——
那只杯的所有者后来因此加以
收藏,仿佛它从来不曾有:

也许命运也渴了,时或把一个女人
举到唇边加以啜饮,
然后一个渺小的生命担心
打碎她再也用不成

便将她藏在忐忑不安的玻璃橱里,
其中藏有他的许多珍宝
(或者被认为珍贵的物件)。

她生疏地立在那儿像被借来的
干脆变老了变瞎了

---

[*] 把女人比作一只玻璃杯,已见于《在卡尔特教团修道院》(《图像集》第二册第一部分)。本篇着重揭露宗教为了使人虔敬而对命定事物所作的错误评价。所谓命定事物,与一切崇高无缘,里尔克用以指平常的人际关系,首先是指爱情。参阅《杜伊诺哀歌》第九首开篇部分。

不值钱了也不再稀罕。

(1906年7月1日前后,巴黎)

失明者

她像别人一样坐着把茶品。
我开初觉得她拿着茶杯
样子略不同于别一位。
一次她微笑了。叫人瞧着伤心。

人们最后站起身来交谈,
缓缓地仿佛偶然穿过
许多房间(谈着又笑着),
这时我看见她。她走在别人后面,

屏息着,就像一个马上
要在众人面前唱歌的人;
她的明眸快乐而兴奋,
外光照在上面如同照着一片池塘。

她慢慢跟着,时间花了很久,
却仿佛什么也没有跨越;
但是:又仿佛在一次跨越之后,
她将不再行走,而是在飞跃。

(1906年6月底,巴黎)

在一座异国林苑里 *

（波格比林苑）

有两条路。不通向任何地方。
可有时,思绪纷纭,其中一条会让
你走着走下去。其实是你走错了;
但突然间你又孤零零走上了
那座竖着墓碑的圆形花坛,
又读着上面的字:男爵夫人
布里特·索菲——又用手指
摩挲那漫漶的年份——
怎么这次所获竟如此之多?

怎么你像第一次那样满怀期望,
流连忘返于这榆树园林下,
这里潮湿,阴暗,从没有人去过?

又是什么引诱你作为一个对比

---

* 一九〇四年六月底到九月初,里尔克经艾伦·凯的介绍,曾在瑞典南部斯科讷省的波格比林苑度过。在这座属于私产的林苑里有一块墓碑或纪念碑,纪念该苑的女主人布里特·索菲·哈斯特弗。参阅《斯科讷的黄昏》(见《图像集》第一册第二部分)。

在阳光照耀的花圃寻觅什么，
仿佛那是一株玫瑰的名称？

你何以频频驻足？你的耳朵听见什么？
为什么你最后若有所失地望着蝴蝶
围着高高的夹竹桃欲飞还停？

（1906年7月中旬，巴黎）

离　别

我曾经怎样感受过所谓的离别。
我还知道它是一个阴暗、残暴、
无敌的东西，它再次指明、递出并毁掉
原来连接得如此美好的一切。

我曾经毫无戒备地向它注目，
它呼唤我，让我走了，而它自己
却停留下来，仿佛是所有妇女
仍然娇小而白皙，不过如此：

不过是再不与我相干的一挥手，
轻轻再一挥手——，几乎再不
可以说明：也许是一株李树①，
一只杜鹃②匆匆从它飞走。

(1906 年初)

---

① 可能见于默东的果树林。
② 可能从儿歌《杜鹃，杜鹃，对我说》，联想到死亡。因为在所有的离别后面，死亡是最后一次离别。

死亡的经验*

我们不知这场溘逝为何物，它
并没有同我们分开。我们没有理由
对死亡表示惊讶
和爱憎，可怪一个凄然悲诉

的假面嘴唇却使之变形。
世界仍然充满我们扮演的角色。
只要我们忧心忡忡，即使我们把人逗乐，
死亡也在扮演着，虽然它不令人称心。

但你一旦离去，这个舞台便有
一片真实穿过你所穿行
的那个空隙：真实碧色绿油油，
真实的阳光，真实的树林。

我们演下去。惶恐而艰难地背出
记住了的台词，还不时展开

---

* 本篇为纪念一九〇六年一月二十四日逝世的路易丝·施威林伯爵夫人而作。作者于一九〇五年与她相识，并从七月二十八日到九月九日在她的弗里德尔豪森城堡做客。

一些手势；但远离我们而去、
摆脱我们剧本的你的存在

有时仍然侵袭我们，对那片真实
的一种意识似乎沉没下来，
于是我们片刻间如醉如痴
扮演生命而不想到喝彩。

      （1907年1月24日，卡普里）

夏雨以前*

游苑里一下子从一片绿
不知一点什么被带走；
人们感觉它走近了窗口
肃静无声。只是热切而急剧

从树丛响起了雨哨，
不禁想起希罗尼摩斯[①]一幅：
猛然升起某种孤独与懊恼
从这一阵声音里，倾盆大雨

亦将耳闻。我们随即匆匆
离开大厅墙壁连同上面的挂图[②]，
免得它们把我们的谈话听见。

---

* 一九〇六年五月三十一日，天气晴朗，里尔克曾偕友人参观巴黎以北的尚蒂伊城堡庭园，诗中"游苑"和"大厅"即该堡一部分。次日大雨滂沱，里尔克曾在致友人信中想象过大雨对于昨日明媚阳光下的灿烂景致的影响。本篇反映并综合了经验和想象，描写了夏雨以前的细致变化。

① 希罗尼摩斯(330—420)，德国天主教神父，曾译圣经。"孤独与懊恼"指他既是隐修士，奉行苦行主义，同时欢喜争辩一些信仰事物，富于好斗性。此处可能由丢勒的一幅希罗尼摩斯画像受到启示，故云"希罗尼摩斯一幅"。

② 系实写。参阅《大厅里》及注。

褪色的桌毯反映出
下午隐隐约约的光线
人们在其中敬畏如儿童。

(1906年7月初,巴黎)

大厅里*

他们怎样围着我们,这些先生们
穿着侍从官服装和胸饰花边,
一个夜晚怎样为了他们的星状勋章
变得越来越暗,肆无忌惮,
而这些太太们,娇美,柔弱,却又因
衣着大出风头,一只手放在膝间,
纤细得像白色矮脚狗的颈圈;
他们怎样围着每个人:围着人阅览,
围着人把这些小件古玩观看,
其中有不少是他们见所未见。

他们彬彬有礼,不为我们所扰乱,
让生活生活着,一如我们所领悟,
虽然他们并不理解。他们希望开花,
而开花就是漂亮;我们却希望成熟,
也就是说:高深莫测,努力奋发。

(1906年7月初,巴黎)

---

* 与前一首相同,参观尚蒂伊城堡后而作。

最后的黄昏*

接着是黑夜与远程;因为大军
的行列从公园旁边源源开出。
但他仍演奏着大键琴,
并抬起目光向她望去,

几乎像在凝视一面镜:
里面充满他年轻的容貌,
知道她是怎样为他戴孝,
一声声更加优美而迷人。

但突然间那一切变得模糊:
她站在窗龛上不胜辛苦,
把心捧着频频敲叩。

他的演奏松弛下来。有清风从外吹拂。
镜台上罕见而异样地摆出
黑色军帽和髑髅。

(1906年6月,巴黎)

---

* 本诗系咏封·诺德克·楚·拉贝瑙男爵夫人尤丽叶及其头一个死于大战中的年轻丈夫。男爵夫人即路易丝·施威林伯爵夫人(见《死亡的经验》注释)的继母。

我父亲青年时期的肖像*

两眼蒙眬如梦。额头仿佛触及
遥远的东西。嘴角异乎寻常
留下许多青春,那未经嘲笑的诱惑,
而在瘦长的贵族制服
的十分美化的全部捆扎面前
是军刀护手罩和双手——,它们
静静等待着,不向什么拥过去。
而今几乎再也看不见了:仿佛它们
在抓住遥远事物的同时最先消失。
而其他一切悬示着自身
旋即熄灭,仿佛我们不懂得它,
并从其原有的深处深深地变模糊了——。

你迅速消逝的银板照片啊
在我慢慢消逝的双手中。

(1906 年 6 月 27 日,巴黎)

---

* 里尔克的父亲逝世于一九〇六年三月十四日。为了安葬他,里尔克曾经回布拉格一次,并于同年六月二十九日将本诗寄给其夫人克拉拉。本篇取材于他父亲青年时期的一张照片,旧时银板照片。父亲很早离开军役,但从照片上的制服和护手罩看,他最后成为候补军官。所谓"贵族"云云,参阅《1906 年的自我写照》。

1906 年的自我写照

古老而悠久的贵族
血统①固定于眉宇。
稚气的目光还有恐惧和忧郁②,
不时还显出谦卑③,但非奴仆,
而是乐于效劳有如妇女。
嘴巴长得像嘴巴,声音又大又清楚④,
不善于说服,却往往说出
若干公正。无懈可击的额头
甘愿留在悄悄俯视的暗处。

这一切凝聚起来只可预知;
不论在苦难还是成功之际
都不会综合成持久的渗透力,
但却仿佛带有心不在焉的神气
从远方安排出某种严肃和真实。

(写作日期不详,可能是 1906 年初,巴黎)

---

① 里尔克长期坚信自己有贵族血统,参阅《最后一个》(《图像集》)。
② 参阅《童年》《童年一瞥》(《图像集》)。
③ 把谦卑视作艺术家气质的要素之一,是里尔克的艺术理论,参阅《新诗集》说明和《为一位女友而作》的挽歌。
④ 里尔克认为,说话必须避免含糊不清。《布里格笔记》中说过:"他是一位诗人,憎恶含糊不清。"

旗　手[*]

觉得其他一切都生硬
而无情：铁器，缰索和剑鞘。
诚然一根软羽多次谄笑，
每一件都很孤单而冷峭；
但他举着——仿佛举着一个女人——
那穿着节日盛装的旗帜。
他身后紧跟着她沉重的穗丝，
多次流过他的手。

他闭上眼睛，孤零零能够
看见一个微笑：他不敢离开她。

当他穿着闪光的护胸甲
想把她夺到手而来抢来抓——：

这时他才敢把她撕脱旗杆，
仿佛使她再也做不成处女，

---

[*] 把旗帜比作女人，在作者的诗体散文《旗手克里斯托弗·里尔克的爱与死之歌》中就有过："他手臂上抱着旗帜，如一个昏迷的白衣女人。"关于最后一句，参阅《罗丹》的名句："荣誉毕竟是一切误解的总和。"

好把她掖在铠甲的下端。

其他人却只看见勇气和荣誉。

（1906 年 7 月 11—19 日,巴黎）

最后的伯雷德罗德公爵从
土耳其人那里越狱*

他们可怕地跟在后面;远远向他
投掷各色的死亡,而他亡命
奔逃,实不啻:千钧一发。
他不再觉得祖先的英灵

离他如何遥远;像这样的逃避追杀
无异于猎人面前一只野兽。直到附近
有河流喧响而闪亮。一个决心
连同他的危难把他扶起并使他

重新成为血统高贵的少年王侯。
还有命妇的一个微笑
再次将温柔注入他早熟

的完美面容。他策马长啸,
豪情恰如其心,血炽如火如荼,
纵入激流中心,如同进入城堡。

(1907年3月中旬,卡普里)

---

* 本诗所咏本事不详。或指亨德里克·封·伯雷德罗德伯爵(1531—1568),荷兰贵族,为推翻西班牙统治而斗争的起义领袖。

交际花*

威尼斯的太阳将在我的发面
涂上一层金:一切炼金术
之煊赫的结局。你可见出
我的眉宇有如桥梁,向前伸去

越过眼睛之无声的危险,
这危险与大小水街将会
悄然沟通,于是海水
在水街上涨落交替。谁

一度见我,谁就妒忌我的狗,
因为这手,从未焚化于任何热情,
这不可伤害的手[①],饰以金玉,常常

心不在焉之际随便放在狗身上——
而前程远大的少年们,出身望族名门,
却一个个沉沦,由于我唇边的巨毒。

(1907年3月中旬,卡普里)

---

* 本篇以城市(威尼斯)与妇人(交际花)相对应,系基于颓废文学所特有的精致与腐败的同一性,威尼斯在这里不过是个象征。

① "不可伤害的手",暗示本人无动于衷。此句是写交际花对局外人的疏远态度。

桔园的台阶

（凡尔赛①）

如同君主们最终漫无方向
地阔步着，只为了随时
以孤家寡人的大氅
向两厢折腰者显示威仪——：

孤零零地，在一开头
就鞠躬致敬的栏杆之间
陛阶升起来了：徐缓间托天保佑
升向了高空，而不通往任何地点；

仿佛它命令所有扈从
停留下来，——它们因此不敢
远远跟随；连沉重
的拖裙也无人敢牵。

（1906年7月中旬，巴黎）

---

① 一九〇五年九月十七日，里尔克陪同罗丹参观过凡尔赛宫。桔园位于凡尔赛宫的南平台下面，原系为御花园栽培桔树的温室。桔园的台阶上通南平台。作者在本篇中采用了造型艺术中常见的隔绝技巧：将一个细部（"上通南平台的台阶"）摆脱它的功能关联（"不通向任何地点"）而绝对化起来（"升向了高空"）。

佛*

异国畏缩的参拜者已从远方
感觉到,金光从他身上向下流淌;
好像富足者满心懊悔
把他们的隐秘堆成堆。

参拜者走近前来又因
佛眉的高扬而惘然:
因为这不是他们的酒具
也不是他们夫人的耳环。

可有人说得出,是什么
被熔合进去,才能
让这朵莲花

托住这尊塑像:比纯金的
更缄默、更素净,
显现了四周的空间与自身。

(1907年7月19日,巴黎)

---

* 与前一首《佛》相同,可能取材于罗丹的一座佛像。

罗马的喷泉

（波尔赫斯①）

以古老浑圆的大理石为边
上下叠放着两个水槽，
有水等待在下面
有水从上面向下倾倒，

细语着又相对无言
隐秘地在绿荫暗处
仿佛以空手向它指示青天
有如一件未知的事物；

安静地流布于美妙的器皿，
一圈又一圈，毫无眷恋之意
只有时如梦中点点滴滴——

滴于苔藓垂帘

---

① 波尔赫斯别墅在罗马城中，以其所藏名画与公园驰名。里尔克于一九〇三年九月十日至一九〇四年六月初旅居罗马期间曾游览该处。

成为最后明镜变幻不已，
使它下面的水槽笑影盎然。

(1906 年 7 月 8 日,巴黎)

旋转木马

(卢森堡公园①)

连同篷顶及其阴影片刻间
旋转着五颜六色的马群,一切来自
在消失之前久久流连
的国土。诚然许多是
拴套在车辆之上,
但个个神色充满豪气;
一头凶猛的红狮走在它们一起,
时不时还有一匹白象。

甚至像在林中还有一头鹿,
只是它多了一副鞍,上面驮着
一个蓝衣少女。

狮身上有个白衣少年大显身手,
用小小热手抓紧,骑得稳稳当当,
此刻狮子露出了牙齿和舌头。

---

① 卢森堡公园,巴黎的一个公园,有一个儿童游乐场。专家们对本篇的解释不一,或认为直接描绘儿童生活的天真和欢快,或认为象征人生的倏忽与空虚。

时不时还有一匹白象。

接着他们又骑在马上，
连鲜亮的少女也几乎快过
骏马的腾跃；一个翻身动作，
她们抬头仰望，不知望向何方——

时不时还有一匹白象。

就这样急匆匆走下去，一直走到底，
只是转着转着圆圈，毫无目的。
一个红，一个绿，一个灰轮番而过，
一个小小的几乎尚未形成的轮廓。
有时转过来一个微笑，一个极其
开心的微笑，令人眼花缭乱地挥霍
于这场透不过气来的盲目的游戏。

（1906 年 6 月，巴黎）

西班牙女舞蹈家[*]

像手里一根硫磺火柴,燃烧以前
白晃晃地,向四面八方伸出
闪动的舌头——:近观者围成圈,
她在圈内疾速、明亮而炽烈地震颤,
展开了她的圆舞。

突然间圆舞化为火焰。

她以目光点燃了她的发辫,
立刻以大胆的技艺
在这场大火中旋转全部外衣,
赤裸的手臂如惊蛇十分警悟
沙沙作响地从火中伸出。

然后:她似乎觉得火还不够,
便把它全部集中起来,高傲地挥挥手

---

[*] 本篇的创作可能有两个动机:一,西班牙画家朱卢加于一九〇六年四月十六日为其子的诞辰举行庆祝会,并邀请里尔克参加,当时出席的还有一位名叫卡尔美拉的西班牙女舞蹈家。二,画家戈雅的一幅画《女芭蕾舞蹈家卡尔曼》于一九〇二年在巴黎、一九〇四年在杜塞尔多夫和不来梅展出,里尔克显然也见过这幅画。

盛气凌人地把它扔到一旁
并且望着:它狂怒地躺在地上
仍在燃烧,不肯投降——。
但她胜利地自信地以甜蜜
的祝福的微笑抬起面庞
并用坚定的小脚把它踩熄。

(1906年6月,巴黎)

岛　屿

（北海）

I.

最近的潮水把浅滩上的路抹掉，
四面八方变得一模一样；
但外面的小岛却闭上了
眼睛；水堤纷乱呈环状

围着小岛居民们，他们诞生
于一次睡眠中，在里面不声不响
混淆许多世界；因为他们很少话讲，
每一句就像一篇碑文

对于漂来的，不认识的东西，
它莫明其妙地来到他们身边停留。
这就是他们的目光接触到的所有，

从童年时期起：对他们不适用的，
太大的，冷酷的，送来的，

这些进一步夸张了他们的孤独。

II.

仿佛他躺在一个月亮
的一个火山圈里:每个庭院环筑
水堤,里面花园穿着一样,
并像孤儿为暴风雨

所梳理,暴风雨如此粗暴
培育它们,成天以死亡使他们恐慌。
然后人们坐在屋里并看到
歪镜里有站在抽屉柜上

的稀罕物。一个儿子黄昏时分
走到门口用手风琴
拉出一个弱音像哭一样;

他听见过在一个陌生的海港——。
外面塑造出一只岩羊
十分庞大,带威胁性,在外堤上。

III.

只有内心近;其他一切远。
这个内心拥挤着,每天
挤满了一切,其状不堪言。
岛屿一颗太小的星星般,

太空不注意它,将它默默破坏
于其不自觉的糟糕透顶,
于是它,天昏地暗,无人理睬,
孤苦伶仃,

以便这一切确有一个结局,
在自己臆造的轨道上半信半疑
试图盲目行走,而不依
行星,太阳和太阳系的地图。

(1906年7月23—1907年8月20日,巴黎)

俄耳甫斯·欧律狄刻·赫耳墨斯[*]

这是灵魂的奇异的矿山。
如同静静的银矿,他们作为矿脉
穿行于它的黑暗之中。在根与根之间
涌出了血液,流向了人寰,
在暗中看来沉重如斑岩,
此外并无红色。

那是岩石
与空洞的树林。架空的桥
与那巨大、灰暗、盲目的池塘,
悬挂在遥远的底层之上
宛若雨空笼罩一片风景。
而在草场之间,温柔而容忍,
出现了一条道路的苍白条纹

---

[*] 据古代神话,俄耳甫斯是古希腊奏乐家,其琴技之妙足以感动禽兽木石。其妻欧律狄刻死后,他曾下地府请求冥王让他带她还阳。冥王在下列条件下答应了他的请求,即在还阳途中,他不能看她一眼。但他未能遵守这个条件,终于失去了她。本篇就是写的这段故事,不过省略了欧律狄刻的死和俄耳甫斯关于不回头的允诺,一开始就写他们从地府上升的情节。赫耳墨斯是大神宙斯之子,诸神的信使,并主管财富、幸运、睡眠和道路,又是灵魂回归地府的引导者。参阅《致俄耳甫斯十四行》题解。本篇的主题仍然是艺术家生活和爱的实现与爱的向往之间的紧张关系。

仿佛铺下一长段漂白的布帛。

他们正沿着这条道路走来。

前面是穿蓝袍的瘦高个,
他沉默而不耐地朝前望着。
他的脚步大口吞噬着道路,
嚼也不嚼;双手沉重而紧握,
从下坠的衣褶里垂了下来,
再也意识不到那轻妙的竖琴,
那琴曾经牢固地长在左手上
有如玫瑰卷须长在橄榄枝上。
他的感官似乎分裂开来:
他的视觉如狗跑在他前面,
转过身,又跑回来,远远
站在下一个拐角等着,——
而听觉倒留在后面如一种嗅觉。
有时他觉得,仿佛嗅见了
另两个人的脚步,那必须一路
跟随他向上攀登的另两个人。
有时又只有他自己攀登的余响
及其衣袍的风声在他身后。
但他告诉自己,他们会来的;
大声说着,又听见话语渐次消失。
他们会来的,只不过是两个
走路轻巧得可怕的人。如果他
一旦转过身去(如果回顾不致于
使刚刚完成的整个工程

功亏一篑),他一定会看见那两个
沉默跟着他轻轻走路的人:看见

到处奔走传递遥远信息的神,
那明眸上面的旅行小帽,
那拿在身前的细长手杖,
那脚踝上扑闪着的翅膀;
他的左手伸给了:她

她如此被爱着,以致从竖琴
发出比陪哭妇[①]发出更多的悲伤,
以致从悲伤中产生一个世界,其中
重新出现了一切:树林和山谷,
道路和村落,田亩和河流和牲畜;
以致围着这个悲伤世界,恰如
围着另一个地球,运行着一个太阳
和一个布满星辰的寂寥的天空——:
这个如此被爱着的女人。

但她牵着那位神的手走着,
脚步为长长的殓衣所绊,
心神不定,举止轻柔,却不急躁。
她心中仿佛拥有一个崇高的希望,
没有去想走在前面的那个男人
也没有去想上升到阳世的道路。
她在自身之中。她的物化状态

---

① 古罗马丧仪中受雇陪伴嚎哭的妇女。

充满全身有如丰盈。
正如一枚果实富于甜蜜和黑暗,
她同样富于她的伟大的死亡,
死亡还很新,以致她一无所悟。

她已达到一个新的处女期而且
不可触摸;她的性别已经关闭
有如向晚的朝花,
她的双手如此不惯于
夫妇之道,以致连轻佻的神
为了引导她而不断微触
都使她觉得过分亲密而不安。

她已不再是多次悠扬于
诗人歌篇的那个金发女人,
不再是宽床上的香气和岛屿,
也不再是那个男人的财富。
她已被松散如长发,
被委弃如降雨,
被分布如百货。

她已变成了根。

突然间那神
止住了她,以痛苦的叫喊
说出了这句话:他回头了——
她却什么也不懂,轻声说道:谁呀?

但是,在明亮的出口前面,远得看不清楚,
站着一个什么人,他的面貌
不可辨认。他站着,看见
在狭长一条草径上
信使神带着悲哀的眼光
沉默转身,去追随那个形体,
她已经从这条路上往回走,
脚步为长长的殓衣所绊,
心神不定,举止轻柔,却不急躁。

(1904年初,罗马,初稿;
1904年秋,瑞典—扬舍瑞德,定稿)

阿尔刻斯提斯*

突然使者闯进了他们中间,
如一位新的不速之客投入了
沸腾的婚筵。饮客们,
他们都未曾感到神已经
隐秘地走了进来,将他的神性
附着于自身如一件湿外套,
当他这样走过来,恰似
他们中间的一个,任何
一个人。但突然众客
之一在谈话中看见
长桌上方年轻的主人
暴跳起来,再也坐不住,
处处以整个身心扮演

---

* 据希腊神话,阿尔刻斯提斯系国王珀利阿斯的女儿,忒萨利亚英雄阿德墨托斯的未婚妻。阿波罗因杀死独目巨人,曾经给阿德墨托斯当牧人赎罪,并为他们的婚姻多次给予帮助;阿波罗还允诺阿德墨托斯,当他的死期到来时,可以找一个替身代他去死。后来,他的婚期就是他的死期,阿尔刻斯提斯甘愿替夫赴死,后由赫剌克勒斯将她从冥府救出。阿尔刻斯提斯死而复生的故事,是古代许多浮雕和瓮画的主题,欧里庇得斯曾据以创作悲剧《阿尔刻斯提斯》。里尔克把这个神话传说缩短到只写阿德墨托斯拒绝跟随死神的使者和其妻的牺牲行为。按照里尔克的写法,死神的使者出现在婚礼上,而在欧里庇得斯的剧中,这件事发生在若干年以后。

一个陌生人,正可怕地同他讲话。
当这混合体澄清下来,紧接着
便是沉寂;只因地面浑浊的
喧闹和下落的嗫嚅
这一层沉淀物,才败坏到发散出
霉腐的哄笑的味道。
这时他们认出了高瘦的神,
他站在那儿,内心充满使命感,
而且铁面无情,——他们几乎知道这一点。
但当它被说破时,又不是人人
都知道,甚至简直无法理解。
阿德墨托斯非死不可。何时？正是此刻。

但他却把他恐怖的杯盏
摔得粉碎,把他的双手
伸出来,来同神讨价还价。
让我多活几年,哪怕一年的青春岁月,
或者多活几个月,几星期,几天,
唉,不是几天,是几夜,仅仅一夜,
一夜也好,就是今夜:让我活过今夜吧。
神拒绝了,于是他呼喊起来,
呼喊开去,克制不住而呼喊,
像他母亲分娩时一样。

于是他们向他走来,一位老太太,
还有父亲,那位老父亲,
双双站定,老迈而无策,
站在呼喊者身旁,他从没那么近地望着他们,

351

突然停止呼喊,呜咽起来,说道:
父亲,
难道你硬舍不得这点零头,
这点你已吞咽不下的剩汁残羹?
去吧,去把它倒掉。还有你,你这位老太太,
女主人,
你还在这儿干吗呢:你已生育过了。
他将这两个人像献祭的牺牲一样
一把抓住。突然又松开手
把二老推开,心血来潮,容光焕发,
气喘吁吁,大喊大叫:克瑞翁! 克瑞翁!①
就是这个;就是这个名字。
但是在他的脸上还有另一个
他没有说出来,匿名地等待着,
他隔着紊乱的筵席热烈地
把它呈献给年轻的朋友,他的爱人。
你瞧,老人(站在那儿)都不能为我赎身,
他们精疲力竭,没有用了,几乎一文不值,
而你,你,你通体美丽无比——

但这时他再也看不见他的朋友。
他逡巡不前,而来者竟然是她,
比他初识她时几乎更瘦小,
披着白色的新娘礼服轻盈而悲哀。

---

① 克瑞翁在希腊神话中是俄底浦斯的妻舅,后为忒拜国王,他曾因甥女安提戈涅不顾禁令,擅自祭奠其亡兄吕尼刻斯,而将她活活砌入国王的陵墓。在本篇中,阿德墨托斯叫喊"克瑞翁!",可能是指他的见死不救的双亲,而"他没有说出来"的"另一个"名字可能是勇于自我牺牲的安提戈涅。

其余的人都不过是她的过道,
她从中穿行而来,来了——:(马上她将
投入他痛苦伸开的双臂)。
他等待着,她说话了;不是对他。
她在对神说话,神在听她,
而众人仿佛正是从神身上听见她的话:

谁也不能代替他。我才是。
我才是他的替身。因为谁也不像我
面临末日。我过去在此所有的一切
而今还剩下什么呢?就只有:我将死去。
当她为你打扮时,她难道不曾对你说过,
那张在室内等候着的床榻正是
属于冥府的?我要告别了,
告别了再告别。
濒死者一无所取。我要走了,
以便埋在现在是我的夫君的
那人下面的一切得以融化,消解——,
那么带我走吧:我要为他而死。

恰如大海上转向的风,
神走了过来,几乎像走向一个死者,
突然离开了她的丈夫,
并隐藏在一个小小的手势里
给他扔来了一百条阳世的生命。
他踉踉跄跄向那两个奔去
伸手去抓他们如在梦中。他们
已走到门口,妇人们挤在那儿

泣不成声。但他仍然
瞥见一眼少女的面庞,它正微笑着
转了过来,明亮如同一个希望,
简直是一个允诺:长大成人后
再从幽深的冥界回到
生者、他的身旁——
　　　　　　　　于是他突然
用手捂住脸,跪了下来,唯愿
在这个微笑后面什么再也看不见。

(1907年2月7—10日,卡普里)

维纳斯的诞生[*]

随着呼唤,骚乱,不安,黑夜令人惶恐地
过去了,在这继之而来的早晨,——
整个大海又一次破裂开来,大声嘶喊。
而当嘶喊慢慢重新中断,
并从天空苍白的拂晓和开端
坠入哑鱼的深渊——:
大海在分娩。

宽大的波涛阴户的毛发泡沫
为朝阳所闪耀,在它的边缘
站起了少女,白皙,迷惘而潮湿。
于是像一片嫩绿叶动弹着,
延伸着,蜷缩的东西慢慢打开了,
她的身体舒展着,伸进凉爽之中
伸进未经触动的晨风中。

---

[*] 本篇取材于文艺复兴时期佛罗伦萨大画家波提切利(1445—1510)的代表作《维纳斯的诞生》。里尔克在佛罗伦萨日记中多次提及波提切利,后者的圣母像对于《定时祈祷文》产生过重大影响。

维纳斯,即希腊神话中的爱神阿佛洛狄忒,传说诞生于由天神乌拉诺斯使之受孕的大海,通称"从泡沫诞生者"。最后一节表示:维纳斯经常被画成与海豚在一起,"海豚"在拉丁文中又可解作"子宫",故"死海豚"意味着"胞衣"。

像月亮一样双膝明亮地升起
又浸入了大腿的云边；
腓腹的狭影退了回来，
双足张开，变得明亮，
关节活动着如饮者
的咽喉。

身体躺在骨盆的高脚杯里
如孩童手中的一枚鲜果。
在它脐孔的窄勺斗里是
这个光明生命的全部黑暗。
下面明亮地升高了小小的波浪，
不断地向腰部流过去，
那儿不时发出一阵低微的涟漪。
但是透明而无暗影，
如一片四月的白桦，
温暖，空白而无遮掩地露着私处。

现在两肩活动的天平已经
平衡地停在笔直的躯干上，
这躯干喷泉般从骨盆升起
又踌躇着落向长臂并
疾速地落在乌发的全盘垂降中。

然后十分徐缓地转过了脸：
从其斜面之缩短的黑暗
转向清澈的水平的升高状态。
而在脸后陡峭地隐藏着下巴。

现在脖子伸着如一道光
又如一根灌浆的花茎,
还伸出了手臂如天鹅的
颈项,当它们游着寻岸时。

然后在这身体的黑暗黎明
如晨风吹来了第一次呼吸。
在脉胳之树最脆弱的枝杈里
发出了一阵潺潺声,血液开始
响过它深沉的部位。
而这阵风刮大了:它现在
以全部呼吸扑向新的胸腔,
充满它们,挤进它们,——
使它们如同乘风破浪的帆,
无忧无虑的少女向海滩泅去。

于是,女神登陆了。

她疾速地从新岸向前迈去,
在她身后,
整个上午挺起了
花朵和草茎,热切迷惘
仿佛由于拥抱。于是她走着又跑着。

但到正午,在这最艰难的时刻,
大海又一次澎湃起来,并把
一只海豚冲到那同一地点。
死的,红的,摊开着的。

(1904 年初,罗马)

艺妓墓群

她们躺在她们的长发里
棕色的脸面深深凹陷下去。
眼睛合上,仿佛望向极远的远方。
骨骼,嘴巴,花朵。嘴里排列着
光滑的牙齿,有如一副
用象牙制成的旅途象棋。
而花朵,黄珍珠,细骨头,
双手和衬衣,皱缩的织品
摆在崩溃的心头。但在
那些指环,吉祥物和
蓝眼珠似的宝石(情人纪念品)下面
仍留存着性爱的寂静墓窖
塞满花瓣直至拱顶。
又是黄珍珠,断了线,到处乱滚,——
陶土烧成的杯盘,外面装饰着
她们自己的画像,芬芳如花的
膏瓶的绿色碎片,和祭坛上
小家神的形象:
诸神为之陶然的艺妓天国。
裂断的腰带,平淡的甲虫型宝石,

有着巨大生殖器的小人儿,
一张笑口,和舞蹈者和奔跑者,
小弓模样的黄金别针
狩猎用的禽兽形状的护身符,
还有长针,装饰性的家用器皿,
一块红底圆形陶器碎片
上面画着四驾马车挺直的马腿
有如入口通道的黑色碑文。
又是花朵,乱滚的珍珠,
一架小竖琴的闪光的侧面,
像雾一样落下来的纱幔之间
仿佛从鞋子这蛹茧中爬出了
脚腕这纤巧的蝴蝶。

她们这样躺着,周围放满东西,
贵重东西,宝石,玩具,器皿,
打碎了的小玩意儿(多少钱抛在里面),
她们变暗下来,暗得像一条河底。

她们曾经是河床,
许多青年的身体像短促急速的波浪
(每一个都想永远延长它的生命)
颠仆在这河床上,他们身上却
有成年人的水流淙淙作响。
有时还见儿童从童年的
深山里蹦出来,畏畏缩缩走下来
和河底的那些东西玩耍,
直至落差使他们失去知觉:

然后她们以清浅的水灌满
这条宽河的整个河面,并将
小小旋涡推向深处;
第一次反映出河岸
和遥远的鸟叫,同时一个
甜蜜国土的星夜在空中
高高升起,永远不会关闭。

(罗马,1904年初)

新诗集续编(选)

〔说明〕《新诗集续编》出版于一九〇八年十一月，扉页印有"献给我伟大的友人奥古斯特·罗丹"等法文字样。不过，这段创作期间，诗人不仅受到罗丹的工作方法的影响；一九〇七年十月，《新诗集》正编付印以后，他参观了在"八月沙龙"办的保罗·塞尚（1839—1906）画展，深为其表现物体的体积结构所震撼。接着几周来，他每天给妻子克拉拉写信，称这位"现代艺术之父"为"工作者""现实大师"，说他自己在这些画中发现了一个转折点，即一种全新的"客观性"。当然，这种"客观性"不论在塞尚的画中还是在里尔克的诗中，都不会是也不可能是对于描绘对象的冷淡而机械的模拟；里尔克的这两编"新诗"共收二百余首，每首力图达到像一幅画、一尊雕像或一座建筑那样独立自足，而读者仍随时可以见到作者本人的价值观和信念的客观反映。两编"新诗"的共同特色可以说是视觉的艺术化，但是这位"永久的初学者"从不满足于任何成就，在大战以后他又开始强调听觉对于"工作者"的重要意义了，参阅《致俄耳甫斯十四行》。

——译者

远古阿波罗裸躯残雕[*]

我们不认识他那闻所未闻的头颅，
其中眼珠如苹果渐趋成熟。但
他的躯干却辉煌灿烂
有如灯架高悬，他的目光微微内注，

矜持而有光焰。否则胸膛
的曲线不致使你目眩，而胯腰
的轻旋也不会有一丝微笑
漾向那传种接代的中央。

否则眼见肩膀脱位而断
这块巨石会显得又丑又短
而且不会像兽皮那样闪闪放光；

而且不会从它所有边缘
像一颗星那样辉耀：因为没有一个地方
不在望着你。你必须把你的生活改变。

（1908年初夏，巴黎）

---

* 因卢浮宫展出的一座米利提古城出土的无头无肢的裸躯残雕有感而作。参阅《早年阿波罗》(《新诗集》)。

丽　达[*]

大神猝遇天鹅于窘境，
愕然发现他如此之美丽；
恍惚间他在他身上化形隐匿。
想不到竟弄假成真，

在他测试未经考验的
生存感觉之前。而她展身相迎，
已从天鹅身上认出了来人
并知道：他在央求一点什么，

那是她因抗拒而迷惘
再也无法隐瞒的。他缓缓向前，
将颈项偎进越来越松的手掌，

大神开始在被爱者身上放浪形骸。
于是他才感觉他的羽毛妙不可言，
并在她的膝间真正变成了天鹅。

（1907年秋，巴黎；或1908年春，卡普里）

---

[*] 宙斯化身为天鹅接近他的情人丽达，见希腊神话。里尔克可能在柏林当时的皇家博物馆里见过柯雷乔（1489—1534）的一幅画《丽达与天鹅》，因而有感。

海 豚[*]

那些使它们的同类得以
到处成长和居住的真实物事，
凭借相似的标志感知
溶解的领域中的同类，
是上帝以湿淋淋的海神之子①
淹没了间或超越了它们；
这时那动物显现了自身：
不同于喑哑的毫无感觉
的鱼种，是它们的血中之血，
并从远方见宠于人。

一大群来了，连滚带翻，
高高兴兴，仿佛觉得潮水闪光：
它的队伍，温暖，眷恋，
充满信心为人结彩导航，

---

* 在希腊神话中，海豚是拯救者的象征，它们爱好音乐（"他热爱声音"）；据说歌手阿里翁曾以歌声吸引一群海豚，并由一只海豚援救，免于溺毙的危险，从此它们被称作乘船遇难者的救星（"水手结交了……"）。

① 海神波塞冬之子特里同，半人半鱼，为海神的卫队。罗马有柏尼尼的雕像"特里同的喷泉"，可能对本篇产生过影响。

灵便地流连于圆形船首周边,
宛如环绕花瓶躯干的曲线,
陶醉,逍遥,一路平安,
直立向上,乐不可支,呼呼作响,
在潜游中与波浪互让,
继续快活背着三层桨战舰①。

于是水手结交了投缘
的朋友于其孤独的危险,
不胜感激地为他,为旅伴
构想出一个世界并视之为果然:
果然他热爱声音,诸神,花园
和深沉的寂静的恒星年。

(1907 年 8 月 1 日,巴黎)

---

① 古代希腊的一种战船。

塞壬们的岛屿[*]

他向那些殷勤款待他的人们
(按照他们的时限是晚了,
当他们探测危险的航程),
静静地诉说着:他不知道

它们是如何吓人,又如何说变
就变,他们会像他一样
在蔚蓝的平静的岛海里面
看见那些岛屿变成金黄,

一瞩望就会使危险变了样;
因为这时它不在于澎湃奔腾
如在它一贯如此的地方:
危险这时无声地扑向水手们,

他们知道在那些金岛上

---

[*] 据希腊神话,塞壬为出没于意大利海岸的三个鸟身女海妖,能以美妙歌喉诱使水手触礁沉舟而亡。狡黠的俄底修斯把自己绑在船桅上,并用蜡塞住同行者的耳朵,于是既听到塞壬的歌声,又躲脱了死亡。从末段可以理解,"无人抵挡的歌声"只有在寂静中才听得到——里尔克的这个解释与卡夫卡的解释(《塞壬们的沉默》)相近。

常常会有歌声袅袅——
于是他们深信不疑,凭倚桡桨,
似为寂静所环绕,

这寂静本身包含
整个幅员并在耳边回荡,
仿佛它的另一边
竟有歌声无人抵挡。

(1907年8月22日—9月5日,巴黎)

被爱者之死[*]

他只知人尽皆知的死:
只知它拖走我们并投入缄默。
但当她,并未为它所劫持,
只是悄然从它的目光挣脱,

滑了过去滑进不可知的阴影,
再当他觉得,那些阴影至此
竟有她的少女微笑如明月一轮,
还有她与人为善的风姿:

这时他才认识了死者,
仿佛通过她而与每个
死者密切亲近;他让别人说着

却不相信,而将那境界称之
为无限甘美的福地——。
并代替她的双足摸索开去。

(1907年8月22日—9月5日,巴黎)

---

* 第一句的"他",有过种种猜测。或认为指俄耳甫斯,或阿德墨托斯(见《阿尔刻斯提斯》)。更有专家指出,本篇系源于浪漫派大诗人诺瓦利斯及其年幼情人索菲·封·库恩,她的久病不愈和为她悼亡的《夜颂》。

扫罗在先知之列*

你可认为人们会眼见自己沉沦?
不,国王会自以为超然物外,
因为他想杀死他的英俊
的琴童,一直杀到第十代。

正当恶灵以这种方式降临
他身上并把他撕成几瓣,①
他才在无佑的内心看见自身,
而他的血液流得昏暗
如迷信所云流向了法庭。

他的嘴巴现在滴着口水

---

* 据《圣经·旧约》,扫罗系由以色列士师撒母耳涂膏拥立的第一任国王。他第一次为耶和华的灵所感动,和先知一起受感说话,是在当国王不久,参阅《撒母耳记上》第十章;他第二次和先知一起受感说话,是在他由于嫉妒而追杀无辜的大卫之后,参阅《撒母耳记上》第十九章。扫罗这两次受感说话,在民众中产生了一句俗话:"扫罗也列在先知中么?"大卫原为牧童,后成为扫罗的琴童为他弹琴驱魔,并帮助扫罗大败非利士人,杀死挑战的巨人歌利亚,成为扫罗的女婿,但因功高震主,也就使扫罗对他产生杀机,虽然他终于脱险,并成为犹太王。本篇系咏扫罗第二次和先知在一起。

① 扫罗要追杀大卫,是因为耶和华的灵离开了他,他于是为恶灵所凭附。

预言,这只能使得逃犯①
逃得远远。那么,这是第二回。
当初他几乎尚未成年

也曾预言过,仿佛他的血管每根
都注入了一个铜质的洞口;
大家迈步前行,他更走得端正;
大家呼号,他更用心怒吼。

而今他不过是这一堆
坍塌了的尊荣,负担加负担;
他的嘴有如承霤的嘴,
只得让纵横交注的雨水
降落,在他抓住它们之前。

(1908年夏,巴黎)

---

① "逃犯"指大卫。扫罗一再追杀大卫,大卫却从不加害于扫罗,终使后者受到撒母耳的谴责。参阅《撒母耳在扫罗面前显灵》。

撒母耳在扫罗面前显灵*

隐多珥的妇人大喊大叫:我看见了——
王一把抓住她的手臂:看见了谁?
没等凝视者说明个中蹊跷,
他本人已经看见得历历如绘:

就是他,他的声音又一次响在他耳边:
你为什么打扰我? 我在睡眠。
难道因为上天诅咒你,因为
主对你缄口不言,你就刻意
想在我口中找到一个胜利?
难道还要我把牙齿一颗颗数给你看?
我只有这几颗了……①他隐灭,于是那妇人
哭喊起来,双手捂住脸,
仿佛不得不看到:王将一败涂地——

---

* 以色列士师撒母耳故世后,国王扫罗命令一个降神女巫,把他的灵魂召到阳世来,要向他请教对付非利士军旅的办法。撒母耳在显灵中把扫罗责骂一通,说耶和华已经遗弃他,并从他手中夺回国权,转交给了大卫。扫罗惊惧而仆,拒绝进食;那妇人准备了烤牛肉和无酵饼,说服他上了路。从此扫罗一蹶不振,最后在非利士人的追逼下自杀身亡。本篇所咏本事见《旧约·撒母耳记上》第二十八章。

① 扫罗请求撒母耳帮助他击退非利士军旅,撒母耳表示无能为力。"牙齿"此处暗喻自己已经年迈。

可他当年得以
统领万众如一面军旗招展,
而今一蹶不振,连哼一声都不敢:
他的毁灭看来确切不移。
但她对他的打击并非出自本意,
她希望他镇静下来,忘却这件事;
当她听说他不肯进食,
便走了出去,连宰带烤,
并设法让他就座;
他便坐了下来好像得了健忘症
忘掉过去一切,直到最后一个。
然后他吃着,像一个到晚上才吃饭的仆人。

(1907年8月22日—9月5日,巴黎)

以斯帖*

七日来侍女们把她忧虑
的灰土和烦恼的残余
从发间梳下来又拿走
到露天里去晒了又晒
再配上纯粹香料端上来
直到这一天还是这样:然后

时间到了,她未蒙召幸,
也没有约期,就像一个死人
走进了险恶的大开的宝殿,
以便倚着她的宫嫔
在路程尽头把他朝觐,
须知谁走近他,谁就死在眼前。

他如此灿烂辉煌,使她觉得

---

* 以斯帖是波斯国王亚哈随鲁的王后,为犹太血统,自幼与养父末底改相依为命。权臣哈曼因末底改对他不恭,阴谋屠杀境内所有犹太人。末底改通知以斯帖向国王求救,但任何人(包括后妃)如不蒙召而擅自进宫,必被治死,除非国王向他(或她)伸出了金杖。本诗所咏本事,即以斯帖冒死进宫而为国王所赦一节,参阅《旧约·以斯帖记》第四、五、六章。

他所戴的王冠宝石在燃烧；
她很快感受到他的和颜悦色
有如一只容器，已经注满到

溢出了君王的权限，①
在她尚未穿过第三院之时，
那里墙壁上的孔雀石
把她染得通绿。她未曾想见

一路上要对付所有珠光宝气，
它们变得隆重由于君王的威仪
又因她的恐惧而变冷。她走了又走。

当她终于近前把他凝望，
他巍然坐在碧琊宝座上，
真实得有如一个木偶：

右侧的侍女赶紧来迎，
把眩晕者扶着就座。
他用金杖尖端把她一戳；
于是她恍然而悟，翩然而进。

(1908年初夏，巴黎)

---

① 威严的国王站在院内，便把手中金杖伸向她，让她上前摸杖头，并说道："你要什么，你求什么，就是国之一半，也必赐给你。"于是以斯帖利用国王的恩宠，帮助本族人向哈曼复了仇。

死之舞[*]

他们不需要伴奏音乐；
他们从自身听见一阵号叫，
仿佛他们是猫头鹰窝。
他们吓人如渗水的脓疱，
他们腐烂前的气味
就是他们最好的味道。

他们紧紧抓住舞伴
以肋骨编成的舞伴，
抓住情郎，完整一对
的地道补充者。
而他则弄松了修女们
发上的包头；
他们果然舞蹈在同类中间。
而他还为惨白如蜡者
从他们的定时祈祷文中
把夹书签悄悄抽走。

---

[*] 从十五世纪上半叶起流行于西方造型艺术中的一个著名主题，死亡的象征，画面常为骸骨后面有一群少女嬉笑。本篇可能受到波德莱尔的《死之舞》(《恶之花》)的影响。

不久他们觉得太热燥，
他们穿得太多了；
辛辣的汗水刺激着
他们的额头和臀部
和外套和软帽和珠宝；
他们希望自己赤身裸体
如婴儿，如疯男疯女：
永远按着拍子跳。

（1907年8月20日，巴黎）

押沙龙的背叛[*]

他们闪电般扬起了它们：
从号角吹出的狂飚鼓胀着
迎风招展的丝绸
军旗。喜笑颜开的胜利者
在高大而宽敞的篷帐里，
由欢呼的人群簇拥着，
占有了十名妇人①，

她们（已惯于年迈君王
节约的夜晚和事业）
在他的渴求之下
如夏苗一般摇曳。

然后他走出来听取意见，
仿佛无端低人一等，
而每个接近他的
竟弄瞎了他的眼睛。

---

* 以色列国王大卫和他的儿子押沙龙斗争的故事，见《旧约·撒母耳记下》第十三至十八章。
① "押沙龙在以色列众人眼前，与他父亲的妃嫔亲近。"（同上第十六章第二十二节）

他还这样率领过军队，
有如一颗星辰之于年度；
在所有的戈矛上面
都有他温暖的长发飘拂，

头盔容纳不下它，
他多次怨恨过这长发，
只因为它太重，重过①
他最华丽的铠甲。

国王曾经诏告
要把这俊美者多加关照②。
可人们却看见他在
危险地带竟然不带
头盔冲着血肉模糊
的尸体把最邪恶的死结
都砍开了。
然后很久没有人
知道他，直到突然有人
叫喊起来：他挂在后面
那株笃耨香树上③，
眉头皱得老高。

---

① "他的头发甚重，每到年底剪发一次。"（同前第十四章第二十六节）
② "在以色列全地之中，无人像押沙龙那样俊美。"（同上第十四章第二十五节）"王嘱咐约押……说，你们要为我的原故，宽待那个少年押沙龙。"（同上第十八章第五节）
③ 一种可割取树脂供药用的树。《旧约》作"大橡树"："押沙龙骑着骡子，从大橡树密枝底下经过，他的头发被树枝绕住，就悬挂起来。"（同上第十八章第九节）

这已暗示得够生动。
约押①,像个猎人,
发现了长发——:一根倾斜的
绞缠的树枝:人就挂在空中。
他奔刺着这个细长的原告②,
他的带刺刀的兵士
则把他左右捅出了透明窟窿。

(1908年夏,巴黎)

---

① 约押是大卫王的舅父,因夺取耶路撒冷有功被任命为大元帅,带军平息押沙龙叛乱,后因支持其他王子,被夺取王位的所罗门所杀。
② 押沙龙被称为"原告",系因他发动叛乱的最初动机在于他的胞妹被异母兄长所奸污,他一心想着为她复仇。由此可见里尔克对押沙龙是同情的。

亚 当[*]

他惊愕地站在大教堂
的陡峭高处,挨近窗户的玫瑰,
仿佛因被神化而不胜敬畏,
神化增强着,突然把他置放

于芸芸众生之上。
于是他屹立着,自得于他的持续,
干脆打定了主意;作为一名农夫,
开始耕耘却不知道怎样

从万事俱备的伊甸园
找到一条出路
通往新的地球。上帝难以转圜;

他不是有求必应,而是接连
威胁他,他将死去。
但人活了下来:她将分娩。

(1908 年夏,7 月 15 日以前,巴黎)

---

[*] 本篇和下一篇《夏娃》源出于巴黎圣母院大门上面的雕刻。里尔克在他自巴黎发出的第一封信中写道:"我还参观了巴黎圣母院。亚当和夏娃位于大门左右两侧的国王扶栏上面,孤零零地相隔很远,我觉得特别精致而朴素。"

夏　娃

她坦然站在大教堂
的巍峨高处,挨近窗户的玫瑰,
和苹果一起富于苹果风味,
从此永远对于她所生养

的不断成长者无辜而又有过,
自从她恋恋不舍地离开
永恒之圈,像一个新的年代
经过地球挣扎求活。

唉,她曾经宁愿在那片福地
多逗留片刻,加意于
野兽们的和睦和智力。

只因她发现男人打定了主意,
便跟他走了,唯死亡是图,
而她几乎还没有认识上帝。

(1908 年夏,7 月 15 日以前,巴黎)

老者之一*

(巴黎)

晚间往往(你可知这怎么成?)
他们突然起立向后点头
并在他们的破帽下显露
一个微笑,仿佛打个补丁。

他们身旁是一座华厦,
漫无止境,他们一路把你引来
以他们不可解的疮痂,
以帽,披肩和步态。

以手,它在围巾下端背后
悄悄等待着把你渴望:
仿佛渴望同你握手
在一张高举起来的纸上。

(1907年8月21日,巴黎)

---

* 无性别的"老者"的形象,在里尔克笔下指许多穷人,参阅"你是穷人……"(《定时祈祷文》之三)、《声音集》等。本篇显然受到波德莱尔的《小老儿们》(《恶之花》)的影响。

盲　人[*]

（巴黎）

看哪,他走着干扰了
不在他的黑暗地点的城厢,
有如一道黑暗裂纹穿过一只明亮
的杯子。而事物的反照

画在他身上如画
在一片叶上;他并没有吸收进去。
只有他的感觉在动,仿佛它
以小小的波动把世界捉住:

一阵静,一阵反抗——,
然后他似乎期待着挑选谁:
他沉醉地抬手向上,
几乎是隆重地,仿佛举行婚配。

(1907 年 8 月 21 日,巴黎)

---

[*] 参阅《盲女》(对话体)、《盲人之歌》(《声音集》)、《观望者》等篇。

火　场

为猜疑的早秋之晨所回避，
躺在被烧焦的家植菩提树
后面，这些树把落荒小屋拘束
出一片新，一片空虚。还有一片场地，

上面有孩子们，天知道从哪
来这儿，相互叫喊，拾捡破烂。
可又都安静下来，每当他，
这家的儿子，从灼热的、快烧成炭

的木骨架中用一根长叉抢救
锅釜和瘪了的木盆，——
然后撒谎似的向别人瞅上一瞅，
他想说服人们相信，

这个地方当初如何如何。
因为自从它再没有了，在他眼里
它便非常离奇：比法老还了不起。
他也就与众不同，有如远方来客。

(1908 年初夏，巴黎)

班　子*

（巴黎）

仿佛某人迅速采集成一个花束：
"偶然"仓卒间布置了许多面孔，
或把它们弄松，或把它们紧绷，
抓住两个远的，把一个近的放走，

用这个换掉那个，让随便一个振奋起来，
把一只狗像野草似的从花束中扔开，
又捏着脑袋拽出低劣的一切
仿佛拽过混乱的茎和叶

并捆成一小捆放在边缘；
再重新舒展开来，修整又弄乱，
刚好有时间，为了审视一番，

---

* 本篇描写作者在巴黎卢森堡公园见到的罗兰老爹的杂技班子的演出场面。这个班子可能还启发过毕加索画出他的著名的水彩画《江湖艺人》；这幅画反过来又启发里尔克写出第五首《杜伊诺哀歌》。此外，本篇的动机还在于为作者所珍爱的波德莱尔的小散文诗《老艺人》。

跳回到草场的中央，
于是下一瞬间就在草场上
光滑的干草机增长了重量。

(1908年初夏，巴黎)

弄　蛇

市场上弄蛇人摇摇摆摆，
吹起了葫芦笛，又诱人又催眠，
这时很可能，他会招来
一位听客，完全从货摊

的喧闹中走进笛声范围，
笛声想要，想要，想要，它终于做到
使爬虫在筐子里挺然屹立
又使挺立者谄媚地软倒，

越来越盲目，越来越令人眩晕，
轮番地或者伸长吓人或者松弛——；
然后一眼就够了：原来印度人
给你身上灌注了一种异国风致，

你将死于其中。仿佛灼炽
的天空盖住你。你的面庞
穿过一条裂缝。芳香剂
留在你北国的记忆上，

记忆于你无补。没有神力保护你,
太阳在发酵,狂热消退又升高;
棍棒以邪恶的快意挺起,
蛇身上有毒汁在闪耀。

(1907年秋,巴黎;或1908年春,卡普里)

黑　猫*

一个鬼魅更像你的目光
哐啷一响撞上去的一个部位；
但是在这块黑色的毛皮上
你最坚定的凝望亦将消退：

恰如一个狂怒者暴跳
如雷忽而急转直下，
怒气竟撞在囚室的
软墙之上而衰竭而蒸发。

它似乎想将曾投向它的众人
的目光在自身隐藏起，
以便倦怠中带着险恶
使人毛发悚然随即睡去。
但突然它像被惊醒一般
转过脸来冲着你的脸：
于是你不意间重新在它的

---

* 与狗不同，猫是一种性格孤僻的动物。它独来独往，喜欢沉默地盯着人，这就是它的魅力所在。本篇也是作者的"物诗"代表作之一。

圆眼珠的黄色琥珀中
遇见自己的目光:被关在里面
宛如一只绝种的昆虫。

(1908年夏,巴黎)

阳　台*

（那不勒斯）

从狭隘的阳台上
似经一位画家所独创
扎成了一束花球，
垂老的椭圆的脸庞
被暮色衬得明亮，更合乎理想，
更令人感伤，似乎非永恒莫属。

这两个相互依傍
的姊妹，仿佛从远处
毫无指望地相互向往，
偎依着，孤独偎依着孤独。

而兄弟以庄严的沉寂
封闭自身，听天由命，
但在温柔的一瞬
不引人注意地与母亲相比；

---

* 里尔克旅居卡普里期间，曾数次来访那不勒斯。本篇可能由法国画家马奈（1830—1903）的同名画启发而成；当然，诗与画在取景、造型、抒情等方面都是不相同的。

其间,残喘绵延,精力耗尽,
与世隔绝已久,
一个老妇的假面,不可接近,
有如在坠倒中为一只手
扶起,而另一只则
更为枯瘦,仿佛继续一掠而过
在衣服下摆前面侧靠着
一个孩子的容颜,
这是最后一个,面色苍白,屡经诱惑,
一再为栏杆的阴影所涂抹
便更加辨不清,更加不成脸。

(1907年8月17日,巴黎)

城市的夏夜

整个黄昏在下面逐渐灰暗,
已是夜了,像柔和的布片
悬挂在灯笼的四方。
但更高处,突然模糊莫辨,
是一座后屋的简单
而空虚的防火墙孑然
耸立于照着满月、只有月亮
的一个夜晚的寒噤之中。

接着天上掠过了一片宽余
到很远很远,它完好无缺,受到珍重,
而方方面面的窗户
都变成白色,已经风去楼空。

(1908 或 1909 年,巴黎)

罗马郊野*

从拥挤不堪的城市(它宁可
睡去,好梦见豪华的温泉浴),
笔直的墓道伸向了狂热;
最后农庄的窗户

以怨毒的目光向它一瞅。
它则一向将这些窗户置诸脑后,
当它走了过去,或左或右地破坏着,
直到它在城外气咻咻恳求着

将它的寥廓举向了天国,
匆匆四顾,看有没有任何
窗户在窥探它。当它示意遥远

的水管桥①迈步向前,
天空便向它回报了
自己的活得更久的寥廓。②

(1908 年初夏,巴黎)

---

* 指罗马四周的荒芜大平原,即罗马与蓬丁沼地之间为阿匹爱公路所贯穿的低地。
① 指古罗马的水利建筑。
② 把"墓道"写成具有超人才智的活物,既能发出又能收入"寥廓"。

海之歌

(卡普里,皮科拉·马里纳[①])

远古的海的奔腾,
夜间的海风:
你吹到了无人之境;

人不寐,睡眼惺忪,
定知他怎生
将你克服:
远古的海的奔腾,
它在吹拂
只仿佛为了原岩,
纯粹的寰宇
从远方涌进来。

哦高空月光皑皑,
蓬勃生长的无花果树
精神上与你同在。

(1907 年 1 月 26 日以前,卡普里)

[①] 皮科拉·马里纳,即那不勒斯湾入海口附近的小海滩。里尔克从一九○六年十二月到一九○七年五月旅居卡普里,曾多次赞美这里的海陆风景。

夜　游

（圣彼得堡[①]）

那时我们骑着滑溜的快马
（黑油油,出自奥尔洛夫[②]养马场）——,
枝形路灯何其高大,
后面是城市夜貌,不声不响
提前赶早,不再遵守什么时刻——,
驰骋着,不:流逝或飞翔
并绕过令人气闷的宫墙
奔向涅瓦码头的凉风瑟瑟,

为醒着过夜而销魂,
它没有天也没有地,——
从列特尼伊公园[③]沸腾
的无看守乐园的拥挤氛围
升高了,公园石像影影绰绰
逐渐收缩带着无力的轮廓

---

① 里尔克两度访俄期间,曾多次在圣彼得堡逗留。
② 奥尔洛夫,俄国贵族姓氏,在十八、十九世纪出过著名将军和政治家。
③ 圣彼得堡著名公园。

消逝在我们身后,我们驰骋着——:

那时这座城市不再
存在。同时它还招认
它从来不曾仅仅讨乞
宁静;如同一个疯人,他的纷乱
暴露了他,忽然理清了头绪,
他觉得一个他一定不再想到的
长年累月折磨他的
根本不可改变的念头:花岗石——
从空洞的摇晃的头脑里
落了下来,直到它再也不留痕迹。①

(1907年8月9—17日,巴黎)

---

① 最后一节可能反映作者对于俄国这个"西方城市"的消极印象,他认为它似乎比其他俄国城市"更其国际化,更其非俄化"。这个印象与他认为城市化是一切社会问题的根源这个观点相关。

鹦鹉园*

（巴黎）

在草坪边缘开花的土耳其椴树下，
在那为其怀乡病轻轻摇荡的挂架，
长尾鹦鹉呼吸着，知道自己的国家，
尽管它们望不见，却也没有什么变化。

陌生于忙碌的绿野如一次示威，
它们忸怩作态觉得自己未免太倒霉，
并以珍贵的碧玉般的鸟嘴
咀嚼着砂砾，又扔掉它，发现它无味。

晦暗的鸽子在下面剔除己所不欲，
上面是蔑视的禽鸟在鞠躬，
介于两只几乎空着的被滥用的饲盂。

但接着它们又摇晃，犯困，流盼，

---

* 珍奇动物被囚禁在异域，对于高贵的豹是作为悲剧来感受和表现的，而在虚荣的装腔作势的鹦鹉身上则是一种讽刺。

玩弄着黝黑的欢喜撒谎的舌尖,
对脚上的镣环心不在焉。等待证人来看。

(1907年秋,巴黎;或1908年春,卡普里)

公园*（之二）

微微动心于
左右两厢的林荫小道，
跟随一个暗示继续
向前引导，

你便忽然走进
一个背阴水潴
与四条石凳
之欢聚；

走进一段被掣肘
的时间，它已独自消亡。
在什么也不再有
的潮湿的基座之上，

你吁出一口
有所期待的长气；

---

* 同题诗共七首，选译较轻快的一首。这些诗系综合作者各地旅游印象而成，同时也受启发于梵高的一些公园风景画。

当黝黑喷头
之银色的水滴

已将你
目为己有而刺刺不休。
于是你动也不动，觉得自己
已属于倾听的石头。

（1907年8月9日，巴黎）

画　像*

为了她巨大的悲痛一点也
不致从断念的脸庞坠落，
她在悲剧表演中缓缓带着
她的美貌的枯萎花束，
胡乱捆扎着几乎快松开；
有时昏昏然落下来
一个迷惘的微笑，如一朵晚香玉。

于是她不动声色地走过去，
疲倦地扬起美丽的盲目的双手，
它们知道，它们得不到什么，

于是她念着编造的台词，其间
命运在犹豫，随便想念哪一句，
于是她赋予它以其心灵的感官，
使之爆发有如一件异物：
有如一块石头在高呼——

---

* 本篇以意大利著名女演员埃莉奥诺拉·杜萨(1858—1924)为蓝本。她自幼随巡回剧团走遍世界各地，以扮演小仲马、易卜生、邓南遮等人悲剧角色出名。参见里尔克的《布里格笔记》。

于是她仰起下巴让所有
这些台词重新念出，
毫不停留；因为其中没有一句
符合痛苦的现实，
符合她独特的旨趣，
她却不得不把它高擎着
像一只断脚杯高过她的荣誉
而且整个晚上一直擎下去。

(1907年8月2日，巴黎)

威尼斯早晨*

（献给里夏德·贝尔－霍夫曼[①]）

豪华如王侯的窗户竟日望着
多次屈尊将我们烦渎
的城市，它一再在一线天光
与一种潮水感觉相遇处[②]

形成自身，随便什么时候。
每天早晨必然向它显示
昨天它戴过的蛋白石[③]，
并从运河绘出一系列
镜像并使它记起另几次：

---

* 在写这首诗之前，里尔克曾多次居留威尼斯。本篇可追溯到一九〇七年晚秋他的最后一次居留。其中所写的"城市"，并非实际的威尼斯，只是作者的想象。这个不存在的或者只存在于镜中的城市，里尔克不仅用以描写威尼斯，而且描写过圣彼得堡或哥本哈根。这个比喻除了反衬作者对于一般现代化的批判外，还表达了他的这样一个观点，即人人熟悉的形象往往有欺骗性，千篇一律，很少变化，这就是他为什么不在旅游旺季而在晚秋往访威尼斯的原因之一。参阅《威尼斯的晚秋》。

① 奥地利诗人。里尔克曾向他了解过一些威尼斯风物。
② 意近我国名句"秋水共长天一色"。
③ 一种乳白色矿石。

然后它将自身添加并插入

有如接待宙斯的宁芙①。
耳坠在它耳旁叮叮作响;
可它举起了圣乔治马焦雷②,
对这美丽的小东西直笑,笑得懒洋洋。

(1908年初夏,巴黎)

---

① 西方古典神话中山林水泽女神。
② 属于威尼斯的小岛,有一座很远可见的十六世纪修道院。

威尼斯的晚秋

城市已不再像鱼饵般漂动,①
去捕捉所有浮现的白天。
玻璃宫殿更清脆地丁冬
在你眼前。于是从花园

悬挂着长夏如一堆木偶
头朝上,疲惫不堪,已被处决。
但从地面从古老的树林骷髅
有意志升起:仿佛过一夜

海军大将将在警觉的武库里
把大桡战舰加以倍增,
好派一支舰队去把次晨的空气

涂上沥青,那舰队抡着荡桨
忽然间让所有旗帜飘扬
于是乘风破浪,辉煌而又致命。②

(1908年初夏,巴黎)

---

① 作者故意避开旅游季节而于一九〇七年十一月十九日至三十日(晚秋)重访威尼斯。
② 最后二节系指威尼斯海军上将卡尔洛·切诺。

鹰　猎

称孤道寡就是肖然以秘密
行动把许多对手压倒：
当宰相夜间走进碉堡，
他发现他，正向曲背书吏
口述高扬的诱鹰羽毛①

之狂放的堂皇条文；
因为在那遥远的厅堂
他本人整夜整夜多少趟
架着那尚未习惯的猛禽，

如果它生疏，新奇而躁急。
而且那时他还不惮唾弃②
他心中骤然产生的意图，
或者温柔记忆所保留
的深入内心的韵律，

---

① 鹰师系在绳上用以诱回猎鹰的彩色羽毛。本篇系取材于德皇腓特烈二世（1194—1250），他提倡文学艺术，并撰过一本关于鹰猎的书。
② 本篇的主题仍然是作者反复写过的生活与艺术的对立。这里不妨把"鹰"来同一首诗相比。

只为了这惶恐的年幼

的鹰隼,它的血与愁闷
他从未拒绝领悟。
为此他甚至似乎一同飞腾,

当贵人们称赞的猎鹰
粲然从手中放行,
在那共同感受的春晨
如天使跨苍鹭冲天而去。

(1908 年初夏,巴黎)

唐璜的童年[*]

在他的纤柔里,几乎可以断言,
有不曾折在女人身上的曲线;
时不时,他的额头不再避免,
一种好感通过他的脸

传到一个过路者,传到一个向他
隐瞒陌生衰老形象的人:
他微笑了。他不再抽抽搭搭
把自己曳到暗处泪水盈盈。

而当一个崭新的自信心
经常安慰他,几乎把他娇纵,
他认真地忍耐着女性的全部眼神,
把他惊叹,使他感动。

(1907年秋,巴黎;或1908年春,卡普里)

---

[*] 西方文学中一个浪荡子型的虚构人物,影响甚广,可与堂吉诃德、哈姆莱特、浮士德比美。曾出现在莫里哀、梅里美、大仲马等人笔下,最生动的形象见于拜伦的长篇讽刺诗《唐璜》和肖伯纳的戏剧《人与超人》。

唐璜的选择

于是天使走近了他:把你
准备好,完全交给我。这是我的信条。
因为一个人超越那些
使他们身旁最甜的
变苦的人,我觉得很有必要。
虽然连你也未必爱得更好,
(别打断我:你搞错了),
可你在发烧,上面写着
你将把许多人引
向孤独,孤独才有
这个深邃的入口。且让
我指派给你的那些女人进去,
她们会成长着压倒爱洛伊丝①,
哭声比她更高。

(1908年5—6月,巴黎初稿;1908年8月,巴黎定稿)

---

① 爱洛伊丝(约1101—1164),巴黎圣母院一教士的侄女,与其教师神学家兼哲学家彼得·阿伯拉尔(1079—1142)秘密相恋,为其亲属粗暴拆散,被迫分别进入男女隐修院,因其据云为后人虚构的哀婉通信而知名。

阳台上的贵妇

突然她裹着风亮晃晃
走进光里仿佛经过挑选，
这时房间仿佛被磨光
把身后门户黑黝黝填满

有如一颗浮雕玉石的底色，
这玉石让一道闪光穿过边缘；
你于是认为，到傍晚她才
走了出来，为了向栏杆

还放一点什么在自己身旁，
还放一双手，——以便整个儿轻松：
仿佛被房屋群，被一切
递了过去，好向天空移动。

(1907年8月17日，巴黎)

钢琴练习

夏天嗡嗡着。下午使人犯困；
她迷惘地呼吸着她的新装
并在无懈可击的练习曲里投进
对于一种现实的渴望，

那现实可能明天来，今天晚间
来，也许来了，只是人们把它藏匿；
在高高的一览无余的窗前，
她突然把豪华的游苑记起。

这时她停下来；向外望去，交叉
双手，希望得到长长一册曲谱，
同时气冲冲把茉莉花束
向后推去。她觉得它伤害了她。

(1907年秋,巴黎;或1908年春,卡普里)

钟情人

这是我的窗。我刚刚
醒得如此温柔。
我想,我会飘荡。
我的生命伸向何方,
夜又从何处开头?

我可以说,在周围
我还是一切;
透明如一个水晶体
之深处,喑哑,转黑。

我还可能镶嵌星星
在我身上;如此巨大
一颗是我的心,它多高兴
重新释放他,

那人我也许开始爱慕,
也许开始挽留。
生疏得未经描述,
我的命运对我凝眸。

我被置放
在这个无限之下,
芳香如一片草场,
往复奋发,

同时呼唤又惴惴不安,
生怕有人注定灭亡
在另一个人身上,
只因他听见了那声呼唤。①

(1907年8月5—9日,巴黎)

---

① 本篇反映了里尔克情诗的一个共同特征,即一面准备献身,一面又矜持不前。

玫瑰花心

对这个内部而言,哪儿是
一个外部?这样一块亚麻布
放在哪样的痛苦上面?
哪些天空反映在
这朵开放的玫瑰,
这朵逍遥的玫瑰
的内湖里,看哪:
那些天空怎样松弛地
躺在松弛里,仿佛决不能
由一只颤抖的手把它们埋掩。
它们几乎不能
自持;有许多可以
注得满满,从内部空间
漫溢出来,流进了
关闭得越来越满的
白昼,直到整个夏天变成
一个房间,一个梦里的房间。

(1907年8月12日,巴黎)

八十老妪写照＊

她若有所待地站在沉甸甸
撩起的深色缎制帷幔旁，
那帷幔似乎在她上面
团成了一阵虚假的激昂；

自从逝去不久的豆蔻年华，
她仿佛换了另一个人：
在高耸发髻下面不胜疲乏，
绉边长袍穿着显得拖沓
而所有褶裥仿佛在偷听

她的乡愁和迟疑的打算，
生活应当怎样过下去才好：
要不，现实一些，像在小说中一般
充满狂喜又充满凶兆，——

先在首饰盒里放点什么

＊ 一九〇七年六月四日，里尔克参观过一次一八七〇至一九〇〇年妇女肖像画展览。本篇是否源出于一幅具体的肖像画，不得而知；其主题仍然是由期待到回忆的转变，参阅《回忆》及注（见《图像集》第一册第二部分）。

才好在芳香的回忆中
为自己催眠而入寐；
再在日记簿里最终

找到一个开端，它果然
不是随便写写的荒唐谎话，
又从一朵玫瑰摘下一瓣
放进沉重而空虚的小金匣，

它将随每一次呼吸起伏①。
再就是偶尔向窗外挥一挥手；
这只刚戴上戒指的纤手
几个月来会对此绰绰有余。

(1907年8月22日—9月5日，巴黎)

---

① 挂在项链上、装有珍贵纪念物的贴胸小金匣。

镜前贵妇

如同安眠酒中的香料,
她把她疲倦的风情
悄悄溶解在流水般透明
的镜里,再全部投入她的微笑。

她等待着,那流体
升高起来;然后把一头乌发
倾泻镜中,又把令人惊讶
的双肩从晚礼服耸起,

她从她的映像静静啜饮。她饮出
一个钟情人之所从醉,
满腹疑团地打量着;她招呼

女仆,一当她在镜子的背景上
发现了烛光,橱柜
和一种迟暮的沮丧。

(1907年8月22日—9月5日,巴黎)

白发老妇

白发的女友在今天
笑着听着筹划着明朝；
冷静的人们在一旁慢慢
思量着她们特殊的烦恼，

何故,何时,又何如,
还听她们说:我想不致于——；
但是戴着尖尖的软帽,
她却很自信,仿佛已知道

这些人和一切人都不免错误。
她的下巴凹陷下去,
倚身于洁白的珊瑚,
它使披肩配称她的额头。

但有时,每逢大笑一气,
她便从跳动的眼睑放出两道警惕
的目光表明这件事相当费力,
即怎样才从一个秘密的抽屉
把被继承的宝石拿到手。

（1908 年夏,巴黎）

床[*]

且让她们猜想,人在那儿之所承载
将消解于个人的忧伤。
没有哪儿比那儿更是一个戏台;
且把高大帷幕掀开——:在黑夜之合唱,

那开始唱出一支无限宽广之歌曲
的合唱之前,出场了那个时辰,
那时她们玉体横陈,
自怨自艾,撕碎了衣服,

为了另一个,为了另一个时辰,
它自卫着,辗转于背景;
因为它无法使她们满足于自身。
但当她们屈从于陌生的时辰

之时:她们一度在情人身上
找到的于是在她们身上出现,

---

* 本篇以"戏台""合唱"等譬喻表现了女性的失望的爱情期待。在作者看来,爱的痛苦不是个别的,偶然的,而是普遍的,必然的,只有女人像男人一样在自己身上掌握主动性才能克服。参阅《唐璜的选择》。

只是如此咄咄逼人又不胜感念
又避之唯恐不及如同在一头牲口身上。

(1908年夏,巴黎)

陌生人

不在乎他人想些啥，
也懒得再让他们询问，
他再次走掉；迷瞪瞪，孤零零——，
因为他贪恋这样的旅行之夜

不同于贪恋任何爱之夕。
他的不眠之夜何等奇异，
它们布满浓烈的星光，
撕裂了狭窄的远方
像莫测的战役变幻不已；

还有些夜晚，它们醉心于
在月光下散开的村落有如
被持奉的战利品，或通过被保护
的游苑显示出灰暗的贵族庄园，
他欣然把头一转
且进去作片刻的寄寓，
深深知道，哪儿都不可久留；
在下一个拐角处他已重新看见
道路，桥梁，乡村一直蜿蜒

到大事夸张的城市尽头。

舍弃这一切而一无所求,①
他觉得胜似
他一生的乐趣,产业和荣誉。
但在陌生的地方一块天天
被践踏的井阶凹陷石砖,
有时却对他是一笔财富。

(1908年初夏,巴黎)

---

① 本篇将艺术家的生涯解释为贫困与对市侩幸福的舍弃,在这方面十分近似《浪子出走》(见《新诗集》)。

火烈鸟[*]

（巴黎植物园）

在弗拉戈纳尔[①]的镜像里，
再见不着他们的红白羽衣，
除了向你呈现的一只，当他谈及
他的女友，说她正安谧

于睡眠。因为他们变成了碧绿
又轻轻旋动在蔷薇色的花梗上
站在一起，盛开着，如在一片苗床，
他们像夫赖尼[②]一样诱人而又

引诱自身；直到把眼睛的灰白
偎依着掩护在自己的腰侧
其中隐藏着黑色和果红。

---

[*] 火烈鸟，又名红鹳。本篇与《豹》同为作者"物诗"中的名篇。
[①] 让·昂·弗拉戈纳尔（1732—1806），法国画家，画风轻佻，但在植物描绘方面显示青春艺术风格。
[②] 夫赖尼，公元四世纪雅典名妓，希腊雕刻家普拉克西泰利斯的模特儿。

突然一声嫉妒的尖叫响彻大鸟房;
他们却惊讶地把肢体松了一松
便一个个迈步走进了想象。

(1907年秋,巴黎;或1908年春,卡普里)

睡眠之歌

一旦我把你失去，
你还能睡着吗，假如
不是我像菩提树冠
在你头上窃窃私语？

假如不是我在这儿醒着
把话语几乎像眼睑一样
盖在你的胸脯，你的四肢，
你的嘴巴之上？

假如不是我把你锁住
让你单和你的所有在一起，
恰似一座长着大量
薄荷和大茴香的园圃？

(1908年初夏，巴黎)

成年人

这一切立在她身上这就是世界
带着一切,恐惧与恩惠,立在她身上,
如树站着,笔直成长着,
完全是形象又毫无形象如约柜①
而又隆重宛如为一个民族而设。

而她忍受这一切;随便携带着
飞快的,流逝的,遥远的,
非同寻常的,尚未知晓的
一切,泰然自若如汲水女
提一满罐水。直至在游戏中
才变了样并准备做另一个人,
第一道白面纱落下来,轻轻滑
过被揭开的面貌

几乎捉摸不透,再也抬不起来
而且不知怎么对于她的一切问题
只能模糊地作出一个回答:

---

① 约柜:犹太人保藏刻有摩西十诫的两块石板的柜子。

在你身上，在曾经是个孩子的你身上。

（巴黎，1907，7，19）

洗 尸

他们已经习惯了他。但当
厨房的灯来了,不安地燃
在黑暗的气流里,陌生者便
完全陌生了。他们洗他的脖子,

还因他们对他的遭遇一无所知,
他们继续洗着,便为他
捏造了另外一个。一个女的不得不
咳嗽,咳着把蘸醋的海绵放

在他脸上。另一个也站着
呆了一会儿。从硬板刷上面
滴落着水滴;这时他那可怕的
紧捏着的手想向整个屋子
表示,他不再口渴了。

他果然表示了。他们轻咳了一声,
仿佛难为情似的,匆匆着手
工作,于是在裱糊纸上
他们扭曲的影子在哑静的图案中

旋转着,摇晃着,仿佛落进一面网,
直到他们把他洗完。
没有窗帘的窗框里的夜
是冷酷无情的。一个没有名字的人
赤裸而干净地躺着,在发布命令。

(巴黎,1908 年夏)

诱　拐

儿时她常常逃离
她的女仆,好到屋外
去看黑夜和风怎样铺开
(因为它们如此有别于屋里);

但断然没有暴风雨之夜曾经
恰如她的良知现今
这样撕碎了巨大的园林,

这时他从丝绸之梯把她抱下
又带到很远,很远,很远:

直到车辆就是一切。

她嗅一嗅它,那黑色的车辆,
它周围屏息站着追捕
和威胁。
她觉得它寒气逼人:
黑暗与凛冽沉入她心底。
她缩进了她的大衣皮领

摸摸自己的头发,它似乎还在那里,
漠然听见一个陌生的声音:
我-和-你-在---起。①

(1908年夏,7月15日以前,巴黎)

---

① 在原文中,这句话缩写成一个单词。这种写法似乎反映了这句话的陌生情调,那是少女在兴奋中所不理解的。有的索隐家认为,本篇似与沃尔普斯威德的女画家保拉·摩德尔松-贝克尔之死(1907)相关。

单身汉[*]

灯光照着被遗弃的家谱，
四周夜色深入木质的书橱。
而他竟迷失于
与他融为一体的宗族；
他觉得越读下去越为他们所抬举，
而他们也会以他而自诩。

空椅傲慢地沿着墙根
僵立着，纯粹的自尊
昏昏然偃卧于各色家具；
夜色从上泻到摆钟之上，
它的时间完全磨成粉状，
颤抖着从它的金色磨盘流出。

他没有取走它们。为了从中紧张
拽出另外的时间，
仿佛要把它们身上的尸衣剥光。

---

[*] 本篇反映被剥夺继承权者的经验：连传统也不足恃。参阅《最后一个》（见《图像集》第一册第二部分）和《杜伊诺哀歌》第七首。

直到他耳语起来;(他觉得什么遥远?)
他还把这些写信人之一赞扬,
仿佛信是写给他的:"你我本故人";
然后高兴到把扶手敲得直响。
但镜子,里面浩瀚无垠,
轻轻放下一面帷幔,一扇窗——:
因为那里,抬头可见,站着鬼魂。

(1908 年夏,巴黎)

孤独者

不：我的心将变成一座城楼
我自己将在城楼的边缘停歇：
那里别无长物，仍是悲愁
与无言，仍是大千世界。

还有一件东西留在广漠空间，
变暗下来重又变亮，
最后还有渴望的脸孔一张，
被摈弃后变得烦躁不安，

最远还有一张脸孔是石头做成，
甘于承受其内部的重量，
而悄然使之毁灭的远方
却强迫它日趋神圣。

(1907年8月中旬，巴黎)

读　者

谁认识他,这个人,他把脸
从存在垂向了第二种存在,
只有迅速翻页才一再
强制地把它打断?

连他的母亲也未必知道,
他是否那个以他的身影
阅读被浸透物的人。有时间的我们,
我们知道什么,它又消失了多少,直到

他费劲地仰望:把书中所有一切
用只予而不取的眼睛(它们
冒犯了成熟而充实的世界)
提升到自己身上:
像独自玩耍的儿童安安静静,
突然体验到既存事物;
而他的齐齐整整的面目
永远留下变化了的模样。

(1908年夏,8月2日以前,巴黎)

苹果园

(波格比林苑①)

太阳一落山你就来吧,
来看看草地的暮绿;
不正是我们久已把它
搜集并在心中加以积蓄,

以便现在从感觉和记忆,
新的希望,半忘的欢娱,
还同内心的阴暗混在一起
在想象中从我们眼前把它散布

到丢勒②的树下,这些树将
在丰满的果实里承受住
一百个工作日的重负,
耐心地侍候着,尝试着怎样

---

① 一九〇四年夏天,里尔克曾旅居瑞典南部斯科讷省的波格比林苑,参阅《斯科讷的黄昏》(见《图像集》第一册第一部分)、《在一座异国林苑里》(见《新诗集》)。
② 德国文艺复兴时期大画家(1471—1528)。此处指他画的树。

把超越一切计量的收获
再举起来加以奉赠
如果心甘情愿通过漫长一生
只要求这一个,沉默地生长着?①

(1907年8月2日,巴黎)

---

① 这个问句系从第一节第三行开始。

狗

上面是一个世界的画像
从目光中不断更新并且逼真。
只是有时悄然来了一个属相
站在它旁边,他正想挤进①

这幅画像,异乎寻常,全然居下;
既未被推开,又未被合并,
而是犹犹豫豫把自己的实际生存
交给了他所忘却的图画,

尽管如此还是一再把脸庞
凑了进来,几乎带着一种祈求
大约有所了悟,接近于迁就
但仍废然而止:因为他不愿这样。

(1907年7月31日,巴黎)

---

① "它"指画像;"他"指狗。据研究,作为"存在上被排空了的生物",狗在本篇中象征艺术家的生活及其成就。

光轮中的佛*

一切中心之中心,核仁之核仁,
自成一统而又甘美绝伦的扁桃①,——
宇宙万物直至大小星辰
都是你的果肉:这里向你问好。

哦你感到你一无牵挂;
你的果皮达到了无限,
其中有浓烈果浆疑聚而升华。
外面还有一个光体从旁支援,

因为高高在上是你的太阳
在圆满而炽烈地旋转。
而你身上却已开始生长
比太阳更高的内涵。

(1908年夏,巴黎)

---

* 本篇有别于前面两首《佛》,不是通过一个旁观者的目光来写佛的状态,而是对他进行正面的歌颂。
① 由于久久凝视佛像的椭圆形光轮,诗人便联想到"扁桃"。

杜伊诺哀歌

为马利·封·屠恩与塔克西斯-霍恩洛厄
侯爵夫人所有

〔说明〕里尔克在亚得里亚海海滨、的里雅斯特附近的杜伊诺城堡独自度过一九一一到一九一二年的冬天，同时同地开始创作这部组诗，最后以这座城堡的名字为作品命名为《杜伊诺哀歌》。杜伊诺城堡属于马利·封·屠恩与塔克西斯侯爵夫人，她慨允作者在她不在的时候一个人在这里从事写作；十年之后，这部作品才完稿，作者便把它献给了她，或者说，他一直认为它本来就是她的财产，到它出版时便把这层意思明白地印在扉页上。他在一九二二年二月十一日给她写信，其中有这样一段：

最后

　　　侯爵夫人，

　　　　　最后在这幸运的、多么

幸运的日子，我可以把这部"哀歌"——据我

　　所知——

　　　　　的定稿

　　　　　　　向您通报：

　　　　　一共十首！

……………………

——这一切，是一场无名的风暴，一场精神上的飓风（就像当年在杜伊诺），这一切，我体内的一切纤维和组织，一两天内轰然迸裂了，——没有想到吃点什么，天知道谁养活了我。

但是它写成了。写成了。写成了。

阿门。

《杜伊诺哀歌》是一部包括十首哀歌的组诗，一九二三年出版问世。所谓"哀歌"并非单纯表现悲哀和伤感，而是一种古老的由六步句和五步句构成的联句诗体；在德语文学中，克洛普施托克、歌德、席勒、里尔克都是运用这种体裁的能手，不过里尔克的这十首"哀歌"更近乎自由的颂诗体。这是里尔克一生构思时间最长、花费心血最多、完稿时流露的轻松感和快意最大的一部作品，他自认为是他的诗人本性的一次"风暴"似的突破，公认为是他的天才的最高成就，也许除了《致俄耳甫斯十四行》。

　　里尔克创作这部作品，前后历时十年，这是包括第一次大战前后几年在内的动荡的十年，也是对于他的内心发展最起关键作用的十年。头二首写于一九一二年杜伊诺城堡；第三首开始于同时同地，完成于一九一三年巴黎；第四首写于一九一五年慕尼黑，同时开始拟写第五首。此后长久停顿下来；一九一八年秋天，作者曾计划将当时完稿的第一、二、三、四首和未完稿的第六、十首结集投寄出版商，经那位侯爵夫人劝阻，才下决心把十首写完，这也是他把它们视作她的财产的原因之一。到一九二二年二月七日至十五日之间，作者在瑞士穆佐城堡一口气写出了另外六首，把其中最后一首代替一九一五年的片断，用作第五首；此前还写成了《致俄耳甫斯十四行》第一部，此后又写成了第二部。不过，拿《十四行》同《哀歌》相比，后者写了十年之久，前者只花了几天时间，这种不相等的精神投入又使作者认为，前者不过是后者小小的附属品。

　　《哀歌》取材十分广泛，从尼罗河畔的陶工写到科技时代，其中涉及意识、心理、艺术家的生存和非人化生存、处境等问题，可以说概括了整个人类的历史；但是，作者并没有具体地描述历史环境，而是将生存问题、个人在宇宙中的地位、爱情、生命的短暂和死亡等等作为人的主要经验提出来，并通过非基督教天使的神话突出表现非人性的形成。头六首都在悲悼凡人作为艺术家在其最高形式的悲惨处境；第七首试图把大地及万物变为艺术，来解决二者之间实际存在的不和谐；

第八首进一步流露了伤感和悲叹,甚至比以往各首更其绝望;第九首则暗示大地及其万物在我们灵魂中重新空幻地升起,完成了最后解决致命难关的使命,并由于将外在现实变为生命之不可见的内在所有物,如在死亡中一样,于是作者深沉的忧伤得以缓解;最后一首则通过一系列寓意性的意象,包括一开始曾为整个作品赋予神秘特征的"天使"形象,描写了死亡之旅,全篇完整而庄严,达到了首尾一贯的崇高境界。但是,必须指出,每首"哀歌"都对"此岸"(现实生活)、世界和生存本身抱着赞同的歌颂的态度,从不表示寄希望于来世的拯救和补偿,这是对于基督教传统的公然叛逆。

读者阅读里尔克的作品,特别是《杜伊诺哀歌》,虽然总希望更体贴地与作者进行心灵交流,但却往往感到十分困难。造成困难的原因是多方面的。首先,也许是对作者观察事物的独特视角,对他表现事物的独特意义和他本人的独特感觉的独特手法不够熟悉,特别由于在这方面,作者也常常面临语言的限制性,从而在用字遣词上难免流于生僻。不过,一般说来,我们在里尔克的作品中,发现被表现事物既熟悉又不熟悉,似乎内在和外在的界限被取消了或者被超越了,正是因为作者在创作过程中往往把外在现象视作内在经验的象征,或者说,把外在内在化,从而创造出既外在又内在的艺术形象,须知通过"内在化"而取得永存,正是里尔克对于人世无常的一种持久而坚忍的抗争方式,因此自然往往变成了某种外在的可见的意识,而意识倒变成了某种内在的不可见的自然。其次,有时也可能是对于人类一部分富于象征意义的文化遗产不够熟悉,例如对于加斯帕拉·斯坦帕的人和诗、林诺的传说、伊特拉斯坎人的坟墓、毕加索的画《江湖艺人》,以及卡斯奈尔的"回归"基督教的哲学观点等等缺乏必要的知识,要想读懂有关各篇,也不能没有困难。第三,困难还来源于对里尔克本人的精神生活,特别是对他在日常生活和艺术创造之间所面临的永远的冲突不够了解;其实,诗中经常出现的"你"和对"你"所说的一切,正是诗人自己和他的自言自语。虽然如此,我们在阅读过程中稍微耐心一点,就会惊讶地发现,里尔克诗中如此个人化的经验、如此陌生的概念、如此微妙的感觉、如此不可捉摸的暗示,都有着普遍的应验性,同我们自己的人生感受并非绝缘的。恰如有人说得好:"我们好像外行用显微镜观察事物,开始总觉得一片模糊,等到调准了焦距,就会突然看清了一切。"例如,读到里尔克关于生中有死,死中有生,生死合一,既无所谓"此岸",亦无所谓"彼岸",只有伟大的统一等等感慨,译者不禁记起东方庄生的所谓"予恶乎知悦生之非惑耶,予恶乎知恶死之非弱丧而不知归者耶,予恶乎知夫死者不悔其始之蕲生乎";不过,庄子以人生为"白驹过隙","方生方死","死生为徒",这种相对主义又比里尔克的类似思想更富于形而上学的意蕴,里尔克显然不及庄子那样沉着而精湛。令人惊愕的是,里尔克居然把这些"理念"写进诗里去,恐怕不是一般诗人所能望其项背的吧。

——译者

第一首

　　如果我哭喊，各级天使①中间有谁
　　听得见我？即使其中一位突然把我
　　拥向心头：我也会由于他的
　　更强健的存在而丧亡。因为美无非是
　　我们恰巧仍然能够忍受的恐怖之开端，
　　我们之所以惊羡它，则因为它宁静得不屑于
　　摧毁我们。每一个天使都是可怕的。②
　　于是我控制自己，咽下了隐约啜泣之
　　诱唤。哎，还有谁我们能
　　加以利用？不是天使，不是人，
　　而伶俐的牲畜已注意到

---

① 本篇的主旨在于阐明天使与人的对立，肯定人的无常性，认为伟大的爱者、早逝者以及偶尔提及的"英雄"的命运，是解释生与死的真实意义或者三者的最终同一性的关键。
② 根据作者自己解释，《哀歌》中的天使与基督教的天使无关，毋宁接近伊斯兰教的天使形象，……这是一个由可见物到不可见物的转化过程在其身中得以完成的超人实体，一个证明不可见物有较高一级现实性的神性存在。所以，它对于我们是"可怕"的，因为我们作为"爱者"和"转化者"仍然依赖于可见物。——据有关专家研究，在《哀歌》里，所谓"天使"不过是一个"完整意识"的实体化，眼前人性中的种种限制和矛盾都被超越了，思想与行动、见识与成就、意志与能力、实际与理想均在此合而为一。他既是一种激励也是一种惩戒，既是慰藉之源又是恐怖之源；他既保证人的最高志向的有效性并为里尔克的心提供他所谓的"指导"，同时又时刻不停地提醒人们意识到，他和他的目标永远相隔十万八千里。

我们并不十分可靠地安居在
在这被阐释的世界里。也许给我们留下了
斜坡上任何一株树,我们每天可以
再见它;给我们留下了昨天的街道
以及对于一个习惯久久难改的忠诚,
那习惯颇令我们称心便留下来不走了。
哦还有夜,还有夜①,当充满宇宙空间的风
舔食我们的脸庞时——被思慕者,温柔的醒迷者,
她不会为它而停留,却艰辛地临近了
孤单的心。难道她对于相爱者更轻松些吗?
哎,他们只是彼此隐瞒各自的命运。
你还不知道吗? 且将空虚从手臂间扔向
我们所呼吸的空间②;也许鸟群会
以更诚挚的飞翔感觉到扩展开来的空气。

是的,春天需要你。许多星辰
指望你去探寻它们。过去有
一阵波涛涌上前来,或者
你走过打开的窗前,
有一柄提琴在倾心相许③。这一切就是使命。
但你胜任吗? 你可不总是
为期待而心烦意乱,仿佛一切向你
宣布了一个被爱者④?(当伟大而陌生的思想在你

---

① "夜"是对于神秘的未知物的一个象征。里尔克晚年作品中的"夜"都有类似的意味。
② 指由于"被思慕者"、未知的被爱者不在眼前而引起的"空虚"。
③ 参阅《邻居》(见《图像集》第一册第二部分):"陌生的提琴,你可跟踪我?……"
④ 在一九一〇到一九一四年之间,里尔克完成《布里格笔记》之后,经常表现出对于异性伴侣的渴望。一九一三年十月他在致露·安德烈亚斯-莎乐美的信中说:"如果我告诉你,我在鲁昂的寂静的街道上,见到一个女人从我身旁走过,是那么激动不安,以致后来几乎什么也看不见,对什么事情也不能专心,你会相信吗?……"

身上走进走出并且夜间经常停留不去,这时
你就想把她隐藏起来。)
但你如有所眷恋,就请歌唱爱者吧;他们
被称誉的感情远非足够不朽的。
那些人,你几乎嫉妒他们,被遗弃者们,你发现
他们比被抚慰者爱得更深。永远重新
开始那绝对达不到的颂扬吧;
想一想:英雄坚持着,即使他的毁灭
也只是一个生存的借口:他的最后的诞生。①
但是精疲力竭的自然却把爱者
收回到自身,仿佛这样做的力量
再也不会有两次。你可曾从加斯帕拉·斯坦帕②
充分想到,任何一个
不为被爱者所留意的少女,看到这个爱者的
崇高范例,会觉得"我也可以像她一样"吗?
难道这种最古老的痛苦不应当终于给我们
结出更多的果实?难道还不是时候,我们在爱中
摆脱了被爱者,颤栗地承受着:
有如箭矢承受着弓弦,以便聚精会神向前飞跃时
变得超过它自身。因为任何地方都不能停留。

---

① "英雄"并不需要我们"颂扬",因为他们的令名在我们中间活着;可是爱者的名字却都被忘却了,仿佛自然没有力量在人们的记忆中保存它们,便把它们带回了它自身。
② 加斯帕拉·斯坦帕,意大利女诗人,一五二三年生于米兰贵族家庭,受过"精致"教育,二十六岁与年轻的柯拉尔托公爵柯拉尔蒂诺热恋。几年后他往法国为亨利二世而战,遂将她忘却,并与其他女子交往。后来回国,一种责任感使他暂不能公开与他所不爱的女子决裂。她头几年感到幸福,后渐知真相,最后离开了他,重新结婚;他则另觅新欢,并投身宗教以求安慰。一五五四年,女诗人逝世,时三十一岁。关于她和柯拉尔蒂诺的恋爱悲剧,据说有过两百余首十四行诗,里尔克显然从中受到感动。

声音,声音。听吧,我的心,就像只有
圣者听过那样:巨大的呼唤把他们
从地面扶起;但他们继续(不可能地)
跪拜,却对它漠不关心:
他们就这样听着。不是你能忍受
神的声音,远不是。但请听听长叹,
那从寂静中产生的、未被打断的信息。
它现在正从那些夭折者那里向你沙沙响来。
无论何时你走进罗马和那不勒斯的教堂,
他们的命运不总是安静地向你申诉吗?
或者一篇碑文巍峨地隆起在你面前,
有如新近在圣玛丽亚·福莫萨见到的墓志铭。①
他们向我要求什么啊?我须悄然抹去
不义的假象,它常会稍微
妨碍他们的鬼魂之纯洁的游动。②

的确,说也奇怪,不再在地面居住了,
不再运用好不容易学会的习惯了,
不给玫瑰和其他特地作出允诺的

---

① 圣玛丽亚·福莫萨是威尼斯的一座著名教堂。里尔克于一九一一年三四月间逗留威尼斯时曾来过此处,十一月在杜伊诺堡时再次来过。这段轶事有著名天主教神学家罗曼诺·瓜尔迪尼的记载如下:"不久以前,我来访这座以其明净而严谨的形式胜过威尼斯其他教堂的教堂,在祭坛右侧附近发现了里尔克可能铭记在心的那块碑文。上云:'我在世为他人而活;死后我并未泯灭,而是在冰凉的石棺中为自己而活。我叫赫尔曼·威廉。弗兰德斯为我哀悼,亚得里亚为我叹息,贫穷把我呼唤。他死于一五九三年十月十六日。'"弗兰德斯是过去欧洲一伯爵领地,现属比利时;亚得里亚是意大利北部一市镇,以亚得里亚海得名。
② 指"妨碍"他们逐渐"戒绝尘世一切"(末段第二行),在永恒中行进。这一点既可从我们的眼光来看,也可从他们的眼光来看,因为他们既在"别的什么地方,又在我们的心里"。

事物赋予人类未来的意义；
不再是人们在无穷忧虑的双手中
所成为的一切，甚至抛弃
自己的名字，像一件破损的玩具。
说也奇怪，不再希望自己的希望。说也奇怪，
一度相关的一切，眼见如此松弛地
在空中飘荡。而死去是艰苦的
却充满了补偿，即可以慢慢觉察到
一点点永恒。——但是，生者都犯了
一个错误，他们未免过于泾渭分明。
天使(据说)往往不知道，他们究竟是
在活人还是死人中间走动。永恒的激流总是
从两界冲走了一切年岁
并比它们在两界的声音响得更高。

他们终于不再需要我们，那些早逝者，
人们怡然戒绝了尘世一切，仿佛长大了
亲切告别了母亲的乳房。但是我们，既然需要①
如此巨大的秘密，忧伤如此经常为我们
产生神圣的进步——：我们能够没有它们吗？
从前在为林诺②的悲悼中贸然响过的

---

① 里尔克在致波兰语译者的信中这样写道："在《哀歌》中，对生之肯定与对死之肯定显得合而为一。容许其一而放弃其二，如此处所经验与赞美者，乃是最终排斥全部无限性的一种拘束。死是吾人生命之被复原的、未经照明的另一面；我们必须达成吾人生存之可能最伟大的意识，它精通这两个无限的领域，它从两者汲取无尽的养分……生命的真正形式扩展到两个领域全部，循环最大的血液流动在两个领域全部：既没有此岸也没有彼岸，只有一个伟大的统一，由'天使们'、那些超越我们的神灵们所安居于此。"(《穆佐书简》第332—333页)
② 林诺原本是古希腊自然崇拜中的一个神，又指哀悼的化身。其传说多种多样，近乎维纳斯所钟爱的美少年阿多尼斯。据说他是个伟大的音乐家，创造了"林诺之歌"，荷马《伊利亚特》第十八篇曾提及。又据说他由于阿波罗的嫉妒而被杀死，为其死吓得浑身麻木的人们被音乐家俄耳甫斯的歌声重新唤醒了。

第一支乐曲也曾渗透过枯槁的麻木感,
正是在这惊惶的空间一个几乎神化的青年
突然永远离去,空虚则陷于
现在正吸引我们、安慰我们、帮助我们的
那种振荡——这个传说难道白说了吗?

(1912年2月21日,杜伊诺)

第二首

每个天使都是可怕的。① 但是,天哪,
我仍然向你歌唱,几乎致命的灵魂之鸟,
并对你有所了解。托拜阿斯的时日
到哪儿去了,当时最灿烂的一位正站在简朴的大
　　门旁,
为了旅行稍微打扮一下,已不再那么可怕了;
(少年面对着少年,他正好奇地向外张望着。)②
唯愿大天使,那危险的一位,现在从星星后面
向下只走一步,走到这里来:我们自己的心将高高
向上直跳而使我们毙命。你们是谁啊?

早熟的成就,你们是创造的骄子,

---

① 参阅第一首注②。在前一首,肯定胜过否定,颂扬胜过悲悼,对人的限制性虽有所认识,但仍承认它是某种特殊行动的条件。但是,肯定的价值毕竟取决于其身后被征服的否定,因此在第二首及其后各首,反过来又使否定胜过肯定,坚持人的限制性,并以天使的完整而持续的自我意识与人的破碎而中断的自我意识相对照,为人生如朝露而悲叹。
② 据《伪经》,以色列人托比特被俘到尼尼微之前,曾经留下一笔钱财在一个米太人手里,他觉得自己快死了,便命儿子托拜阿斯去索回来。托拜阿斯去找一个引路人,遇见拉斐尔,这是一位天使,可他不知道,便问道:"你能陪我到拉加斯去吗? 你熟悉那地方吗?"天使回答说他熟悉,愿意陪他去。于是两人一起去,年轻人的狗也跟着去。托拜阿斯在这里反映了人与天使的亲密关系,"最灿烂的一位"指天使拉斐尔。

一切制作的顶峰,晨曦映红的
山脊,——繁华神格的花粉,
光的关键,走廊,阶梯,宝座,
本质构成的空间,喜悦构成的盾牌,暴风雨般
迷醉的情感之骚动以及突然间,个别出现的
镜子:它们把自己流出来的美
重新汲回到自己的脸上。

因为我们在感觉的时候挥发了;哦我们
把自己呼出来又呼开去;从柴焰到柴焰
我们发出更其微弱的气息。这时有人会告诉我们:
是的,你进入了我的血液,这房间,春天
被你充满了……这管什么用,他并不能留住我们,
我们消失在他的内部和周围。而那些美丽的人们,
哦谁又留得住他们? 外貌不停地浮现在
他们脸上又消失了。有如露珠从晨草身上
我们所有一切从我们身上发散掉,又如一道蒸腾
　　菜肴
的热气。哦微笑,哪儿去了? 哦仰视的目光:
新颖、温暖、正在消逝的心之波——;
悲哉,我们就是这一切。那么,我们化解于其中的
宇宙空间是否带有我们的味道? 天使们是否真正
只截获到他们的所有,从他们流走的一切,
或者有时似乎由于疏忽,其中还剩下一点点
我们的本质? 我们是否还有那么些被搀合在
他们的特征中有如孕妇脸上的
模糊影子? 他们在回归于自身的
旋涡中并未注意这一点。(他们怎么会注意到它。)

如果天使懂得的话,爱者们会在夜气中
交谈一些奇闻。① 因为看来万物都在
隐讳我们。看哪,树木存在着;我们所住的
房屋还立在那儿。我们不过是
经过一切有如空气之对流。
而万物一致闭口不提我们,也许一半
作为羞耻,一半作为不可言说的希望。

爱者们,你们相互称心如意,我向你们
询问有关我们的问题。你们伸手相握。你们有所
　表白吗?
看哪,在我身上也可能发生,我的双手彼此
熟悉或者我的饱经风霜的
脸在它们掩护下才受到珍重。这使我多少有
一点感觉。可谁敢于为此而生存?
但是你们,你们在另一个人的狂喜中
不断扩大,直到他被迫向你
祈求:别再——;你们在彼此的手中
变得日益富有有如葡萄丰收之年;
有时你们消逝了,只因为另一个人
完全占了上风:我向你们询问我们。我知道,
你们如此沉醉地触摸,是因为爱抚在持续,
因为你们温存者所覆盖的地方并没有
消失;因为你们在其中感觉到纯粹的
绵延。于是你们几乎向自己允诺了

---

① 参阅第一首第一行:"如果我哭喊,各级天使中间有谁听得见我?"这里是说爱者们可能向天使们传递了我们的某种信息,使天使们听得见我们。

拥抱的永恒。但是，当你们经受住
初瞥的惊恐，窗前的眷恋
和第一次、仅仅一次同在花园里散步：
爱者啊，你们还是从前的自己吗？当你们彼此
凑近对方的嘴唇开始啜饮——：饮了一口又一口：
哦饮者要错过这种行为是多么不寻常啊。①

在阿提喀石碑②上人类姿势的
审慎难道不使你们惊讶吗？爱与别离可不是
那么轻易地置于肩头，仿佛是由别的
什么质料做成的，而不是本来在我们身上？记住
　那双手，
它们是怎样毫无压力地歇着，纵然躯干中存在着
　力量。
这些自制者们由此可知：我们走得多么远，
我们这样相互触摸，这就是我们的本色；诸神则
更强劲地阻挡我们。可这是诸神的事情。
唯愿我们能够发现一种纯粹的、含蓄的、狭隘的
人性，在河流与岩石之间有属于我们的
一小片果园。因为我们自己的心超越了我们③
正如当初超越那些人。而我们不再能够

---

① "纯"爱者的本分是给予，是忍受，有如箭矢忍受弓弦；而被还报的爱者则既是取者又是予者，既是饮者又是饮料。
② 阿提喀石碑，古代雅典的墓碑。这块碑上人形审慎的姿势使作者想到，我们不像古希腊人，不能为我们内在生命找到适当的外在象征。一九一二年一月十日，里尔克给女友露·安德烈亚斯－莎乐美信中写道："我相信从前在那不勒斯一块古碑前面，我忽然想到，我决不应以此处所表现的更粗暴的手势去触摸人……"
③ "我们的心超越了我们"，是说我们所向往的超越了我们所获得的，因此我们最好满足于某种古人所有的节制态度（参阅本页注②），既不要求过多，也不给予过多。

目送它成为使它平静的图像,①也不能成为
它在其中克己有加的神圣的躯体。

（1912 年 1—2 月,杜伊诺）

---

① 因为神话属于过去。过去和现在的对比更烘托出今人的徒劳和绝望。

第三首

歌唱被爱者是一回事。唉,歌唱
那个隐藏的有罪的血之河神是另一回事。①
他是她从远方认识的,她的小伙子,他本人
对于情欲之主宰又知道什么,后者常常由于孤寂,
(少女在抚慰情人之前,常常仿佛并不存在,)
唉,从多么不可知的深处流出,抬起了
神头,召唤黑夜从事无休的骚乱。
哦血之海神,哦他的可怕的三叉戟。
哦他的由螺旋形贝壳构成的胸脯的阴风。
听呀,夜是怎样变凹了空了。你们星星,
爱者对被爱者容颜的欢悦难道不是
源自你们么?他不正是从纯洁的星辰
亲切地审视她纯洁的面庞么?

---

① 前一首暗示了普通的爱者的无能为力,有如晨草的露珠,有如菜肴的蒸汽;本篇进一步将以本身为目的的崇高之爱(如第一首提到的加斯帕拉·斯坦帕的爱情)和盲目的动物情欲相对照。性爱对象对于爱情主体的决定力量在这里以罗马海神为象征,它的标记是三叉戟和螺号。由此可见,作者至迟到一九一二年已经开始研究弗洛伊德的心理分析学说。此外,本篇还有一个初次出现的主题即童年,但不是第四、第八首所写的令人羡慕的诸方面,而是它的不为人知的、连最温柔的母爱也无法驱赶的悲惨和恐怖。

你并没有,唉,他的母亲也没有
使他将眉头皱成期待的弧形。
他的嘴唇弯出丰富的表情,
不是为了凑向你,对他多情的少女,不是为了
　　你。
你果真认为,你轻盈的步态会那么
震撼他么,你,像晨风一样漫游的你?
诚然你惊吓了他的心;但更古老的惊愕
却在那相撞击的接触中冲入了他体内。
呼唤他吧……你不能完全把他从玄秘的交游中呼
　　唤出来。
当然,他想逃脱,他逃脱了;他轻松地安居于
你隐秘的心,接受自己并开始自己。
但他可曾开始过自己呢?
母亲,你使他变小,是你开始了他;
他对你是崭新的,你在崭新的眼睛上面
拱起了友好的世界,抵御着陌生的世界。
当年你干脆以纤细的身材为他拦住
汹涌的混沌,那些岁月到哪儿去了?
你就这样向他隐瞒了许多;你使那夜间可疑的
房屋变得无害,你从你充满庇护的心中
将更富于人性的空间和他的夜之空间混在一起。
你并没有将夜光放进黑暗中,不,而是放进了
你的更亲近的生存,它仿佛出于友谊而闪耀。
哪儿都没有一声吱嘎你不能微笑着加以解释,
似乎你早就知道,什么时候地板会表现得……
于是他聆听着,镇静下来。你的出现,温柔地,
竟有许多用途;他的命运穿着长袍踱到

衣柜后面去了,而他不安的未来恰好
与那容易滑动的布幔的皱褶相称。

而他,那被安慰者,躺着时分,在昏然
欲睡的眼睑下面将你的轻盈形体
之甜蜜溶化于被尝过的睡前迷离之中——:
他本人仿佛是一个被保护者……可是在内心:谁会
在他内心防御、阻挡那根源之流?
唉,在睡眠者身上没有任何警惕;睡着,
但是梦着,但是在热昏中:他是怎样着手的。
他,那新生者、羞怯者,他怎样陷入了圈套,
以内心事件之不断滋生的卷须
与榜样、与哽噎的成长、与野兽般
追猎的形式交织在一起。他怎样奉献了自己——。
　爱过了。
爱过他的内心,他的内心的荒芜,
他身上的这个原始森林,在它缄默的倾覆上面①
绿油油地立着他的心。爱过了。把它遗弃了,从自
　己的
根部走出来走进强有力的起始,
他渺小的诞生在这里已经过时了。爱着,
他走下来走进更古老的血液,走进峡谷,

---

① 缄默的倾覆,作者惯以抽象名词代替具体名词的例证之一,泛指由倾覆物质铺垫而成的地面。里尔克在一九一五年给马利侯爵夫人的一封信中,有过同样的用法:"……我们今后难道不会像我们目前学着做的这样,永远把全部理智视为次要,把人类看成难以解救,把历史当作一座原始森林吗,它的底层我们永远踏不着,因为它一层一层、无穷无尽地立于倾覆(物)上面?……"原始森林固有的底层或土壤已在一层层落叶朽木下面被埋葬了千百年,人们在这样一座林子里所践踏的恰可称作"倾覆(物)"。

那儿潜伏着可怕的怪物,饱餐了父辈的血肉。而每
　一种
恐怖都认识他,眨着眼,仿佛很懂事。
是的,惊骇在微笑……你很少
那么温柔地微笑过,母亲。他怎能不
爱它呢,既然它对他微笑过。在你之前
他就爱过它,因为,既然你生了他,
它就溶入使萌芽者变得轻飘的水中。

看哪,我们并不像花朵一样仅仅
只爱一年;我们爱的时候,无从追忆的汁液
上升到我们的手臂。少女啊,
是这么回事:我们在我们内心爱,不是一个,一个
　未来者,而是
无数的酝酿者;不是仅仅一个孩子,
而是像山脉废墟一样安息在
我们底层深处的父辈们;而是往昔母辈的
干涸的河床——;而是在多云或
无云的宿命下面全然
无声的风景——:这一切都先你一着,少女。

而你自己,你知道什么——,你将
史前时代召遣到爱者身上来。是什么情感
从逝者身上汹涌而上。是什么女人
在那儿恨你。你在青年人的血管中
煽动起什么样的恶人啊?死去的
孩子们希望接近你……哦,轻点,轻点,

给他安排一项可爱的,一项可靠的日课,——把他
引到花园附近去,给他以夜的
　　　　　优势……①
　　　　　　　留住他……

(1912 年初,杜伊诺;1913 年秋,巴黎)

---

① "给他以夜的优势",这是诗人对少女说的话,指她为他(爱者)提供的胜似白昼的带有补偿性的"情侣之夜",对青年人的原始冲动和孩子的恐怖具有优势的夜。

第四首

哦生命之树,何时是你的冬天?①
我们并不一条心。并不像候鸟那样
被谅解。被超过了而且晚了,
我们于是突然投身于风中并
坠入凉漠的池塘。我们同时
领悟繁荣与枯萎。
什么地方还有狮子在漫步,只要
它们是壮丽的,就不知软弱为何物。

---

① 树在落叶,候鸟向南飞,秋天快过去了,冬天快来了。一九一五年深秋,诗人在慕尼黑一座荒凉的公园里漫步,突然见景生情,想象"生命之树"何时面临它的冬天,我们何时能像候鸟一样感知离别的信息。不过,作者所渴望的"冬天"并非死亡,并非生命的解脱,并非永远的休眠;或者说,他心目中的"死亡"并非生命的对立面,而是它的另一方面,并非中止而是变形。本篇的主旨在于继续暗示心灵的惶惑和分裂,正是这一点妨碍我们履行人间的正常任务,妨碍我们投身于看不见的力量,作为后者的工具,完成它们的目标,从而使我们的生活有意义。我们缺乏动物的准确无误的本能和完整的意识(参阅第八首)。我们总认为我们的无常性是一种限制,因此不能把它作为条件来接受。我们偶尔感觉到永恒,随即又回到时间之流绝望地挣扎。我们往往摇摆于正在做的和可能做的之间,已经选择的和可能选择的之间,眼前的和偏远的之间。我们是"没有填满的面具",只是半心半意地扮演我们被分配的角色。一个天使用一个傀儡可能做得比看不见的力量用我们所能做的要更多,正因为我们惶惑、分裂而又执拗。虽然如此,末尾仍然是歌颂,对童年的歌颂;如果我们能够保留或者重新获得孩子的公开而完整的意识,不为过去和未来所分神,全心全意投身于永恒的现在,我们将能够完成我们的角色。

但如我们专注于一物,我们就会
感觉到另一物的亏损。敌意是我们
最初的反应。① 爱者们相互允诺
幅员,狩猎和故乡,难道不是
永远在接近彼此的边缘么。
于是,为了一瞬间的素描
辛苦地准备了一层反差的底色,
好让我们看得见它;因为人们
对我们十分直率。我们并不知道
感觉的轮廓,只知道从外部使之形成的一切。
谁不曾惶恐地坐在他的心幔面前?
心幔揭开来:布景就是别离。②
不难理解。熟悉的花园,
而且轻轻摇晃着③:接着来了舞蹈者。
不是他。够了。不管他跳得多么轻巧,
他化了装,他变成一个市民
从他的厨房走进了住宅。
我不要这些填满一半的面具,
宁愿要傀儡。它给填满了。我愿忍受
它的躯壳和铁丝以及外露的
面貌。在这里!我就在它面前。
即使灯火熄灭了,即使有人
对我说:再没有什么——,即使空虚
带着灰色气流从舞台吹来,
即使我的沉默的祖先再没有

---

① 敌意、拒绝、引退对于人们常常比舍己和合作来得更自然。
② 参阅第八首结尾。
③ 像一块刚刚挂起来的背景幕布。

一个人和我坐在一起,没有女人,甚至
再没有长着棕色斜眼的儿童[1]:
我仍然留下来。一直观看下去。

我说得不对吗?[2] 你,品尝一下我的、
我的必然之最初混浊的灌注,父亲,
你就会觉得生活对我是多么苦涩,
我不断地长大,你便不断品尝,且忙于
回味如此陌生的未来,检验着
我的朦胧的凝视,——
你,父亲,自你故世以来,常常
在我的希望中为我感到忧惧,
并为我的一小片命运而放弃了
恬静,尽管死者是多么恬静,放弃了
恬静的领域,我说得不对吗?而你们,
我说得不对吗?你们会为我对你们的爱
的小小开端而爱我,可我总是脱离那开端,
因为你们脸上的空间,即使我爱它,
变成了你们不复在其中的宇宙空间……当我高兴
等待在傀儡舞台面前,不,
如此全神关注着,以致最后
为了补偿我的凝望,那边有一个天使
抓起傀儡躯壳,不得不扮角出场了。
天使和傀儡:接着终于演出了。
接着由于我们在场而不断使之

---

[1] 指作者早逝的堂弟埃贡・封・里尔克,参阅《致俄耳甫斯十四行》第二部第8首。
[2] 以下一节是写作者由于放弃军官生涯而对父亲产生的负疚感,同时也是对自己的大胆行为的一次自我辩解。

分离的一切团圆了。接着从我们的季节
首先出现整个变化的轮回。于是天使
从我们头上扮演下去。看哪,垂死者们,
他们难道揣测不到,我们在此所完成的
一切是多么富于托词。一切都
不是真的。哦童年的时光,①
那时在外形后面不仅只有
过去,在我们前面也不是未来。
我们确实长大了,有时迫不及待
要快些长大,一半是为了奉承
另一些除了长大便一无所有的人们。
而且在我们孤独时我们
还以持久不变而自娱,伫立在
世界和玩具之间的空隙里,②
在一个一开始就为
一个纯粹过程而创建的地点。

谁让一个孩子显示他的本色?③ 谁把它
放在星宿之中,让他手拿着

---

① 这一节是说我们像儿童一样学会寂寞。寂寞不应被视作不幸,而是一件真实的必要的功课,参阅《给一个青年诗人的十封信》的第六封。
② "玩具"代表童年;"世界和玩具之间的空隙"指人生,是从物到人的过渡。童年的记忆只是对玩具说话,即对物说话。"物"在作者笔下富于神奇的色彩,是成人体会不到的。
③ 作者这里试图通过一幅画面来体现童年的本质。一个孩子在自满自足的世界里,以星空为背景,手拿一柄尺子,想测量他的世界和成人世界的距离;但他另一只手拿的"变硬了的灰色面包"却代表死亡,或者他张开的嘴里还有苹果核,看来他吃过一枚苹果,却没有把果核吐掉,它会噎住他,暗示死亡就在孩子身上。于是诗人发出慨叹:致人于暴亡的"凶手"是"不难识破的",可孩子在生命真正开始之前,就让自身包含着死亡,却是"无可描述的啊"。

距离的尺度？谁使孩子死
于变硬了的灰色面包,——或者让死
留在圆嘴里像一枚甜苹果
噎人的果核？……凶手是
不难识破的。但是这一点:死亡,
整个死亡,即使在生命开始之前
就那么温柔地被包含着,而且并非不吉,
却是无可描述的啊。

(1915年11月22—23日,慕尼黑)

第五首

献给赫尔塔·柯尼希夫人①

但请告诉我,他们是谁,这些江湖艺人②,比我们自己
还要短暂一些的人们,他们从早年起就紧迫地被一个
不知取悦何人而又永不心满意足的愿望绞榨着?它
　　绞干
他们,拗弯他们,缠绕他们,摆动他们,
抛掷他们,又把他们抓回来;他们仿佛从
抹了油的、更光滑的空气里掉下来,掉到

---

① 这是最后写成的一首,是为毕加索的一幅画《江湖艺人》而写,并献给画的主人赫尔塔·柯尼希夫人。一九一五年六月,作者在慕尼黑找不着一个适当的住处,便向这位夫人请求,可否在她和她的家人下乡避暑之际,让他在她的韦登马耶大街的寓所暂时借住;夫人答应了,于是他从六月住到了十月,房间墙上挂着毕加索的那幅画。
② 毕加索的画和作者的诗句并非完全对应。画中人物站在画幅中央,看不出他们是刚来还是将去,是开始还是结束他们的表演;诗中的艺人显然是刚刚开始,站在破烂的地毯上,也许是在巴黎市郊,周围有许多观众。画中人从左到右:1、穿丑角服装的大汉,可能就是诗中"那年轻的男人",亦即"拍掌示意让人跳下来"的那个人;2、戴着圆锥形帽、肩上背个口袋的男人,可能就是诗中那个"憔悴的满脸皱纹的举重人";3、穿男式游泳裤、肩上有鼓的瘦个子,他在诗中没有出现,他的击鼓任务可能由"只能打打鼓"的举重人代替;4、以"爱慕"的目光"迎向"母亲的小男孩;5、他的"颇不慈祥的母亲";6、由班主牵着手的小女孩,即诗中戴"流苏"、穿"金属般绸衣"的"亲爱的"。

破烂的、被他们无止尽的
跳跃跳薄了的地毯上,这张遗失在
宇宙中的地毯。①
像一块膏药贴在那儿,似乎郊外的
天空撞伤了地球。
    而且勉强在那儿
直立着,在那儿被展示着:像几个站在那儿的
词首大写字母……②,甚至那一再来临的手柄,为了
 开心,
又把最健壮的男人滚转起来,有如
强者奥古斯特③在桌上
滚转一个锡盘。

唉,围着这个
中心④,凝视的玫瑰:
开放了又谢落了。围着这个
捣杵,这片为自己的

---

① 江湖艺人在他们的表演中和彼此的关系中,有很多地方使里尔克觉得象征了整个人类。他们到处流浪,没有定居,似乎"比我们自己还要短暂";他们聚集在一块破烂的地毯上,就像人在这不可理解的世界上一样孤单而隔绝。他们从童年起一直到死从事这辛苦的职业,仿佛是某种不可知的意志手中的玩具;他们难能可贵的技巧,既不能给他自己也不能给来来去去如玫瑰花瓣的观众以欢悦。作者从这场空虚的表演中选取出来、作为人的神圣标志送给天使的,只是从泪水中闪现出来的温柔的微笑。
② 据专家研究,毕加索画中五个立着的艺人共同构成一个大写 D 字的形状。那个穿丑角服装的年轻男子构成左边的一竖,小男孩则是半环形的末端。D 字代表 Dasein(生存)。
③ "强者奥古斯特",神圣罗马帝国的萨克森选帝侯(1670—1733)。为了取悦宾客,他曾用一只手把锡盘捏扁。
④ "中心"指四名(一名妇女除外)杂技演员,他们作为集体被比作"捣杵",因为他们不断捣击破烂的地毯,又被比作"雌蕊",而周围观众来来去去有如围着雌蕊的花瓣。此外,"花粉"指灰尘,"伪果"指厌倦,果实"表面闪闪发光"指演员和观众的假笑。

花粉所扑击的雌蕊,一再孕育出厌恶
之虚假果实,他们自己从不知觉的厌恶
——以微微假笑的厌恶
之最薄的表面闪闪发光。

那边是憔悴的满脸绉纹的举重人,
他而今老了,只能打打鼓,
萎缩在他强劲的皮肤里,仿佛以前它曾经
装过两个男人,另一个已经
躺在墓地里,这一个却活得比他更久,
耳已聋,有时还不免
错乱,在这丧偶的皮肤里。

但那年轻的,那个男人,他似乎是一个脖颈儿
和一个尼姑的儿子①:丰满而壮实地充塞着
肌肉和单纯。

哦你们,
曾经收到一片
淡淡的哀愁有如一件玩具,在它一次
久久的复原期中……

你,砰然一下,
只有果实知道,还没有成熟,
每天却上百次地从共同

---

① 据专家研究,似指里尔克认识的一位葡萄牙尼姑和畸形的德·夏米利公爵所生的私生子。

构筑的运动之树①(那比流水还快,在几分钟
之内包括春夏和秋季的树)坠落——
坠落下来又反弹到坟墓上:
有时,在半晌中,一阵爱慕试图
掠过你的脸,迎向你难得
慈祥的母亲;可那羞怯的
几乎没有试投过的目光,就在你的
表面已经磨损的身上消失了……于是又一次
那人拍掌示意跳跃,每当你不断奔腾的
心脏明显感到一阵痛苦之前,你的脚掌
就火辣辣灼痛,比那痛苦的根源更占先,于是
你的眼里迅速挤出了一两滴躯体的泪水。
虽然如此,却盲目地
出现了微笑……

天使!哦采它吧,摘它吧,那开小花的药草。
弄一个瓶来保存它!把它插进那些还没有
向我们开放的欢悦里;用秀丽的瓮坛
来颂扬它,上面有龙飞凤舞的铭文:
　　　　　　　　　"Subrisio Saltat."②

然后你,亲爱的,
为最诱人的欢乐
悄然忽略的你。也许你的
流苏为你而完美——,

---

① 共同构筑的运动之树,指由演员堆成的人树或金字塔。
② 拉丁文:"卖艺人的微笑。"这里用"药草"比喻"微笑",是说让天使把一个微笑装在一个瓶子里,用拉丁文作出标记,放在架子上,像药房里的坛坛罐罐一样。

或者在那年轻的
丰满胸脯之上绿色的金属般绸衣
令人感觉无限地奢侈，什么也不缺乏。
你
经常以不同方式被放在整个颤动的天平上的
恬静的市场水果
公开地展示在众多肩膀中间。

是哪儿，哦那个地方是哪儿，——我把它放在心
　里——，
他们在那里还远不能，还在彼此
脱落，有如试图交尾、尚未正式
配合的动物；——
那里杠铃仍然很重；
那里碟子仍然从它们
徒然旋转的杆子上
摇晃开去……

于是突然间在这艰苦的无何有之乡，突然间在
这不可名状的地方，那儿纯粹的"太少"
不可思议地变成——，转化
成那种空虚的"太多"。
那儿多位数
变成了零。

广场，哦巴黎的广场，无穷尽的舞台，

那儿时装设计师,拉莫夫人①,
在缠绕在编结人间不停歇的道路,
无尽长的丝带,从中制作崭新的
蝴蝶结,绲边,花朵,帽徽,人造水果——,都给
涂上虚假色彩,——为了装饰
命运的廉价冬帽。

....

天使:假使有一个我们一无所知的处所,在那儿,
在不可名状的地毯上,爱者们展现了他们在这儿
从不能做到的一切,展现了他们大胆的
心灵飞翔的高尚形象,
他们的欲望之塔,他们
早已离开地面、只是颤巍巍地彼此
倚靠着的梯子,——假设他们能够做到这一切,
在四周的观众、那数不清的无声无息的死者面前:
那么他们会把他们最后的、一直珍惜着的、
一直藏匿着的、我们所不知道的、永远
通用的幸福钱币扔在
鸦雀无声的地毯上那终于
真正微笑起来的一对情侣面前吗?

(1922年2月14日,穆佐)

---

① 拉莫夫人(Madame Lamort),系法语"死亡夫人"。作者这里似乎对自己孜孜不倦的艺术生涯也提出了怀疑。但是作者坚信,爱的真正意义只有同死亡联系起来才能理解。于是在最后一节,他把艺人想象成爱者,又把爱者想象成艺人。如果把死亡设想为生命的另一方面,如果爱者完成他们难以完成的任务,像艺人轻松地完成他们空虚的动作一样,那么这场技巧的展览是值得的,艺人脸上浮现的将不再是机械的固定的假笑,而是由衷的微笑,而旁观者即死者将体会到真正的幸福。

第六首

无花果树①，长久以来我就觉得事关重大，
你是怎样几乎完全错过花期
未经夸耀，就将你纯粹的秘密
催入了及时决定的果实。
像喷泉的水管你弯曲的枝桠
把汁液驱下又驱上：它从睡眠中
几乎还未醒来，就跃入其最甜蜜成就的幸福。
看哪，就像大神变成了天鹅。②
　　　　　　……但是我们徘徊着，
唉，我们以开花为荣，却无可奈何地进入了
我们最后的果实之被延宕的核心。
在少数人身上行动的紧迫感如此强烈地升起

---

① 前几首（如第一首）曾经表明，伟大的爱者和夭亡者的命运是把生与死作为统一体来理解的关键，须知夭亡者在我们心中比在世间活得更热烈更真实。本篇则颂扬诚心诚意的不失赤子之心的英雄，他的命运和夭亡者的命运十分近似。本来，生命的花期不过是为其果实即死亡做准备；死亡不是生命的对立面，而是它的未被领悟的另一面。但是，我们凡人却把生与死划分得一清二楚：只求活得越久越好，唯恐死神即日来临。英雄与之相反，他对持续无动于衷，只关心独立于时间之外的生存。诗人把英雄比作无花果树，认为它朴实无华，未经夸耀，就将纯粹的秘密催入了及时决定的果实，即成熟的死亡之果。本篇曾在一份副本中被题为《英雄哀歌》。
② 指宙斯化为天鹅接近丽达的神话，参阅《新诗集》中《丽达》一诗。

以致他们已经站定,并燃烧于心灵的丰富之中,①
当开花的诱惑如同柔和的夜气
触抚到他们嘴巴的青春,触抚到他们的眼帘:
也许只是在英雄身上,以及那些注定夭亡的人们
　身上
从事园艺的死亡才以不同方式扭曲了他们的血管。
这些人向前冲去:他们先行于
自己的微笑,正如凯尔奈克的微凹浮雕上的
马车先行于凯旋的国王。②

说来奇怪,英雄竟接近于夭亡者③。持久
与他无缘。他的上升就是生存。经常
他走开去,步入其恒久风险之
变更的星座。那里很少人能发现他。但是,
对我们阴郁地缄默着的命运,突然间热烈起来,
把他唱进了他的呼啸世界的风暴中。
我还没有听说谁像他。他的沉闷的音响
突然挟着涌流的空气从我身上穿过。

于是我多么愿意回避憧憬:哦我多么希望
成为、也许还可能成为一个儿童,静坐着

---

① 是说大多数人惜生而畏死,不过是"惜"或"畏"我们自己的某一部分,最终还是要死,即"无可奈何地进入了我们最后的果实之被延宕的核心"。少数人即英雄却充满行动的紧迫感,赋予短暂一生以最大的活力。
② 凯尔奈克,埃及尼罗河东岸底比斯北半部遗址。一九一一年元月至三月,里尔克曾旅游埃及,除拉美西斯二世的巨大石像外,最醉心于凯尔奈克的庙宇遗址及其微凹浮雕,这种浮雕表现了古埃及的艺术风格。
③ 参阅第一首结尾处。作者在一八九八年《佛罗伦萨日记》中曾经赞美过年轻而被弑的朱连诺·德·梅迪契。

支撑着未来的手臂①,读着参孙的故事,
他的母亲开初怎样不孕,后来却分娩了一切。②

哦母亲,他在你的体内难道不已是英雄吗,
他的威风凛凛的选择难道不是在你体内开始的吗?
成千上万人曾在子宫里酝酿,希望成为他,
但是看哪:他掌握并舍弃,选择并得以完成。
如果他曾经捣毁圆柱③,那么这时他正从
你的肉体的世界里进出来,来到更狭窄的世界的,
他在那里继续选择并得以完成。哦英雄的母亲们,
哦奔腾河流的源头!你们就是峡谷,
少女们已经高高地从心灵边缘,悲泣着
冲了进去,将来为儿子而牺牲。
因为英雄一旦冲过爱的留难,
每个为他而跳的心都会使他出人头地,
这时他转过身来,站在微笑的终点,一改常态。

(1912 年 2—3 月,杜伊诺;1913 年 1—2 月托莱多,龙达;
1913 年晚秋,巴黎;1922 年 2 月 9 日,穆佐)

---

① 未来的手臂,指尚未实现其潜能但将来会长得像参孙的一样粗壮的手臂。
② 参孙是《圣经·旧约》中的大力士,其母在生他之前曾长久不孕。
③ 参孙拉倒托房的柱子,与很多非利士人同归于尽。见《旧约·士师记》第十六章。

第七首

随年龄而消逝的声音,别让、别再让求爱
成为你的叫喊的本性;①虽然你叫得像鸟一样纯
　净,
当升腾的季节将它扬起,几乎忘却
它是个烦恼的动物而不仅是一颗心,
由季节扔向明媚,扔向亲切的天空。不亚于
鸟儿,你也会求爱——,让沉默的女友
体验到你,虽然还看不见,在她心中一个答案
却慢慢苏醒,一面倾听一面温热起来,——
以炽烈的对应感情回报你的大胆的感情。
哦,春天还会懂得——,没有一个角落不回响着
圣母领报节的声音。开始是那微细的

---

① 第一首曾经暗示过,人的职能或使命可能与他的倏忽无常的本性密切相关,可能无非是赋予他所度过的每一瞬间以尽可能最高的意义;但是,由于渴望某种永远令人满足的所有物,某种理想的伴侣,他(指里尔克即人,或指人即里尔克,如诗中所常见)因而分心以致不能具有这项任务所需要的恒久的机警性和感受力。现在他宣称,他已成长到超脱了这种渴望:"随年龄而消逝的声音,别让、别再让求爱成为你的呼喊的本性。"读者不禁想起《致俄耳甫斯十四行》第一部第3首所说,真正的歌"不是争取一种终于会达到的东西",而是生存本身。不是他已再无力追求,而是如果他追求的话,这种追求将变得纯净而与个人无关,以致像一只为升腾的春天所扬起的鸟儿。如果还有欲望可言,这也是一种无所不及的欲望,不限于某个特殊对象,因为它同时是生存幸福的一种预示。

询问式的尖叫,由一个纯洁的肯定的白昼
以不断增大的寂静抑制下去。
然后走上阶梯,走上呼唤的阶梯,到达被梦想的
未来之殿堂——;然后是颤音,喷泉,
它在充满诺言的嬉戏中一落下来便
预示着另一次逼人的喷射……而夏季就在眼前。
不仅是所有的夏晨——,不仅是
它们怎样变成白昼并在开始之前放光。
不仅是围着花卉显得温柔、在上面
围着成形的树木显得强壮有力的白昼。
不仅是这些扩张力量的虔诚,
不仅是道路,不仅是黄昏的草场,
不仅是晚来雷雨过后呼吸到的清新,
不仅是随黄昏而来的睡意和预感……
而且还有夜!还有崇高的夏
夜,还有星星,地球的星星。
哦,将来总会死灭,会无限地认识它们,
所有这些星星:因为怎么,怎么,怎么才忘得了它
　　们!

看哪,我在那儿呼唤过爱者。但不止是她
会来临……从柔弱的坟墓里有少女们
会来临而且站立着……因为,我该怎样、
怎样限制被呼唤过的呼唤?沉没者永远
寻求着陆地。——你们孩子们,一个曾经
在此岸被掌握过的东西抵得上许许多多。

不要认为命运会多于童年的密致内容;①
你们经常怎样赶超被爱者,喘息着,
喘息着,在无缘无故向旷野幸福奔跑一通之后。
眼前生活是壮丽的。② 连你们也知道,少女们,即
　使看来
一无所有的你们在沉没——,你们在城市
最邪恶的街巷里溃烂着,或者公开成为
垃圾。因为每人都有一小时,也许不是
完整的一小时,而是两个片刻之间几乎不可
以时间尺度来测量的刹那,那时她也有
一个生存。一切。充满生存的血管。
不过,我们如此轻易地忘却,我们发笑的邻人
既不向我们证实也不妒忌的一切。我们愿意
把这一切显示出来,既然最显见的幸福只有当我们
在内心将它变形时才能让我们认识它。

---

① "不要认为命运会多于童年的密致内容",意即命运本是童年时代就为人安排就绪的,并非后来才降临到身上的异物。作者在二十年前曾向"青年诗人"写过:"这是必然的——而且我们正将慢慢朝这个方向发展——,没有什么异己的东西会落到我们头上,都不过是早就属于我们的一切。人们一定已经反复思考过那么多运转概念,想必也会慢慢认识到,我们称之为命运的,都是从人身上走出来的,而不是从外面走进去的。只因那许多人当他们的命运生活在他们身上时,一直没有吸收它们,将它们化为己有,所以他们不认识,是什么从他们身上走出来;它对他们是如此陌生,以致他们在仓皇的恐惧中认为,它一定正是现在才进入了他们的体内,因为他们发誓说道,他们从前绝没有在自己身上发现过这样的东西。正如人们长久在太阳的运转上欺骗自己一样,他们也一直在未来事物的运转上欺骗自己。未来是停止不动的,亲爱的卡卜斯先生,我们却运转无限的空间。"(《致青年诗人的十封信》第八封)
② "眼前生活是壮丽的",专家们一致同意,这一句是全篇的主旨所在。前六首一再强调生与死的统一性,强调死不是生的对立面,而是生的尚未被领悟的一方面。但是,不能因此认为,生是不重要的、没有意义的。正当生的价值几乎全部被否定之际,第七首肯定了生的美德,开始对生存进行歌颂。"眼前生活是壮丽的",于是诗人由悲悼转向了赞美。

被爱者啊,除了在内心,世界是不存在的。我们的
生命随着变化而消逝。而且外界越来越小
以致化为乌有。从前有过一座永久房屋的地方,①
横亘着某种臆造的建筑,完全属于
想象的产物,仿佛仍然全部耸立在头脑里。
宽广的力量仓库是由时代精神所建成,像它从万物
提取的紧张冲动一样无形。
他不再知道殿堂。我们更其隐蔽地节省着
心灵的这些糜费。是的,在仍然残存一件、
一件曾经被祈祷、一件被侍奉、被跪拜过的
圣物的地方,它坚持下去,像现在这样,一直达到
　看不见的境界。
许多人不再觉察它了,他们忽略了这样的优越性,
就是可以在内心用圆柱和雕像把它建筑得更加宏
　伟!

世界每一次沉闷的转折都有这样一些人被剥夺继
　承权,
他们既不占有过去,也不占有未来。
因为未来即使近在咫尺,对于人类也很遥远。这一
　点不
应当使我们迷惘;毋宁应当在我们身上加强保持
仍然被认知的形态。这个形态一旦立于人类之间,

---

① 本行起到以下各行,既有对过去文化的见证物(房屋、殿堂)的赞美,也有对眼前刚开始的科技时代的文化批判。这种批判以堰堤建构("横亘着某种臆造的建筑,完全属于想象的产物")和发电设施("紧张压力")为例得以具体化。这种相当拖沓的语言有意回避专门名词,同样见于《致俄耳甫斯十四行》第一部第18、23首和第二部第10首。

它便立于命运那灭绝者之间,立于
不知何所往的事物之间,恰如存在过一样,并将星星
从稳固的天空弯向自身。天使啊,
我还将向你显示这一点,瞧那边! 在你的凝视中
它终于站着被拯救了,最后直立起来。
圆柱,塔门,狮身人面兽①,大教堂耸然而立的
尖塔,倾圮城市或外国城市的灰色尖塔。
这难道不是奇迹? 哦,赞叹吧,天使,因为这就是我们,
是我们,哦你多么伟大,请告诉人们,是我们能够做
　　到这一切,我的呼吸
还短得不足以颂扬。看来我们毕竟没有
贻误空间,这些满足愿望的、这些
属于我们的空间。(它们一定大得可怕,
因为我们几千年的情感也没有填满它们)
但是一座塔楼是大的,不是吗? 哦天使,它是的,——
即使和你相比,它也大吗? 沙特尔教堂②是大的——
　　而音乐
扬得更高,超过了我们。即使只有
一个慕恋着的少女,孤零零在夜窗旁……
她不也来到了你的膝前吗——?
　　　　　　不要认为,我在求爱。
天使啊,即使我向你求爱! 你也不会来。因为我的

---

① "圆柱,塔门,狮身人面兽",系作者埃及之旅(1911)的记忆。参阅第六首第二节及注。
② "大教堂……塔楼……沙特尔教堂"等,暗示作者多次旅行中所积累并多次描写过的经历和印象。这些纪念物在本篇中既充作造型力量的例证,又是科技的摹本。沙特尔系巴黎西南部一城镇,其教堂(建于1194—1240)系哥特式宏伟建筑,有巨型彩色玻璃和石雕。

483

呼喊永远充满离去①；面对如此强大的
潮流你无法迈进。我的呼喊像
一只伸开的手臂。而它向上张开来
去抓抢的手一直张开在
你面前，有如抵挡和警戒，
高高在上，不可理解。

(1922年2月7日，穆佐)

---

① "我的呼喊永远充满离去"，这一句和这一节充满矛盾的感情。

第八首

献给鲁道尔夫·卡斯奈尔①

生物睁大眼睛注视着
空旷。只有我们的眼睛
仿佛倒过来,将它团团围住
有如陷阱,围住它自由的出口。
外面所有的一切,我们只有从动物的
脸上才知道;因为我们把幼儿
翻来转去,迫使它向后凝视
形态,而不是在动物脸上显得

---

① 鲁道尔夫·卡斯奈尔(1873—1959),奥地利哲学家,约自一九〇七年起与里尔克建交。在卡斯奈尔的哲学思想中,最基本的是"回归"(Umkehr)观念:模范的现代人应当从圣父、数或量、同一性、中断、幻术、机会、幸福等等几乎纯外在的、有限的、静止的"空间世界""回归"为圣子、质、个性、继续和韵律、秩序和系统、自由、牺牲等等更其内在的、更富于精神性的、无限的、活动的"时间世界"。他这样写道:"归根到底,回归意味着,我们并不在任何同一性上构建世界,无论我们把这个同一性称之为意志、上帝、物自体、持续性、原始细胞或其他什么。回归因此就是一个无限世界、一个活动世界的中心。不管是谁,只要他在灵魂中反抗或震撼某一同一性,只要他在灵魂中反抗机会或者反抗通过机会进入生存,他就是一个回归者或者觉得有回归之必要。他就真正在活动中。"因此,卡斯奈尔认为,里尔克是一个未回归者,属于"空间世界"、圣父的世界;本篇所悲悼的限制和矛盾,乃是时间世界即圣子、个性、自由、苦难和牺牲的世界中的必要生活条件,而里尔克对于"空旷"的渴望,则是一种返祖现象。

如此深邃的空旷。① 免于死亡。
只有我们看得见死；自由的动物
身后总是毁灭而
身前则是上帝,当它行走时它走
进了永恒,有如奔流的泉水。
我们前面从没有,一天也没有,
纯粹的空间,其中有花朵
无尽地开放着。永远有世界却
从没有不带"不"字的无何有之乡：
人们所呼吸的、尽管无限地知悉却并不渴望的
那纯净的、未经监视的气氛。一个人在童年
曾经悄然迷失于这种气氛并被
震醒过来。或者另一个人死了,也是这个样子。
因为人接近死亡便再也见不着死亡

---

① "空旷"这个概念可能来源于一度属于"格奥尔格小圈子"的阿尔弗雷德·舒勒,他曾经在批判资产阶级生活方式时说过："生活必须是空旷的。"里尔克与舒勒有私交,但他的观点并不是舒勒这个命题的简单重复。在里尔克看来,"空旷生活"的标志是：充实、满足的感觉,瞬间的逗留,瞬间的永恒化,时间的停顿,对绝对存在的感觉……前一首《哀歌》所强烈表示的歌颂,在本篇中又一次为悲悼所打断。作者曾经悲悼过人性中某些基本弱点,如人生倏忽无常,我们不能把它作为条件来接受,我们心烦意乱、半心半意,我们害怕死亡等等；同时,他还暗示过,这些弱点并非不可克服的。现在,作者在本篇中坚持认为,还有一个更基本的弱点或限制,即在几乎所有意识中都有一种哲学家所谓的主客体之分,而我们往往把存在或生存意识为一个客体,或某种有别于我们本身的事物,这就妨碍我们使自己和它同一起来,获得一个纯存在或纯生存的条件。被感知为非我事物的存在或生存,里尔克称之为"世界",并以之与他所谓的"空旷"、"不带'不'字的无何有之乡"相对照。在这"空旷"的世界,没有时间,没有过去和未来,没有目的,没有限制,没有隔离,也没有死亡作为生命的对立面。儿童有时能进入这种无时间的存在状态,但总是又被推了回来；爱者们接近了它,但又为爱侣的介入所分心；甚至动物也因记起子宫中更亲密的生活更忧伤,它们似乎正在凝视并移向那个空旷,我们却总是凝视着并从那儿移开了。在那些瞬间,主客体之分已被超越,自我的屏障全部被破坏,可这样的瞬间很少,很稀罕,而且如白驹过隙：它们向我们显示了我们真正的家,可我们却像即将离去的旅客一样,永远在告别中。

却向外凝视着,也许用巨大的兽眼。
爱者们,如果不是有另一个
挡住视线,就会接近它并且惊讶……
仿佛由于他们的疏忽它才显现
在另一个的身后……但没有人
能超越他,于是世界又向他回来。
永远面对创造,我们在它上面
只看见为我们弄暗了的
广阔天地的反映。或者一头哑默的动物
仰望着,安静地把我们一再看穿。
这就叫作命运:面对面,
舍此无它,永远面对面。

从另一方向朝我们走来的
那真实动物身上如有
我们这样的意识,它便会拖着我们
跟随它东奔西走。但它的存在对于它
是无尽的,未被理解的,无视
于它的景况,纯洁无瑕有如它的眺望。[①]
我们在哪儿看见未来,它就在那儿看见一切
并在一切中看见自身,并且永远康复。

但是在因戒备而发热的动物身上

[①] 据专家研究,里尔克的这些说法并不仅仅是一个远离尘嚣的诗人的沉思默想,而是具有充分的现实性,是非常清醒地观察自然的结果。如果我们毫无成见地盯视着任何动物(如一只狗,或马,或鸟)的眼睛,我们将会发现,它们的目光简直不碰我们的目光;每个动物即使在望我们的时候,它们的目光也并不停留在我们身上,而是望过了我们,望穿了我们,望进了不可测的距离,望进了空旷,望进了纯空间;这种目光或眺望正是整个动物生存的表现,这种生存正如诗人所说,"是无尽的,未被理解的"。

是巨大忧郁的重量与惊惶。①
因为经常制服我们的一切也
永远附着在它身上——那是一种回忆，
仿佛追求的东西一下子变得
更近了更真切了，无限温柔地
贴近我们。这里一切是距离，
那里曾经是呼吸。同第一故乡相比
第二故乡对他显得不伦不类而又朝不保夕。
哦永远留在将它足月分娩的子宫里的
渺小的生物是多么幸福啊；②
哦即使在婚礼上仍然在体内跳跃不停
的蚊蚋是多么欣悦啊：因为子宫就是一切。
请看鸟雀的半信半疑吧，
它几乎从它的出身知道了二者，
仿佛它是一个伊特卢利阿人的灵魂，
从一个以长眠姿势为椁盖
封入一个空间的死者身上飘逸出来。③

---

① 据研究，这些说法也可以为现实所确证。如果我们细致观察任何动物，如一匹鹿或马，或者凝视丛林猛兽的图片，我们很快会知道，没有什么比一个动物、任何动物的面部更其忧郁的了。这种显而易见的先验的忧郁正是里尔克在这几行诗中所意味的。

② 作者在一九一八年致女友露·安德烈亚斯－莎乐美的信中区别了在母胎中成长起来的生物和其他仿佛把外界作为母胎从中长大的生物。"……大量从外露的种子产生的生物，都有这种宽阔的、激动人心的空旷作为母胎，——它们一定终生在这里面感到逍遥自在！它们什么也不做，只是像一个小施洗者约翰，在母亲的子宫里欢喜得跳跃起来；因为这同一空间既孕育了它们，也抚养了它们，它们决不会感到不安全。"

③ 伊特卢利阿为意大利中部古国，公元前七世纪为其鼎盛期，公元前三世纪为罗马人所灭，其美术成就多见于雕像、陶器、墓饰等古迹。伊特卢利阿人在石椁四壁把灵魂绘成一只鸟，既可说它从肉体逃走，又可说它被排除于体外，恰如鸟雏之于鸟卵。正是这种被排除的感觉使灵魂像鸟雀一样"半信半疑"。

一个从子宫诞生却又必须飞翔的
生物是何等狼狈啊。它仿佛恐惧
本身,痉挛穿空而过,宛如一道裂缝
穿过茶杯。蝙蝠的行踪就这样
划破了黄昏的瓷器。

而我们:凝望者,永远,到处,
转向一切,却从不望开去!
它充盈着我们。我们整顿它。它崩溃了。
我们重新整顿它,自己也崩溃了。

谁曾这样旋转过我们,以致我们
不论做什么,都保留
一个离去者的风度?正如他在
再一次让他看见他的整个山谷的
最后山丘上转过身来,停顿着,流连着——,
我们就这样生活着并不断告别。

(1922年2月7—8日,穆佐)

第九首

如果可以像月桂①一样匆匆度过
这一生,为什么要比周围一切绿色
更深暗一些,每片叶子的边缘
还有小小波浪(有如一阵风的微笑)——:为什么
一定要有人性——而且既然躲避命运,
又渴求命运?……
　　　　　　哦,不是因为存在着幸福,
那眼前损失的仓卒利益。

---

① 前一首《哀歌》曾经悲悼人性的矛盾和人的命运的暗淡。本篇继续抒发这种悲悼,开头部可能写于杜伊诺堡。可以想象,诗人凝视该堡花园里的月桂,想起希腊神话里达佛涅为阿波罗所袭乃化身月桂而遁的故事,不禁油然感叹生存如树可能比人的命运更值得庆幸。他在这里问道,既然让我自己选择,为什么我仍然非和人的命运联系在一起不可呢?(虽然本文直到第十行没有出现代名词,后来的"我们"实际上是指"我"。)这个问题已在第一首《哀歌》中得到回答:"这一切就是使命。"原来我们虽然是有限的,短暂的,却永远意识到反面,意识到非我的某物:从一方面看,是值得悲悼的限制;从另方面看,是值得欢欣的条件。只有经过对一系列像我们一样的短暂生命的有限意识,可见世界才能被重造为一个不可见世界,"外在"才能被"提升到绝对境界"。所以人生无常将不再作为限制为人所哀,反之作为条件而被欣然接受:否定将为肯定所克服,肯定则为其所克服的一切所增强。于是,第一首《哀歌》中提出的一个问题:"哎,还有谁我们能加以利用?"在这里得到了答案:没有人;但有种种力量,如果我们屈从它们,我们就能为它们所用。总的说来,《哀歌》的主题是悲悼,而《致俄耳甫斯十四行》的主题是颂扬;唯独第九首《哀歌》最接近《十四行》的主题。"月桂"在这里不过是一个颂扬的象喻,对之寻求更神秘的象征意义,似无此必要。

不是出于好奇,或者为了心灵的阅历
那是在月桂身上也可能有的……
而是因为身在此时此地就很了不起,因为
此时此地,这倏忽即逝的一切,奇怪地
与我们相关的一切,似乎需要我们。我们,这最易
　　消逝的。每件事物
只有一次,仅仅一次。一次而已,再没有了。我们也
只有一次。永不再有。但像这样
曾经有过一次,即使只有一次:
曾经来过尘世,似乎是无可挽回的。

于是我们熙来攘往,试图实行它。
试图将它包容在我们简朴的双手中,
在日益充盈的目光中,在无言的心中。
试图成为它。把它交给谁呢?宁愿
永远保持一切……哎,到另一个关系中去,——
悲哉,又能带去什么呢?不是此时此地慢慢
学会的观照,不是此时此地发生的一切。什么也
　　不是。
那么,是痛苦。那么,首先是处境艰困,
那么,是爱的长久经验,——那么,是
纯粹不可言说的事物。但是后来,
在星辰下面,又该是什么:它们可是更不可言说的。
可漫游者从山边的斜坡上也并没有
带一把土,人人认为不可言说的土,到山谷里来,
　　而是
一句争取到的话,纯洁的话,黄色的和蓝色的
龙胆。我们也许在此时此地,是为了说:房屋,

491

桥,井,门,罐,果树,窗户,——
充其量:圆柱,塔楼……但要知道,是为了说,
哦为了这样说,犹如事物本身从没有
热切希望存在一样。这片缄默大地之
秘密的诡计,如果它促使相爱者成双成对,
不正是让每一个和每一个在他们的感情中狂喜吗?
门坎:对于两个
相爱者又算得什么,他们会把自己更古老的
门坎一点点踏破,在许多前人之后
在许多来人之前……轻而易举。

此地是可言说者的时间,此地是它的故乡。
说吧承认吧。可以经历的
事物日益消逝,而对它们取而
代之的,则是一桩没有形象的行为。
是表皮下面的行为,一旦举动从内部生长出来
并呈现不同的轮廓,表皮便随时欣然粉碎。
在铁锤之间存在着
我们的心,正如舌头
在牙齿之间,虽然如此,
它仍然继续颂扬。

向天使颂扬世界,不是那不可言说者,你不可能
向他夸耀所感觉到的荣华;在宇宙中,
你更其敏感地感到,你是一个生手。那么让他看看
简单事物,它由一代一代所形成,
作为我们一部分而活在手边和目光中。
向他说说这些事物。他将惊诧不已地站着;恰如你

站在罗马制绳工人或者尼罗河畔制陶工人身旁。①
让他看看一件事物可能多么幸福,多么无辜而又属
　　于我们,
甚至悲叹的忧伤又如何仅只决定形式,
作为一件事物而服务,或者死去成为一件事物,
　　——到极乐
彼岸去躲避提琴。而这些,靠死亡
为生的事物懂得,你在赞美它们;它们空幻无常,
却把最空幻的我们信赖为救星。
希望我们在看不见的心里把它们完全变
成——哦无穷无尽地——我们自己!不管我们到底
　　是谁。

大地,不就是你所希求的吗:看不见地
在我们体内升起?——这不就是你的梦,
一旦变得看不见?大地!看不见!
如果不是变形,你紧迫的命令又是什么呢?
大地,亲爱的,我要你。哦请相信,为了让你赢得我,
已不再需要你的春天,一个春天,
哎哎,仅仅一个就使血液受不了。
我无话可说地听命于你,从远古以来。
你永远是对的,而你神圣的狂想
就是知心的死亡。
看哪,我活着。靠什么?童年和未来都没有
越变越少……额外的生存②

---

① 提及这些前工业社会的职业,证明里尔克一贯的文化悲观主义。
② "额外的"(überzählig)在此处不能按常义("过剩的""多余的")解释,而有"非数所能及""永久的""无限的"等义。

在我的心头漫溢开来。

(1912年3月,杜伊诺;
1922年2月9日,穆佐)

第十首

愿有朝一日①我在严酷审察的终结处
欢呼着颂扬着首肯的天使们。
愿敲得脆响的心之槌没有一支
不是落在柔和的、怀疑的或者
急速的琴弦上。愿我的潸然泪下的颜面
使我容光焕发；愿不引人注目的哭泣
辉耀起来。哦我亲爱的夜夜，那时你们怎么变得
忧心忡忡。愿我没有更卑屈地跪着，无可慰藉的
　姊妹，
来接纳你们，没有更松散地屈从于
你们松散的头发。我们，挥霍悲痛的人。
我们怎样努力看透那凄惨的时限，试图预见
悲痛是否会结束。可它们竟是
我们用以过冬的叶簇②，我们浓暗的常春花，

---

① 前一首《哀歌》已将人生的倏忽无常作为人对于"整体"的特殊功能和行动的条件加以接受并加以颂扬。在本篇即最后一首《哀歌》中，作者试图进行最艰难的肯定，即对普遍的忧伤和苦难的肯定；头几行作为全篇的提纲，颂扬了苦难的最后胜利，或者毋宁说颂扬了对于苦难性质的洞察力的最后胜利。第一首《哀歌》曾经暗示过，对夭亡者的命运的思考，有助于我们直觉到生与死的统一，直觉到忧与乐的互补性——这个题旨在本篇中得到进一步的发挥。

② "用以过冬的叶簇"，即对人不可须臾或离的叶簇。

隐秘岁月的时序之一——,不仅是
时序——,还是地点,居留地,营房,土地,寓所。

然而,悲哉,苦难之城①的街巷是何等陌生,
在那虚假的、由于小声为大声淹没而形成的
寂静中,有镀金的喧哗,爆裂的纪念碑,
从铸模空处的铸型②中虚张声势而出。
哦,一个天使怎样不留痕迹地践踏着他们的抚慰
　　市场③,
市场旁边有现成买到的教堂:干净,
封闭,失望,有如星期日的邮局。
但是外面,年市的边缘不断泛着涟漪。
自由的摆荡! 热情的潜水人和魔术师!
以及俗艳幸福的人形射击场,那儿
靶子来回摆动发出白铁皮的声响,
如果一个更伶俐者射中了它。被喝采声弄昏了
　　头,
他蹒跚前行;因为货摊在击鼓怪叫,
招徕每个好奇的人。但是对于成年人,

---

① 作者以"苦难之城"这个象喻搜集了并讽刺了那种半心半意的生活最使他厌恶的一切,那是一种只是没有死亡而已、没有任何神秘或不可解事物的半生活,它只是由传统宗教来提供慰藉,它的活动就是追求幸福和赚钱,凭借精神恍惚来排除恐怖和神秘,它把苦难只视为不幸的事件。作者拿这种半生活、这种封闭的局限的"苦难之城"来同宽广的"苦难国土"相对照,那片"国土"意味着死亡,或者包括生与死在内的伟大的统一,在那儿才可理解忧郁的真正意义,在那儿才可不凭借恍惚而永远逃避现实,却凭借痛苦获致的洞察力而永远在现实中前进,在那儿才可最终发现"喜悦之泉"。
② 铸模空处的铸型,不是指空洞无物,而是指"苦城之城"的虚假内容。
③ 抚慰市场,指当前流行的传统宗教,它们只为信徒们提供对于死亡的抚慰和粉饰,而不鼓励他们与死亡相和解以致融洽。

特别值得一看的是,金钱如何繁殖,按照解剖学方
　　式,
不仅仅是为了娱乐:金钱的生殖器,
一切,整个,全过程——,颇有启发,而且
保证丰饶············
　　　　　　　······哦,可是就在外面,
在最后的板壁后面,贴着"不朽者"的广告,
就是那种苦味的啤酒,只要饮者同时咀嚼出
新鲜的乐趣,它就会对他显出甜味来······,
而在板壁的背面,就在它们后面,一切都是真实的。
孩子们在游戏,情人们拥抱着,——在旁边,
诚挚地,在稀疏的草地上,还有狗群在撒欢。
青年人被招引得更远;也许他爱上了一个年轻的
悲伤①······他跟着她来到了牧场。她说:
远得很。我们住在外面,那一边······。
　　　　　　　　　　　　哪儿?于是青年人
跟随着。他为她的风度所动。肩膀,颈项——,也许
她出身于名门望族。但他离开了她,转过身来,
回首,点头······又有什么意思?她是一个悲伤。

只有年轻的死者,在永恒宁静的、
断绝尘缘②的最初状态中,
爱慕地追随着她。她等待
少女们,并和她们交朋友。轻轻向她们展示
她穿戴些什么。痛苦的珍珠和忍耐的

---

① 悲伤,一种寓意性的人格化,指苦难景色的导游者。
② 断绝尘缘,参阅第一首《哀歌》中"说也奇怪,不再希望自己的希望"等句。

细面纱。——她跟青年人一起走了
沉默地。

可是在她们所居住的那边,在山谷里,一个较老的
　悲伤
眷顾着青年人,当他发问时:——她便说,我们曾是
一个大家族,我们是悲伤。父辈们
在大山那边经营着采矿;在人们中间
你有时会发现一块精致的原始哀愁
或者,从古老的火山发现含矿渣的石化的愤怒。
是的,它是从那里来的。我们一度很富有。

于是她轻盈地将他引过悲伤的宽广景色,
向他指示庙堂的圆柱或者那些城堡的
废墟,当年悲伤王侯曾从那里贤明地
统治过国土。向他指示高大的
泪之树和盛开忧愁之花的田野,
(活人把它们只认作温柔的簌叶);
向他指示正在吃草的悲哀的动物,①——有时候
一只鸟惊恐地飞走了,笔直飞过它们仰望的视野,
远处是它的孤独叫喊的文字形象。②——
晚间她将他引向悲伤家族长辈们的
坟墓,引向神巫们和先知们。

---

① 本行以下的形象描写主要来自作者一九一〇至一九一一年冬季埃及之行的回忆和他对埃及学的研究。
② 里尔克一九一九年发表过一篇文章,题名为《原始声音》,发挥了这样一个观点,即诗人应当尽可能利用五官来理解每一种事物,而不能仅只满足于视觉;换言之,一个永恒不变的"内容"是可以通过各种不同的"形式"来理解,例如人们可以听到一种"刺耳"的红色,一种"尖叫"的绿色,或者一种管弦乐式的"颜色",尝到一个曲调是"甜蜜"的或"腻人"的,等等。因此,这里"孤独叫喊"可以有"文字形象"。

可夜临近了,她们更轻柔地徘徊着,不久
月亮上升了,那警戒着一切的
墓碑浮现出来。对尼罗河畔那一个,
那个巍峨的斯芬克斯——:缄默斗室的
面容亲如兄弟。
于是他们惊愕于加冕的头颅,它永远
沉默地将人脸置于
星斗的天平之上。

他的目光,由于早夭而眩晕,
竟看不见它。但她的凝视
从双冠①边缘后面出现,吓走了枭鸟。而枭鸟
以缓慢的下滑姿势沿着脸颊掠过,
那具有最成熟弧形的脸颊,
在翻开的复页上,以新的
死者听觉微弱地描绘着
不可言述的轮廓。

而更高处是星群。新的星群。苦难国土的星群。②
她缓慢地称呼它们:"这里,
看哪,看骑士,手杖,而更完满的星象③

---

① 双冠,指埃及狮身人面兽和所有统一上下埃及的统治者所戴的复式皇冠,他们自称南北双王。作者为了暗示死者的扩大的意识,使青年人能够看见枭鸟的叫声,并利用"沿着脸颊掠过"的枭鸟的无声飞翔,听见斯芬克斯的脸颊轮廓。参阅前注。
② "星群"是"新的",是说它们只存在于诗篇中的寓意性的景色。"苦难国土",参阅前注。
③ 参阅《致俄耳甫斯十四行》第一部第 11 首,其中以一匹马象征人生,以"骑兵"象征利用和驾驭这匹马的看不见的力量。据专家们研究,"手杖"和"果实冠冕"象征生活的艰辛与沉重;"摇篮"象征生与死;"道路"经常被寻找,却很少找到,或根本找不到,系指人生的道路;"燃烧的书"象征启示;"玩偶"意味着准备儿童去过真正的生活(参阅第四首《哀歌》中"世界和玩具之间的空隙"及注);"窗户"象征渴望与期待,失望与离别(参阅第二首《哀歌》中"窗前的眷恋")。

499

他们称之为:果实冠冕。然后,更远处,靠近极地:
是摇篮,道路,燃烧的书,玩偶,窗户。
但在南方的天空,纯净得如在一只被祝福的
手掌中,是光辉灿烂的 M.①
它意味着母亲们……"

但死者必须前行,更古老的悲伤沉默地
将他一直带到浴照在
月光中的峡谷:
那喜悦之泉。她充满敬畏地
称呼它,说道:"在人们中间
它是一条运载的河流。"

站在山脚下。
于是她拥抱着他,哭泣起来。

他孤单地爬上去,爬到原始苦难之山。
而他的步伐一次也没有从无声的命运发出回响。

但是,如果她在我们、无尽的死者身上唤醒一个比
　喻,
那么请看,她或许是指空榛树上
下垂的柔荑花,或许意味着
早春时节落在幽暗土壤上的雨水。——

而我们,思考着

---

① M.,即德语的 Mutter(母亲)。

上升的幸运①,会感受到
当一个幸运降临时
几乎使我们手足无措的情绪。

(1912年初,杜伊诺;
1913年晚秋至年末,巴黎;
1922年2月11日,穆佐)

---

① "上升的幸运",系由前二段"他孤单地爬上去"一句而来。这是指死者的幸运,它是被动的,在于对普遍规律的全盘服从,在于让自己坠入存在的深渊,坠入我们生者永远转身而避的"空旷",参阅第四首和第八首有关注释。

致俄耳甫斯十四行

里尔克诗选

〔说明〕被世界大战困扰追逐多时之后,里尔克于一九二一年夏天躲进了瑞士瓦莱州一座初建于十三世纪的穆佐古堡。同年冬天,他在这与世隔绝的环境读到了维拉·乌卡玛·克诺普的噩耗,由此被激发了沉睡一段时间的创作力。维拉·乌卡玛是慕尼黑一个刚满十九岁的舞女,和里尔克曾经不过是萍水相逢,但却在他心中留下了奇异而多变的印象——他为她在短短三星期内写出了两部相连的组诗,即《致俄耳甫斯十四行》第一部和第二部,附题献"作为维拉·乌卡玛·克诺普的墓碑而写"等字样。俄耳甫斯是希腊神话中一位音乐家,相传他的音律之美妙足以感动禽兽木石,曾下降地府引领其亡妻欧律狄刻还阳,因违犯禁令(不得在黄泉路上回顾其亡妻的阴魂)而失败,参阅《俄耳甫斯·欧律狄刻·赫耳墨斯》(《新诗集》)。里尔克在这两部组诗中,利用神圣歌手俄耳甫斯的神话,显然把维拉·乌卡玛当作欧律狄刻,来寄托他的幽深的渴慕和浩渺的情操。这两部组诗形式上近乎安魂曲,实则同生命、特别是同诗与艺术在生命中的作用相关,表明了作者坚定的信念:即使在横暴的机器工业时代,诗也有力量拯救被威胁的价值。它们都写于一九二二年二月,被传记家们称之为"里尔克的 mensis mirabilis(神奇的月份)":第一部(共26首)写于二月二日至五日;接着写了五首《杜伊诺哀歌》,把这另一部著名组诗(共十首)全部完成;第二部《十四行》(共29首)写于二月二日至二十日。写作速度之快,真可谓落笔成章,倚马可待,不过同时也证明这些字字珠玑的诗句早已在作者的下意识中酝酿成熟罢了。《致俄耳甫斯十四行》如

505

题所示，每首力求像俄耳甫斯的笛声一样，达到和谐悦耳，宁静宜人，贯穿着一种欢快的肯定或肯定的欢快，恰与《杜伊诺哀歌》的不妥协的、挑战性的宏传气势形成对照，更可以说相辅相成，共同反映了作者整个的精神风貌。作者在这两部作品中以不同的形式赞美实存的倏忽性，或在其倏忽性中赞美实存，颂扬了生与死的同一；他一贯歌颂原始的、自然的事物，批判科技的、文明的现代生活，一贯重视爱的苦难和艺术家气质，一贯热爱终必消逝的世界，只在"歌颂的领域"才承认悲悼：这些永恒的主题思想在这里得到鲜明而集中的表现。完成了这两部杰作，里尔克觉得自己已还清对诗神所欠的宿债，此后写得不多，四年后便因白血病去世了。

——译者

第一部

（共 26 首）

1

那儿立着一棵树。哦纯粹的超脱！
哦俄耳甫斯在歌唱！① 哦耳朵里的大树！
于是一切沉默下来。但即使沉默
其中仍有新的发端、暗示和变化现出。

寂静的动物，来自兽窟和鸟巢，
被引出了明亮的无拘束的丛林；
原来它们不是由于机伶
不是由于恐惧使自己如此轻悄，

而是由于倾听。② 咆哮，呼喊，叫唤

---

① 一九二二年二月，里尔克漫步瓦莱街头，在橱窗见到威尼斯画家齐玛·达·柯奈利亚诺一九一八年的一幅俄耳甫斯吹笛的素描，周围有动物在倾听。诗人观而有感，把美妙的笛声比作一株有生命的"大树"。
② 诗人从前曾从大师罗丹学习过观看，此刻他更认识到"倾听"是一条通向伟大的道路，然而也是一种稀罕的天赋。

在它们心中渺不足道。那里几乎没有
一间茅屋曾把这些领受,

却从最模糊的欲望找到一个逋逃薮,
有一个进口,它的方柱在颤抖,——
那儿你为它们在听觉里造出了伽蓝。①

(1922年2月2-5日,穆佐,下同)

---

① 从末句可以领悟到,倾听的能力从根本上说是神所赐予的。因为在俄耳甫斯来临之前,禽兽的听觉只是一个"逋逃薮",可以躲避真实的或想象的危险;这时即使有了歌声或笛声,但单凭倾听的愿望,还听不见的;只有等他来临,为它们的听觉"造出了一个伽蓝",它们才听得见他的歌。这就是说,倾听的能力和歌声都是俄耳甫斯的创造。

2

它几乎是个少女①,从竖琴与歌唱
这和谐的幸福中走出来
通过春之面纱闪现了光彩
并在我的耳中为自己造出一张床。

于是睡在我体内。于是一切是她的睡眠。
那永远令我激赏的树林,
那可感觉的远方,被感觉的草坪
以及落在我自身的每一次惊羡。

她身上睡着这世界②。歌唱的神,你何如
使她尽善尽美,以致她不愿
首先醒来?看哪,她起身而又睡熟。

她将在何处亡故?哦你可听得出
这个乐旨,就在你的歌声消歇之前?
她从我体内向何处沉没?……几乎是个少女……

---

① 诗人把音乐比作一个"少女",由此而与维拉·乌卡玛·克诺普的形象合而为一。她十七岁患不治之症,于是放弃舞蹈,改学音乐,后又因病改学绘画。在诗人笔下,她的形象不是缥缈的,而是实在的。她在死前学会"倾听",因而得以进入他的生命("于是她睡在我体内")。
② 本句与第二段第一行相同,意即她的死亡涵盖了世间美好的一切。诗人继续以矛盾的意象描述自己的感受:她尽善尽美而又不能醒来,她站起来而又熟睡着,仿佛欧律狄刻只在阴间才能生存,仿佛真实的存在不可能获得。

3

神才做得到①。但请告诉我
人怎能通过狭窄的竖琴跟他走?
他的感官是分裂的。在两条心路
的交叉处没有建庙为阿波罗②。

正如你教导他,歌唱不是欲望,
不是争取一件终于会得到的东西;
歌唱就是存在③。对于神倒很容易。
但吾人何时存在?而他何时又将

地球和星辰转向吾人的生息?
青年人,它可不是你的爱情,即令
歌声从你的嘴里喷发出来,——学习

忘记你高唱过,它已流逝一空。
在真实中歌唱,是另一种气音。
一种有若无的气音。神身上一缕吹拂。一阵风。

---

① 指倾听和学会倾听。
② 古希腊人常在岔路口建有小型阿波罗庙,供迷途者占卜去向。但如心迷途了,是没有这种庙的。
③ 真正的歌唱不为任何目的,如行善、获救、当诗人、追求异性等。即使青年人为爱情而歌,亦将"流逝一空"。真正的歌唱就是存在本身,见末段。这个观点基于里尔克的美学核心,即艺术与生活(=爱情)不能两全。音乐家俄耳甫斯的艺术取决于他对逝去情人的爱,而诗人里尔克则认为,对义务保持距离,才是艺术家之为艺术家的前提。

4

哦你们①温柔的,请不时走进
并非为你们所持的呼吸,
让它因你的两颊所分离,
在你身后战栗着,重新合而为一。

哦你们幸福的,哦你们神圣的,
你们似乎是心之滥觞。
矢之弓与矢之的,
你的微笑哭泣着永远闪光。

别怕受苦,虽然沉重,
且把它交还大地去负载;
须知山也重,海也重。

即使是你们儿时所栽,那些树木
也久已太重;你们背不起它们来。
但是微风……但是太空……②

---

① 你们,可解作一般情侣。他们在精神上与下地府寻找欧律狄刻的俄耳甫斯未必相通,故诗人呼唤他们"走进并非为你们所持的呼吸",要作"心之滥觞",既当"矢之弓"又当"矢之的",要准备"受苦","别怕受苦"。里尔克的友人鲁道夫·卡斯奈尔告诉他,"从热忱到伟大的道路要经过牺牲",这句话使他久久不能释怀。
② 但是背得起微风,背得起太空。这部组诗虽然采用传统的十四行,但在韵律、长短等方面进行过若干大胆而成功的尝试,这一首即是一例。此外,作者在创作过程中往往不仅宣布一个感觉,且着重围绕这个感觉进行思维,以求达到事物的深处。

5

不竖任何纪念碑。且让玫瑰
每年为他开一回。
因为这就是俄耳甫斯。他变形而为
这个和那个。我们不应为

别的名称而操心。他一度而永远
就是俄耳甫斯,如果他歌唱。他来了又走。
如果他时或比玫瑰花瓣
多活一两天,又岂非太久?①

哦他必须怎样消逝才使你领略!
即使他本人也担忧他活不长久。
由于他的语句已把当今超越,

你还没有前往的地方他已身临。
竖琴的弦格并未绊住他的手。
他一面逾越一面顺应。

---

① 人人都可以成为俄耳甫斯,只要他懂得真正的歌唱。但真正的歌唱就是存在本身,这一点必须像俄耳甫斯一样死去才能懂得。真正的存在不在于时间,不一定比玫瑰花瓣活得更久。本篇是将俄耳甫斯作为有限事物和过去事物的歌者加以称颂,他并不把终极的现实强加于人,而只随着短暂现象匆匆而逝。

6

他是今世人吗？不，从两界
长成了他宽广的天性。
善于折弯柳条唯有识者，
他熟谙杨柳的根①。

你上床的时候，别在桌上留下
面包和牛奶；那将召引亡人——。
但是他，调遣鬼魂的巫术家，
在眼帘的温柔垂顾之下却可能

将他们的幽灵搀入一切被观看的实物；
而延胡索与芸香的咒语②
对它是如此真实而又明显相关。

没有什么能损坏生效的形象；
不论来自坟墓还是来自住房，
让它去夸耀戒指，别针和水罐③。

---

① 他，仍指俄耳甫斯。他下降地府，到达了灵魂的阴暗面，才具有真正歌唱的基础。除非通过中介或想象进入亡人的世界，经验到这个阴暗面，否则诗人的歌唱将是无意义的。柳条和柳根是幽明两界的象征。这些意象和象征都是按照俄耳甫斯的故事，并结合对维拉·乌卡玛的怀念而生发的。
② 延胡索和芸香据说有召引亡人的魔力。
③ 不必去招引亡人，他们就在你的眼帘的温柔垂顾之下。那些下降地府的人将歌颂使生者和死者得以团聚的物事如戒指、别针和水罐等。如果那些物事未被掺入死者的幻象，它们及其歌颂也都是无意义的。本篇是将俄耳甫斯作为生与死的歌者，即生存之统一的歌者加以称颂。

7

赞美吧,这就是一切!他是个注定
从事赞美的人,有如矿苗出自岩石
之沉默。他的心,哦一种为人无尽
流送葡萄酒的暂短的压榨器①。

灰尘里的声音对他从未失效,
当他感动于神圣的榜样。
一切变成葡萄园,一切变成葡萄,
成熟于他多情的南方。

帝王陵寝里的霉腐
不会谴责他的赞美讹误,
也不会说诸神投下了阴影。

他是一名仆役留了下来,
便把亡人的门扉大开
托盘装着水果向他们致敬②。

---

① 在景慕与怀念的感情支配下,诗人认为赞美是他唯一伟大的艺术使命。"矿苗"暗示由此铸出的钟,并以"发声的矿苗"而与沉默相对照。
② 据说这两节描写考古学家掘墓的情况:帝王后妃及其仆役、马匹都躺在尘土里,附近还发现一些盛水果的银器皿。诗人认为这是最值得赞美的奇异景象。

8

哀悼,那哭泣之泉的仙女,
只可在赞美的空间①移行,
她将我们的沉淀守护,
好让泉水在同一块山岩显得清明,

上面还是栅门和祭坛。——
看哪,围绕她宁静的双肩出现
一个感觉,她是最幼小的一员
在心情三姊妹中间。

欢悦懂事,渴望在忏悔,——
唯有哀悼还在学习;她以少女的纤手
成夜数着那古老的邪魔②。

但突然间,她还倾斜而笨拙地
举起我们声音的一个星座
在那未被她的呼吸所模糊的天际。

---

① 由于"赞美就是一切",诗人认为"哀悼"是不能入诗的,除非诗中预先存在着"赞美"。虽然如此,诗人在赞美之余仍不能不为死者哀悼,因为哀悼实际上也是一种赞美形式。
② 据诗人想象,欢悦、渴望和哀悼是三个姊妹型的情绪,即均由赞美产生。不过,我们已从欢悦学得够多,渴望则在忏悔它的错误,"唯有哀悼还在学习"——学习观看,学习倾听,学习歌唱,学习赞美。

9

只有在九泉之下
也举起了竖琴的那人,
才能摸索着报答
那无尽的美称。

只有和死者一起
吃过他们的罂粟的那人,
才不会重新丧失
那最轻微的声音。

即使池中倒影
常在我们眼前模糊:
也要认识这个映像。

正是在这双重灵境①
声音才显示出
恒久而慈祥。

---

① 正是像俄耳甫斯一样往返于幽明之间。

10

你从未离开过我的情感,
我向你致敬,你古代的石椁,
为罗马时代的欢悦山泉
如一首行吟歌曲似的流过①。

或者另一些洞开的古墓,有如
一个快活睡醒的牧童
的眼睛(里面为宁静与荨麻气息所充注),
陶醉的蝴蝶正从其中翩翩飞出②;

向人们不再怀疑的许许多多,
我致敬,那许多再度张开的嘴唇,
它们已经知道,沉默意味着什么。

我们可知道,朋友,还是不?
生死二者构成踌躇的时辰
标志在人类的面部③。

---

① 古代希腊罗马石椁的原文为 Sarkophage,意即"肉体的吞噬者",引起诗人的遐思。到中世纪,意大利农民把石椁两端凿通,连成一片,作灌渠用。诗人由此再次把水和哀悼联系起来。参阅《罗马石椁》(见《新诗集》)。
② 据作者自注,第二节是写法国阿尔勒地方著名阿里康古墓的开掘情况,他亲见有蝴蝶从中飞出,并在《布里格笔记》提及此事。
③ 即使借助于倾听,得以往返于阴阳两界,我们仍可能不知沉默为何物。

11

且看天。难道没有星座叫"骑兵"①?
既然这一座稀罕地使我们铭记:
这凭借大地的骄傲。而第二座星,
则推动它把持它并由它托起。

生存的这种刚健性质
不就是这样,被追逐而又被制抑?
道路和弯转。触一下确让人得知。
新的距离。而两者是一。

但它们是一吗?或者两者并
不想同走一条道路?
它们已不可名状地隔着桌子和草坪。

连星宿的结合都把人欺。
且让我们片刻间乐于
相信图形②。此亦足矣。

---

① 参阅《杜伊诺哀歌》第十首第九十行以下及注,诗人以一匹马象征人生,而以"骑兵"象征驾驭这匹马的神秘力量。
② 以星宿的距离比喻人与人似近而实远,那么,"且让我们片刻间乐于相信图形",尽管银河两岸的天鹰座和天琴座在我们肉眼所见图形中远不止咫尺天涯。

12

万福,能把我们结合起来的精灵;
因为我们真正生活在图形中间。
而时光在以碎步移行
傍着我们固有的白天。

不知我们实际的位置,
我们按照现实的关系行动。
触须在将触须感知,
空旷的远方在承重……

纯粹的紧张。哦诸力的乐曲!
每种干扰岂非通过悠闲的措处
而为你所转避?

农人即使忧虑而劳作,
当秧苗变成了夏禾,
他也从不伸手。是土地在送礼①。

---

① 愿人类的高尚精神把我们结合起来,我们才好超脱以碎步移行的时光,发现固有的白昼就在身旁。既然如前所说,"我们真正生活在图形中间",而"不知我们的实际的位置",我们便会像得天独厚的昆虫,以触须感知触须,悠闲地转避每种干扰,静待大自然为我们送来礼物。正如在第一首中俄耳甫斯的歌声只有在他所创造的"伽蓝"里才听得见,这里大自然("土地")所赠予的丰富的生命,也不是播种者("农人")自己所创造的。足见,人的努力之能产生效果,取决于他所不能控制的力量。

13

丰满的苹果,梨和香蕉,
醋栗……这一切用嘴诉说
死与生……我预料……
你会从一个孩子脸上读到过,

当他品赏它们的时候。这些来自远方。
可到你嘴里却徐缓而无以形容?
在另有话语的地方,妙趣发现在流动,
意外地从果肉里获得释放。

大胆说吧,怎样给苹果命名。
这种甜味,它刚刚凝缩而稠密,
以便在轻轻建立的口福里

变得澄澈,清醒而透明,
模棱两可,阳光充足,浑身土气,道道地地——!
哦经验,感觉,欢乐——硕大无匹![1]

---

[1] 一个孩子在吃水果。诗人从他的脸上读到了硕大无匹的经验、感觉和欢乐。批评家会认为这是所谓"移情手法",其实孩子就是诗人自己。可惜拙劣的译文有如"暗中观镜"。本篇的特点在于将赞美转化为具体的感性事物,参阅第 7 首。

14

我们同花朵、葡萄叶、果实交往。
它们说出的不仅是岁月的语言。
从黑暗中升起一种彩色的显现
其中也许还有那肥化土壤

的死者之妒意在炫目。
它们所占成分我们又知多少?
很久以来这就是它们的正道,
将其无代价的精髓印进了沃土。

现在只问:这样做它们可高兴?……
这枚果实,辛苦奴隶的一件作物,
团成球向我们滚来,可是赶往它的主人?

它们可是主人,就长睡在根部,
并从其丰盈中向我们赐予
沉默膂力与亲吻的这个中间物?①

---

① 还是写水果。但想到长眠在根部的死者,他们肥化了土壤,把自己的精髓无代价地印入了沃土,面对果实的"彩色的显现",不免产生妒意,但他们毕竟是果实的主人,是他们向我们慨允了丰盈。本篇以具体事例表现生死同一的观点。

15

等着吧……其味无穷……已四下飘忽。
……只有少许音乐,一次顿足,一次吟哦——:
少女们,你们温情,少女们,你们沉默,
请为被品赏的水果的滋味翩翩起舞!

跳桔舞吧。谁能忘记它们,
忘记它们怎样在自身沉溺
以防变甜。你们享有了它们。
它们鲜美地向你们皈依。

跳桔舞吧。更温情的风景,
请将它从你们身中扔出,好让成熟的那个
粲然于故园的微风之中! 发红了,剥去皮

香气一阵又一阵。建立起血缘之亲
同无辜的、不愿被剥掉的果壳,
同充满幸福的汁液!①

---

① 还是写水果,但想到了围着它们舞蹈的少女们。少女们在舞蹈中和果肉、果壳、汁液等建立起血缘之亲,合而为一。水果的香味对于经验者变成节奏和音调(顿足和吟哦),便浓缩为舞女的幻象;这是不可言说的,只能用无言的热烈的舞蹈动作来表达。

16

你,我的朋友,是孤单的,只因……
我们用语言和指示
使自己逐渐占有这人世,
也许是它最薄弱、最危险的部分。

谁用手指指过一种气味?——
那些威胁过我们的力量
你固然感觉到许多……你认识死亡,
你在咒语面前不胜狼狈。

看吧,此之谓共同承受
七拼八凑,仿佛它是全部。
帮助你,将是很难的。首先:望勿

把我栽在你心里。怕我长得太急。
但愿我牵着我的主的手,
说道:这里。这是以扫披着毛皮。①

---

① 据《旧约·创世记》,以扫是以撒和利百加的长子,为了一碗红汤,把长子的名分卖给了孪生兄弟雅各。以扫出世时"身体发红,浑身有毛,如同皮衣"。据作者本人注释,本篇是写一条狗。"我的主的手",指俄耳甫斯的手;诗人希望这只手出于无限的同情也来给这条狗赐福,因为它几乎像以扫一样,为了分享一份他得不到的遗产即全人类的苦乐而披上了毛皮。

17

最下面,乱成一团,
生机由此升现,
是古老的根部,隐藏的泉源,
人们得未曾见。

冲锋盔和猎手号角,
白髯翁的警句,
兄弟阋墙的英豪,
琵琶似的妇女……

枝桠挤着枝桠,
没有一根舒展摆荡……
有一根!哦在上爬……在上爬……

可它们依然会折断。
正上面这一根竟然
弯成了竖琴模样。[①]

[①] 在一株生机勃勃的草木面前,诗人从中看见兄弟阋墙的敌意,看见一根向上爬的枝桠,竟然弯成了竖琴模样。全篇象征作者反复写过的一个主题,即衰微贵族的末代后裔负有艺术使命(参阅《最后一个》《1906年的自我写照》等篇);其实,这个主题往往出现在世纪转折期的其他文学作品中,如托马斯·曼的《布登勃洛克一家》。

18

主啊,你可听见新事物
在轰隆在颤动?
报道者纷然而至,
把它们一味推崇。

没有一次倾听安全
留存在这震荡鼓噪之中,
可那机器部件
而今还要求赞颂。

看哪,看那机器:
它们怎样旋转怎样报复
又怎样把我们损害并玷污。

即使它的力量从我们获得,
就让它心平气和
发动吧并为我们服役。①

---

① 作者正面抒发对于新兴机械工业的厌憎情绪,认为它们"把我们损害并玷污",只因他所珍视的"倾听"已不能"安全留存在震荡鼓噪之中"。同时,亦应注意如下事实:1.对于科学技术的悲观主义的保留态度,当时并非里尔克所独有;德国作家格奥尔格、霍夫曼斯塔尔、卡夫卡、施彭格勒等均有类似观点。2.里尔克迁居穆佐古堡,当时无灯无水,《十四行》和《哀歌》都是在烛光下或煤油灯光下写成的。3.里尔克晚年已开始赞同存在的完整性和世界的整体性。

19

尽管世界变化匆匆
有如白云苍狗，
所有圆满事物一同
复归于太古。

在变化与运行之上，
更宽广更放任，
你的初歌在继续唱，
弹奏竖琴的神。

苦难未被认识，
爱情未被学习，
在死亡中从我们远离

的一切亦未露出本相。
唯有大地上的歌诗
被尊崇被颂扬。①

---

① 本篇是前一首的续篇，将人性（苦难与爱情）中的守旧性和审美的普遍性同技术进步这一新事物相对立。这首诗由于没有常见的悖论而显得单纯。作者在这里似乎否认了他在第十首《哀歌》中所肯定的苦难能够为人所充分认识的观点；同样，爱情也没有学习，死亡之谜也没有破解。他曾经宣称"超越死亡"，而今又回到无限可能性的世界。他似乎在说，爱与苦均无止境，但值得"尊崇"和"颂扬"的，不是每人能够无限地去爱或受苦，而仍是俄耳甫斯所唱的流传大地的歌声。

20

可是,主啊,请说,我拿什么向你奉献,
你教生物用耳朵的主?——
拿我的记忆:一个春天,
它的黄昏,在俄国——,一匹马驹……

从村庄向这边孤零零来了那白马,
前面的足械拴上了木桩,
以便孤零零在草原上过夜;
它的鬓鬣又是怎样

以豪放的节拍拍打颈项,
一旦奔驰被粗暴地阻拦。
骏马热血的源泉怎样在喷放!

它感触到远方,那是当然!
它歌唱它倾听——,你的传奇始末
被封闭在它身上。
　　　　它的形象就是我的供果。①

---

① 本篇描写当年第二次访俄时留下的一段记忆:一天黄昏,诗人与同行女友站在伏尔加河畔,看见一匹活泼的小马驹飞奔而来,人们担心它践踏庄稼,便把它拦住,给它的腿绑上了一副木脚镣。

21

春天又来了。土地
像个懂诗的小孩;
许多,哦许许多多……为了长久学习
的劳累她获得了奖牌。

她的老师是严格的。我们爱好
老人的须髯白如雪。
现在我们要问:绿的怎么叫,
蓝的怎么叫:她了解,她了解!

土地,放了假的土地,你真幸福,
和孩子们一起耍吧。我们要捉住你,
快活的土地。最快活的才会成功。

哦,老师教给她的,多不胜数,
还有印在根部和长长的
棘手的茎部的一切:她在吟诵,在吟诵!①

---

① 这首迎春小曲我觉得仿佛是我曾经在龙达(西班牙南部)一个小尼庵里听见道童们为一次早祷所唱的一支奇怪的舞曲的"注释"。孩子们一直按舞蹈节拍敲着三角铁和手鼓,唱着我听不懂的歌词。——作者注
一九二二年二月九日,作者写了这首迎春小曲,寄给维拉的母亲克诺普夫人,请她用以替换原先写出的第21首,即同样反对科技进步的《哦朋友,这不是新的》。

22

我们是原动力。
但把时间的脚步，
视作小事细故
在永久的持续里。

所有匆匆而去者
均如云烟过眼；
那恋恋不舍者
在将我们奉献。

孩子们，哦别把勇气
抛向试验飞翔，
别抛进了速度。

万物在休息：
暗与光，
花与书。①

(1922年2月2—5日)

---

① 锲而不舍地追求永恒，是诗人试图用各种方式加以表现的主题之一。但这种追求不是在语言中而是在沉默中进行的，时间在此是"小事细故"，因此不需要"速度"，而需要对童年流连忘返的爱，让包括暗与光、花与书在内的万物休息在想象之中。这里还表达了变化与持续的辩证统一。作者在《青年工人的书信》中写道："这当然属于悠久而缓慢的过程，它与我们时代惊人的突飞猛进完全相矛盾。但是，除了最快速的运动，永远还有缓慢的运动，它极其缓慢，我们简直经验不到它的过程。"

23

哦正是那时，当飞行
不再为了自己的缘故
攀向天宇之静穆
而满足于本身，

以便在明亮的侧影中，
作为成功的器械，
扮演风之爱宠，
稳健，袅娜，摇曳，——

正当一个纯正的去向
胜过幼稚的骄傲
傲于不断成长的机械，

那人已接近远方，
将为锦标所倾倒，
而成为他所孤独飞抵的一切。①

(1922年2月12或13日)

---

① 自己找到了"纯正的去向"，不再傲于日益成长的机械，坚信在远方自有其锦标，终于会"成为他所孤独飞抵的一切"。本篇同样反映作者对于科技的保留态度（第一次飞机试飞成功于一九○三年）。

24

难道我们应当摈弃我们古老的友谊,
伟大的从不招揽的诸神,只因我们
严格磨练的硬钢对他们并不熟悉,
或者应当忽然在一张地图上把他们找寻?

这些强有力的朋友,他们劫持
我们的死者,却从不靠拢我们的车轮。
我们已经远远推开我们的盛筵——,我们的浴盆,
而对于我们久已太迟的他们的信使

我们总还赶得上。更其孤零零
全然彼此相依,并不彼此相识,
我们不再走小路作为美丽的迷径,

而是作为直线。唯有在汽锅中还燃炽
往昔之火,并举起越来越大
的铁锤。但我们像泆水人力气每况愈下。①

(1922年2月2—5日,下同)

---

① 似乎仍然是为机械工业的来临而悲叹,但自己已像力气消耗渐尽的泆水人。

25

我认识你,像一朵不知名的花,
我想再一次记起你,把你指给他们看,
可你,你已经被人偷掐——
抑制不住的叫喊之美丽的女游伴。

先是舞女,她突然停住犹疑不定
的身体,仿佛她的青春被注入了古铜;
悲叹着,潜听着——。是的,从那些达官贵人
她的音乐落入变化了的心胸。

疾病临近了。已为阴影所侵袭,
血液暗淡地涌流着,却暂时带着嫌疑,
涌向了它天然的新春。

一而再,为黑暗与沉沦所掣肘,
它在尘世闪耀着。直到猛烈的敲叩
走进了废然而开的门。①

---

① 致维拉。——作者注

26

但你,神圣的你,到最后还在响的你,
一旦为成群被鄙弃的狂妇所袭击,①
便以和声盖过了她们的叫嚣,你美妙的,
你熏陶人心的演奏从破坏者中间升起。

她们一个也不能破坏你的头颅和竖琴
不管她们如何愤怒扭打,而且她们猛投
到你心坎的尖利的石头
对你将变得太软,并天生能够倾听。

最后她们为复仇心嗾使,把你打得稀烂,
当时你的音响还逗留在岩石和狮子体内
在树木和鸟群中间,你现在还在那儿咏叹。

哦你消失了的神!你无尽的痕迹!
只因敌意最后猛然把你撕碎,
我们作为自然的喉舌,现在还听得见你。

---

① 本篇正面歌颂以音乐感动禽兽木石的俄耳甫斯。"狂妇"即酒神狄俄倪索斯的随从,希腊名称为迈那德斯。俄耳甫斯因崇拜日神阿波罗拒绝参加酒神狂欢秘祭而触怒狄俄倪索斯,惨死于迈那德斯们手中:他的头颅和肝脏被她们撕碎后投入海中。又据说,在欧律狄刻长逝后,俄耳甫斯变成了妇女憎恶者,故第二行有"被鄙弃的"这一定语。

第二部

（共 29 首）

1

呼吸，你不可见的诗篇！
与自身的生存频频
进行纯洁交往的宇宙空间。
我借以将自身和谐实现的均衡。①

孤独的波浪，我是你
渐次而动的海洋；
你是最节俭的一个在所有可能的海洋里，——
那赢得的宽广。

这些宽广的地方已有多少是
在我体内。阵阵风起
有如我的儿子。

---

① 一九二一年七月作者给一位少女写信说过："这不是在写信，这是在用鹅毛管呼吸。"

你可认识我,空气,你,仍充满一度属于我的住址?
你曾是光滑的树皮,
我的话语的弧线和叶子。①

(1922年2月23日前后)

---

① 这里询问吸入体内的空气能否在呼出的空气中重新被辨认,亦即询问语言经过诗人改造后能否重新被辨认。空气、话语、树都是诗人称之为"呼吸"的内心活动。

2

有时像匆匆临近的纸张
留下了大师真实的笔锋：
镜子也时常映入了女郎
圣洁无比的笑容，

当时她们独自试探晨曦，——
或仍带有陪侍灯火的光泽。
而在真实脸庞的呼吸里，
后来，只落进了一道反射。

眼睛一度从冷却壁炉
的黢黑灰烬之所见：
乃是生之一瞥，旋即永久消泯。

啊，大地，这耗损谁又知否？
只有那人，他仍以赞美的音弦
歌颂那生而完整的心。①

(1922年2月15—17日，下同)

---

① "眼睛一度从冷却壁炉的黢黑灰烬之所见，乃是生之一瞥，旋即永久消泯。"这既是对人生的倏忽性的感叹，也是对它的赞美。为了抵制基督教的来世乐土说，诗人在《青年工人的书信》中曾呼吁："给我们为我们赞美今世的导师吧。"参阅第一部第7首。

3

镜子:还从没有谁描写
过你们,知道你们的本色。
你们,是怎样为筛子的孔穴
所充满的时间之间隔。①

你们,还是空厅的挥霍者——,
天暗下来便像树林一般宽广……
又如鹿之十六叉角,枝形灯光放射
穿过你们人迹罕至的荒凉。

时或你们充满着画面。
有一些似乎走进了你们身子——,
另一些由你们送走,还踌躇不前。

但最美者将留下来——,直到那
明亮的无拘无束的那喀索斯
渗进了她的矜持的脸颊。②

---

① 镜子仿佛把万物流逝过程撕破了一个洞,让物体像经筛孔一样掉进去。据研究家分析,筛子系由筛孔构成,换言之,其本质在于物质的空洞性和对于流体的渗透性,而让粗糙成分留下来;镜子同样也是一些孔穴或裂口,我们可以从日常真实的空间望进另一个空间去。
② 那喀索斯,希腊神话中的美少年,与水中自己的影子相恋而死,化为水仙。此处指"最美者"即末行的"她"在镜中看见自己。

4

哦,这可是不曾有过的动物。
他们并不认识它,但不论任何情况
都爱着它——它的漫步,它的姿态,它的颈项,
直到静静的凝眸之光束。

诚然它不曾有过。但因他们爱它,它便是
一个纯洁的动物。他们把空间不断让出。
在那明亮的被闲置的空间里,
它轻轻抬起了头,几乎无需

存在。他们不用任何谷物把它养活,
永远只用一种机会使它可能存在。①
而这机会竟给予动物如此力量,

以致它从额头长出了一只角。一只角。
它浑身素白向一个少女走来——
出现在银镜中并在她身上。②

---

① 只要向它让出空间,让它自由自在,即使不用谷物喂它,它也能够生存下去。
② 独角兽具有古老的、在中世纪经常被赞颂的童员的意义:所以公认为,一旦它出现在少女向它拿着的"银镜"中(请看十五世纪的挂锦)并"在她身上"(如在第二个同样纯净、同样神秘的镜中),它对于世俗者就是个非存在。——作者注
"非存在"即不为世俗而生存的神物。作者曾在巴黎克隆尼博物馆见过当时展出的那幅挂锦《独角兽旁的夫人》,并多次以此为素材写诗。

5

银莲花的肌肤
在草原清晨次第开放,
直至它怀里被注
入了喧闹天空多声部的光,

在受领不尽的紧张肌肤
之寂静的花星里,
有时如此受制于丰腴,
以致沉没星辰示意休息

也几乎不能归还给你
那被弹回很远的叶边:
你,是多少世界的决心和气力![1]

我们,粗暴的人们,却活得久长。
但在什么时候,在整个生活的哪一面,
我们才终于成为受领者而又开放?

(1922 年 2 月 15 日,下同)

---

[1] 作者曾在致女友露·安德烈亚斯-莎乐美的信中这样写道:"我好像是我在罗马花园里见过的小小的银莲花,它白天如此盛开,以致夜间再也合不拢。在黑夜的草原看见它的花萼怒张着,是很可怕的……"

6

玫瑰,①你正襟危坐,对古人来说,
你是一只圣餐杯,边缘简朴。
对于我们你却是完满的数不尽的花朵,
是永不枯竭的题目。

你雍容华贵似乎一层衣又一层衣
裹着一个仅由光辉构成的身躯;
而你零星的叶片又同时是
对任何衣裳的回避和否认。②

你的芬芳几百年向我们呼唤
它的最甜美的名字;
突然它如同荣誉留在空气中间。

虽然如此,我们仍不知如何称它,我们猜度……
而记忆却转向了它,那记忆正是
我们曾向可呼唤的时刻所祈求。

---

① 古代玫瑰是一种简朴的"Eglantine"(译按:一种野玫瑰),颜色有红有黄,形似火焰。在瓦利斯(译按:即瑞士瓦莱州)只有个别花园里有。——作者注
② "一层衣又一层衣"和"对任何衣裳的回避和否认",构成诗人的遗嘱中所谓"纯粹的矛盾"。一九二五年十月二十七日创作《玫瑰,哦纯粹的矛盾……》,这首小诗后被用作诗人的墓志铭。

7

花啊,你们毕竟与长于布置的双手相关;
(那昔日和现今的少女们的纤手一双双),
你们时常从棱角到棱角给摆在花园桌面,
萎靡不振还带有轻伤,

等待着将会从开始的垂毙
使你们恢复健康的水,而此番
再次被高举在对涌流的两极
有所感觉的手指中间,那手指行善

胜似你们之所料,你们这些娇花,
当你们重新发现自己在水罐之中,
慢慢凉却而少女们的温馨则如由你而发

的忏悔,如沮丧的囚人的罪过
由于被采撷而犯下,——再次使你们同
那些与你们在绽放中交映的人们相依托。①

(1922年2月15—17日,下同)

---

① 被采撷的萎靡的花枝,恢复健康的瓶水,少女的纤纤手指,如忏悔,如罪过的温馨……构成了一幅如怨如慕、如泣如诉的感情素描。

8

你们少数几个旧日童年
在分散的城市花园里的游伴：
我们怎样碰在一起，偷偷寻欢
又像羊羔带着说话的传单，①

作为沉默者交谈着。一旦我们高兴，
将不属于任何人。又是谁的？
又怎样溶化于所有行路的人群
而且长年累月陷在疑惧里。

车辆生疏地从我们身旁滚过，辚辚向前，
房屋围着我们，坚固而不真实，——从没有谁
认识我们。万物之中真实的又是什么？

没有什么。只有球。它们绝妙的弧线。
连孩子们都不会……偏偏有时走来了一位，
啊哈，一个人在落球下面走过。

(纪念埃贡·封·里尔克②)

---

① 画上的羊羔只借助纸飘带说话。——作者注
② 埃贡·封·里尔克(1873—1880)，诗人的伯父雅洛斯拉夫·里尔克(封号为"吕利肯骑士")的小儿子。作者给他的母亲写信谈过这个早夭的堂兄："我常常想起他，一再回忆到他那动人处难以形容的形象。多少童年往事，悲伤绝望的感情都体现为他的轮廓，他戴的绉领，小脖子，下巴，美丽而有点斜视的眼睛。我在《布里格笔记》中把他作为早夭的小埃利克·布拉赫的蓝本，在那伤逝的第八首十四行中再次写到了他。"

9

你们法官,不要夸耀刑具已属多余
或者铁链不再往颈上悬挂。
没有心,没有心会激动——,因为一次所企慕
的悲悯之发作会更敏感地将你们丑化。

通过由断头台送回来的光阴
之所获,不啻儿童从往年生辰
获得他们的玩具。他与众不同地走进
纯洁的、高大的,像门一样打开的心,

那真正悲悯的神。他来势汹汹,
容光焕发地四下扩张,一如所有神性。
胜似向泰然自若的大船吹来的一阵风。

不下于隐蔽的、轻巧的觉察,
在内心沉默地赢得了我们
有如从无限交配赢得一个悄悄游戏的娃娃。[①]

[①] 这首诗的意旨在于对新时代的所谓"人道化"表示怀疑。作者怀疑对于苛政的庸俗的"悲悯",认为只有在艺术中才能实现生活的正规化。这种"怀疑"由于单纯强调审美因素,是一种非政治的、非历史的思维。

10

机器威胁着努力获得的一切,只要
它胆敢飞扬跋扈而不就范。
除非妙手还将更美丽的犹疑炫耀,
它会为更果决的工程把石头更猛烈地砍。

它在任何地方都不落后,免得我们一度将它摆脱,
它还在寂静的工厂里理所当然地加油。
它就是生活,——它自以为最善于生活,
以同样的决心整顿,创造而又摧枯拉朽。

但我们的生存仍被蛊惑了;它仍起源
于一百个地点。是纯粹力量
的一种游戏,无人接触到而不匍匐惊叹。

在不可言说的事物面前言词仍微嫌枯涩……
而音乐,永远新颖,用最震颤的石方
在不适用的空间建构它神化的屋舍。①

---

① 笔锋仍然针对新时代的科学技术。"不适用的空间"系赞语,可与第三首的镜中空间相比较。

11

继续征服的人啊,自从你从事狩猎这一行,
便产生了许多冷静安排的死亡规矩;
我认识你,胜似认识陷阱和罗网,
你那在中空的喀斯特悬挂下来的帆布。①

人们悄悄把你挂了进来,仿佛你是庆祝和平
的标志。可是接着,旁边的仆役在抖动你,
——于是,从洞穴中,黑夜把一小群眩晕
的白鸽扔进光里……但甚至这样也有道理。

旁观者远没有一丝怜悯,
不但是猎人没有,他机警而积极
完成着及时被证实的一切。

杀害是我们的飘忽悲伤的一种变形……
在欢畅的精神里对我们自己
发生的一切才是纯洁。

---

① 这里是说,在某些喀斯特地区,人们按照古老的狩猎习惯,借用小心挂进洞穴里的布幕,突然间以一种特殊方式加以抖动,从而把白得出奇的岩洞野鸽赶出它们的地下住处,以便趁它们仓皇飞出时将它们捕杀。——作者注

12

决心变形吧。哦且为火焰而兴奋,
其中一件以变化自夸的事物躲你很远;
那个控制尘世的设计心灵
在形态的回旋中只爱转捩点①。

坚持不变的一切,已经变得麻痹;
在朴陋灰色的保护下可曾幻想自身安全?
等着吧,一个最严酷的从远方警告严酷的。
悲哉——:不在场的铁锤挥向前!

谁像泉水一样涌流,将为认识所分辨;
于是认识引导他,他已为明快创作而欣悦,
创作常以开始来结束又以结束来开始。

他们惊叹着走过的每个幸福空间
乃是分离的儿孙。而变了形的达佛涅②
希望你变成风,自从她能像月桂一样感知。③

---

① 转捩点,指描绘艺术中有利于描绘一个动作的适当瞬间。
② 希腊神话中的女神。相传为阿波罗所追逐,遂化为月桂树遁去。参阅《杜伊诺哀歌》第九首注①。
③ 本诗四节依次献赠古代自然哲学四元素(火,土,水,风)。

13

首先预期离别吧,仿佛它在你
身后,恰如刚过的冬天。
因为在所有冬天里这一次漫长无比,
为了过冬,你的心总得忍着点。

永远像欧律狄刻①一样死去吧——,攀登着歌唱,
攀登着赞美,回到那纯洁的关系。
这里,在消失者中间,在这衰微的国土上,
去做一只叮当作响的盏子,它已哐啷一声粉碎。

去做——同时须知非存在的条件②,
去做你的内心悸动之无穷的深渊,
你将圆满完成这悸动在唯一这一次。

丰足自然的贮存,那不可言说的总和,
其中有些用旧了,有些麻木而又缄默,
高高兴兴把你自己也算进去,并抹掉那个数字。③

---

① 俄耳甫斯的亡妻。传说她被蛇咬伤致死。
② "非存在"系存在的"条件"。
③ 一九二二年三月十八日里尔克将这首诗的副本寄给维拉的母亲克诺普夫人,并写道:"兹仅附赠十四行一首,因为从总的方面说,它最亲近我,说到底,也是最适用的……"

14

看花吧，这些忠于尘世的花卉，
我们从命运的边缘向它们出借命运，——
但有谁知道！如果它们悔恨自己的枯萎，
就该由我们成为它们的悔恨。

万物希望翱翔。我们却像负重者四下踯躅，
把一切放在自己身上，仿佛对重量有所迷恋；
哦我们是怎样磨人的老师对于各种事物，
因为它们得以保持永恒的童年。

如有人把它们纳入亲切的睡眠并同事物
一起沉睡——：哦他会怎样日新月异
从共同的深渊悄悄走出。

他或许会停留下来；而它们会绽放他赞美
他，那个悔改者，他等于它们之一，
等于草原风中所有静默的兄弟姐妹。①

---

① 诗人一贯反对使自然屈从人类的意志，反对人类的优越感：这首诗的文化悲观主义亦明显可见。

15

哦泉之口，你给予着，你是口，
永不枯竭地说着一件纯净的事物，——
你，对着水的流动脸部，
是大理石的面具。而且是在水渠源头

的背景中。从远处
经过坟墓，从亚平宁的斜面
他们给你带来你的言语，
言语再在你的下巴黝黑的老年，

向着面前的容器里直落。
这是躺下来睡着的耳朵，
大理石耳朵，你一直向它说着话。

一只大地的耳朵。可大地只会
同自己说话。如果插进来一只水杯，
她会觉得，你打扰了她。①

(1922 年 2 月 17 日)

---

① 一系列罗马纪游诗之一。此外还有《罗马石椁》(1906 年 6 月，巴黎)、《罗马喷泉》(1906 年 7 月，巴黎)、《罗马郊野》(1908 年初夏，巴黎)等单篇抒情诗。"亚平宁"为意大利主要山脉。在这首素描中，泉嘴不停地说着，说着"纯净的事物"；那嘴像一张脸，大理石的面具，而下面的苔鲜暗示出老者的形象（"你的下巴黝黑的老年"）。原来泉水就是言语，言语就是诗，"纯净"意味着纯粹的自足；水从嘴里不停流入"睡着的耳朵"，再从那里环流回来，与大地保持永恒的交谈：这是一个神秘的封闭的循环。参阅第一部第 15 首中"倾听"和"歌声"的相互关系。

16

一再为我们所开耕，
神是治病救人的地带。
我们明察秋毫，只因希望知情，
他却泰然自若又无所不在。①

即使他将纯洁的供奉
纳入其世界，亦无异
于漠然地与闲空
的终点相对立。②

只有死者才饮
自此处为我们听见的泉井，
当神沉默地向他、向死者颔首。

我们只有喧嚣可领受。
而羔羊出于更沉默的本能，
恳求它的小颈铃。③

(1922 年 2 月 17 日—19 日，下同)

---

① "无所不在"，暗示俄耳甫斯的身体为"狂妇"（酒神狄俄尼索斯的女祭司）撕碎而四散。参阅第一部第 26 首。
② 本节所写俄耳甫斯的态度，与《布里格笔记》中浪子的神情相符，后者同样想躲避束缚人的爱情。"闲空的终点"即达不到的终点，意即既然接受贡献如奠酒，则表示无意还阳。
③ 羔羊挂颈铃以免走失。沉默的本能与喧响的颈铃之间的矛盾，通过羔羊的恭顺而得以和解。

17

在哪儿,哪个总被幸福浇灌的花园里,哪棵
树上,从哪个悄然脱叶的花萼
成熟了异样的安慰之果?这种
美味的果实,你或许在你的贫穷

之被践踏的草坪上找到一枚。时而你
诧异于果实的肥硕,
它的完整,果皮的滑润,诧异
于鸟雀的轻浮竟未预先将它们从你剥夺,

连下面虫豸的嫉妒亦未能。可有树木为天使所飞
　越,
并被隐蔽的迟缓的园丁们培育得如此特别,
以致它们为我结果却又不属于我们?

难道我们从不能够,我们这些幻影和幽灵,
通过我们仓促成熟又重新凋零的操行
去干扰那个沉着夏日的恬静?[①]

[①] 通过正面描写大自然的恬静,悲叹人类同自然相比,栖栖皇皇,打乱了自己作为自然一部分所应有的生活节奏。

18

舞女:哦你是消失在行进中的
一切的移位:你怎样将它呈献。
而结尾处的旋转,这株从运动长出的
树,它曾否完全占有努力获得的一年?

它寂静的树梢曾否蓦然花开
使你刚才的摆动向它簇拥? 而在她头上
曾否有过太阳,有过夏天,那热量可还
是从你身上产生的不可计算的热量?

但它结果了,结果了,你的销魂之树。它的果品
安详宁静,可不正是这些:这渐趋
成熟而有条纹的水罐,和更其成熟的水瓶?

而在图画中:你线条黝黑的眉黛
速写在自己旋转的四壁
之上的素描可曾留下来?①

---

① 舞蹈作为一种艺术运动,是作者心爱的主题之一,经常出现在这部十四行集中,如第一部第15、25首,第二部第28首,此外还见于舞女维拉的墓志铭。本诗第四节通过各种不同意象的交错,把舞蹈写成一幅优美的动画。

19

黄金住在纵欲的银行里什么处所
并同千百万人结成知己。但那行乞
的盲人哪怕讨一枚铜币
都像个无望的地点,像橱柜下面尘封的角落。

沿着这些商号金钱安如家居,
似乎以丝绸、紫丁香和裘皮打扮自己。
他,沉默者,站在所有醒着或睡去
仍在呼吸的金钱的呼吸间隙。

哦它夜间又怎样捏拢,这只永远张开的手。
明天命运再次将它带来,每天
它将它伸出去:乖巧,卑劣,脆弱不堪。

唯愿有个人,一个旁观者,终于惊诧地参透
并颂扬它悠久的存在。只有高唱者才畅所欲言。
只有神圣才听得见。①

---

① 赞美贫穷和穷人,视贫穷为"从内心发出的更强的光"(出自《祈祷文》),是诗人毕生的创作传统。所写盲丐亦见于著名"物诗"《骑战桥》。在诗人笔下,贫穷与其是个社会问题,不如说是美学问题。

20

星辰之间,何其遥远;然而,更其遥远,
是人们此时此地学到的一切。
例如,一个人,一个孩子……另一个在他旁边——,
哦远得多么不可理解。

命运,它也许以存在之指距来测量我们,
它使我们觉得生疏;
想想吧,只要多少指距就可从少女量到男人,
如果她既躲避他又将他记住。①

一切都很遥远——,而圆在任何地方都合不拢。
看看菜碗里,在兴冲冲布置的餐桌上,
那古怪地把你盯着的鱼脸。

鱼是哑的……人曾想到。又有谁懂?
但难道就没有一个地方,人不用讲
就讲出了鱼的语言?②

(1922年2月17—23日,下同)

---

① 诗人一贯试图在人与人、人与物之间克服距离,建立一种爱慕关系,从而充分理解差别,敏于感受差别,故其作品精密深奥,细致入微,为常人所不及。
② 这里写到人与鱼的差别,呼吁人为鱼设身处地,读之令人心惊。

21

我的心啊,歌唱你所不知的花园吧;有如玻璃
铸成的花园,多么明媚而不可企及。
伊斯法罕或者设拉子的水和玫瑰,①
幸福地歌唱它们,颂扬它们吧,它们无可比拟。

我的心啊,请显示你从来跟它们割不断。
显示它们想着你,它们成熟了的无花果。
显示你同它们的、吹向繁茂枝桠之间宛若
吹向脸庞的和风相往还。

不要错认为,已经采取的决定:
"活下去!"有什么匮乏。
丝线,你已给织进了织品。

无论你在内心认同于什么图案
(即使它霎那间来自痛苦的生涯),
也要觉出,是指整个赫赫有名的壁毯。

---

① 本诗歌颂对象为一幅波斯壁毯。伊斯法罕,伊朗古都,古代"丝绸之路"南路要站,以水利设施闻名。设拉子,波斯诗人哈菲兹和萨迪的诞生地和墓地,有驰名遐迩的玫瑰园,并以棉花、羊毛、丝绸工业著称,尤以地毯闻名于世。设拉子地毯常为多边形或菱形图案,色彩浓郁,毛质柔软。里尔克几乎走遍天下,却未到这两座名城,只能就壁毯歌唱。参阅第二部第4首。

22

哦听凭命运如何:吾人生存之
堂皇的富庶,沛然横溢于公园,——
或者有如高门基石
旁边的石头人,在阳台下面辗转不安!

哦铜钟,每日扬起它们的木杵
迎敲着日常的沉闷。
或者,在凯尔奈克①,是圆柱,圆柱,
那比几乎永恒的庙宇活得更久的一根。

今天富庶冲击着,同样的富庶
却有如过眼仓促,从水平的黄色白昼
冲进了发出过分耀眼光芒的良宵。

唯狂躁化为乌有,痕迹不留一点。
飞翔的曲线横空而过,那些把它们引开的曲线,
也许无一是徒劳。但供人凭吊。②

---

① 凯尔奈克,古埃及名都底比斯废墟上一村名,有宏伟的太阳神庙,历经约公元前二千年至三百年古埃及托勒密王朝。一九一一年作者曾访问埃及,并参观凯尔奈克神庙,首先惊赏古老的圆柱。参阅《杜伊诺哀歌》第六首第二节及注。
② 本首仍以现代科技同留存于艺术品(公园、雕塑、城堡、圆柱等)中的往昔成就相对比。

23

请在不断向你说不的
你的那个时辰向我呼唤①：
它像狗脸凑近你讨乞
却又一再掉转，

当你想最终把它抓住。
于是被剥夺的大半归你所有。
我们无事可做。我们曾在那儿被摈除，
那儿我们原以为会受到问候。

我们渴望一个立足点，
我们有时对于老人太像青年，
而对从未有过的一切又有嫌老气。

我们只有在仍然赞美时才公正无邪，
因为我们，啊哈，是枝桠是铁
是成熟的危险之甜蜜。

---

① 致读者。——作者注

24

哦这种喜悦,永远新颖,来自疏松的黏土!
几乎无人曾向最初的冒险者予以支援。
虽然如此仍有城市兴起在被祝福的海湾,
虽然如此水和油仍灌满了瓦壶。

诸神,我们首先在大胆的图稿里规划他们,
可乖张的命运再次破坏了我们的图稿。
但他们是不朽者。看哪,我们可能
听到那一位,他最终也会把我们听到。

我们,一个活过千年的世代:永远充满
未来儿童的母辈和父辈,
它有朝一日会超越我们并震撼我们,只是稍晚。

我们,我们永远孤注一掷,时间我们有的是!
只有沉默的死亡,它才知道我们到底是谁,
知道它始终赢得了什么,当它出借我们时。

(1922年2月19—23日,下同)

25

听吧,你已听见第一批
钉耙在劳作;还有人的节奏
在强劲的早春大地
之屏息的寂静中。君知否,

来者似未被尝过。那经常
来过你身边的,你觉得它好比
新事物重新来临。你永远在希望,
却从未得到它。它却得到了你。

连越冬槲树的叶子
到晚间也发出一种未来的褐色。
有时微风成为一个标志。

黑黝黝是灌木林。肥料一层层
堆在沃野显得更其浓黑。
每个逝去的时辰变得更年轻。①

---

① 本篇为第一部第 21 首儿童迎春小曲的副本。——作者注

26

鸟的呼喊使我们惊心动魄……
任何一旦被创造出来的呼喊。
可连孩子们,在露天里游玩,
也从真实的呼喊旁边呼喊而过。

呼喊偶然。在这个世界的空间
缝隙里,(完好无损的鸟的呼喊进入
其中,如人之进入梦幻——)
它们把它们绝叫的尖劈楔了进去。

悲哉,吾人置身何处?越来越逍遥,
像断了线的风筝
我们追逐在半空,四周镶着哄笑,

被风撕成碎片。——请把呼喊者加以安排,
歌唱的神!好让它们呼呼作响地苏醒
带着头颅和竖琴如潮水般涌来。①

---

① 与赞美春天和人们的相应活动的前一首有别,这一首充满秋季的肃杀气息,反映了诗人对于噪音的敏感,对于宁静的渴望。"头颅和竖琴"指俄耳甫斯被"狂妇"撕碎后的残迹,参阅第一部第 26 首及注。

27

果真有时间,那摧毁者?
它何时在沉睡的山上粉碎城堡?
这颗心,永远属于诸神的
心,造物主①何时对它施暴?

果真我们如此胆怯而脆弱,
恰如命运希望那样完成
我们? 难道童年,那深沉的、充满许诺
的童年,在根本上——到后来——寂静无声?

啊哈,一现昙花之幽灵,
由于轻信而多情
有如一缕轻烟消亡。

凭借我们的本色,连同我们的推动,
我们依然见重于神性传统
之持续的力量。

---

① 据柏拉图哲学,"造物主"按照永恒的理念以物质创造世界。与基督教的创世说无关。

28

哦来了又去。你①几乎还是孩子,且婆娑
起舞,使舞姿一瞬间完美无瑕
成为那些舞曲之一的纯洁星座,
我们在其中暂时凌驾

于呆板而整齐的自然之上。因为它勃然
而起,充分倾听,正当俄耳甫斯歌唱时。
你从那时起一直激动不安,
又微微惊愕,如果一株树久久凝思

是否为了倾听陪你一同前去。
你恰好知道那个地方,有竖琴轰然
升起——;那闻所未闻的中心点。

为它你试探着美妙的脚步,
希望有朝一日将朋友的步伐和颜面
转向神圣的庆典。

---

① 致维拉。——作者注 这是诗人专为她而作的另一首悼亡诗。参阅第一部第25首及注。在这里她作为舞蹈者受制于被演奏的某种音乐,但她的步伐却是自由的,不一定符合舞蹈的需要,足见自由与和谐是可以统一的。"哦来了又去",令人记起"他(指俄耳甫斯)来了又走"(第一部第5首),暗示他正凭附在她身上。

29

多么遥远的静默的友人①,要知道
你的呼吸怎样还在把空间添增。
在那阴郁钟架的横梁上,且教
你自己发声吧。什么将你一点点耗损,

它对这种生计毕竟是一种补益。
请在变化中走出走进以求娴熟。
然则什么是你最苦恼的经历?
如果你觉酒苦,请变葡萄酒。

今夜由于奢侈且发扬
魔力在你的感官的十字路口,
且感知它们稀罕的邂逅。

如果尘世把你遗忘,
且对寂静的大地说:我在奔流。
对迅疾的流水说:我在停留。②

---

① 致维拉的一位友人。——作者注
② 对于固定的大地,自我与流水相联系;对于流水,自我又与大地相联系:这里暗示了一与一切的同一性。在第一首"十四行"中建立了联系的手段即俄耳甫斯的歌声和倾听的能力;这最后一首不是哀悼,也不是赞美,但却是以空无、黑暗与死亡为背景的肯定,是在意识到非存在所加限制的同时,肯定存在的意义。作者劝告维拉的这位友人屈从于控制人的力量,像钟屈从于钟绳;为了同人的这种处境相妥协,有必要同时接受存在和毁灭,既做饮者又做酒,即只有与一切形式的存在相同一才行。

未编稿及残稿（选）

〔说明〕据研究,里尔克一生创作诗篇共约二千五百余首。以《豹》为其成熟期的标志,他此前已写出全部诗篇的一半。但是,他生前结集出版的诗篇,仅占全部诗篇的三分之一左右。由此可见他对于自己作品的批判态度,以及这个态度所包含的对于少作的懊悔心情。所谓"未编诗稿",除了作者生前未及编集的定稿外,还包括不少散佚的即兴诗和赠诗,以及一些未定稿或"废稿";这些未编稿经作者的女儿露特·西贝尔－里尔克,女婿卡尔·西贝尔及其他研究者先后搜集,并以不同方式出版过。本书所收三十余首,大都译自莱比锡岛屿出版社六卷本《里尔克选集》(1930),显然只是实际数量的一小部分。里尔克还用法语写过一些诗,并且翻译过米开朗琪罗、雅科布森、路易丝·拉贝、勃朗宁夫人、马拉梅、魏尔伦、波德莱尔、利奥帕迪、保罗·瓦雷里等人的诗作,以及托尔斯泰、陀思妥耶夫斯基和契诃夫的小说。

——译者

西班牙三部曲

I

以这片云,瞧:它如此放肆地掩蔽了
刚刚出现的那颗星——(还以我),
以对面这个山区,它正在夜里
刮着夜风,好一会儿——(还以我),
以谷底这条河流,它抓住了
破碎天空的光线——(还以我):
以我和这一切来造
一件唯一的东西,主啊:以我和
给圈在栅栏里的牲口的感觉,它们
屏息忍受这世界广大而黑暗的
空无——以我和许多房屋
的朦胧里的每一道光,主啊:
来造一件东西;以陌生人,这里
没有一个人我认识,主啊:就以我以我
来造一件东西;以睡眠者,
以养老院里煞有介事地在床上
咳嗽的陌生老人,以生人怀抱里
沉睡的孩子们,以许多

不明确物,而且永远以我,
仅仅以我,以我所不知的一切
来造那件东西,主啊主啊主啊,那件东西
它既有宇宙性又有尘世性像一颗流星
在其重量中仅仅合并了飞翔的总和:
除了来临掂不出任何分量。

II

为什么一个人一定得走着承担
陌生的物件,就像搬运工
从货摊到货摊扛着越装
越满的购物筐,压弯腰,跟着走
却不敢问:老板,干嘛请客?

为什么一个人一定得站着像个牧人,
如此暴露于过量的风霜,
如此参与这个充满事件的空间,
以致他靠在一株构成风景的树上
似乎接受他的命运,无所作为。
但把眼睛睁得大大的,也没有
牲口的沉默的温柔。除了世界
一无所有,只有每次抬眼望见的世界,
每次俯身看见的世界。他深感到,乐于属于
别人的一切,凄凉如音乐
盲目进入血液,变化着消逝了。

这时他夜间起身并在自己体内已有
外面雀鸟的呼叫并感到自己勇敢起来,

因为他把整个星空纳入自己脸中,沉重
——,哦不像准备把今夜献给情人
并以被感觉的天空来宠爱她的那个人。

III

即使我周围又是城市的拥挤,
纷乱的噪声和车马的嘈杂,
还是让我一个人呆着吧,
在稠密的熙攘之上让我记起
天空和泥土气的山边,
那儿正走着回家去的牧群。
让我像岩石一样勇敢,
让我能够承担牧人的日常工作,
像他一样走过来,晒黑皮肤,扔块石头
测量一下,把散线似的牧群镶起边来。
缓慢的脚步,并不轻松,沉思的身体,
但他站着却显得庄严。总会有一位神
暗中进入这个形象而并不变小。
他交替地停留着又走动着,如同白昼本身,
而云朵的影子
掠过了他,仿佛空间
缓缓为他而思想。
愿他是你所想的任何人。我把我自己
投入他体内,像把颤动的蜡烛放进灯罩里。
一道光变安静了。愿死亡
更方便地找上自己的路。

(隆达,1913 年元月 6—14 日)

"他们把他们的声音投入"

他们把他们的声音投入
不会燃烧的笑中,如此使劲地
抵抗强大的夜。哦充满拒绝的
反叛的世界。但仍呼吸着星星游行
于其中的空间。瞧吧,它并不需要
我们,而且异样地热衷于距离,漫步
于遥远的极限以外,可以离开我们。
而今它屈尊凑近我们的脸有如
情人的仰望;在我们面前
展示了自己,也许还把它的精华
喷洒在我们身上。而我们却值不得这样。
也许是从天使们抽走了一些力量
以致星空向我们沉了下来并
把我们悬着抛进了浑浊的命运。
徒然。因为誰又注意到它?即使预料
有这么个人:谁敢于把额头靠着
夜空像靠着自己的窗户?
谁没有否认过这一点?谁没有把
伪造的、恶劣的、模仿的夜晚
拖进这天赋的元素并就此而知足?

我们为了发酵的渣滓而忽略诸神,
因为诸神并不诱人。他们有存在,
只有存在,过量的存在,
既无气味,也无手势。没有什么是
那么沉默如神的嘴巴。美丽得像天鹅
在它的永恒之无底的平面上:
神如此滑行着,潜没着,珍惜它的洁白。

一切都在诱惑。连小鸟儿也
从它纯洁的叶簇中来强迫我们,
花朵没有空间便挤了过来;
风又不向什么要求一切呢? 只有神
像一根圆柱,让人走过去,在他所支持
的高处,向两旁分配着
他的宁静之轻微的拱形。

(巴黎,1913年2月抄)

基督的地狱之行*

终于厌倦了,他的生命逃脱了可怕的
患难之躯。留在上面。让它去。
而幽冥独自感到恐惧
便将蝙蝠扔过来扔出
一片灰白,晚间在它们的飞舞中
忧虑由于碰撞了冷却的烦恼
而一再摇晃着。黑暗的不安的空气
因尸体而沮丧;在强大的
机警的夜兽身上是郁闷与厌恶。
他的解脱的灵魂也许想踌伫
于风景中,无所行动。因为他的受难事件
恰好足够。他觉得
事物的夜间状况还不过分,
便像一个悲伤的空间他蔓延开来。
但是尘世,在他的创伤的焦渴中枯竭了,
但是尘世撕裂了,它在深渊里呼喊。
他,饱经折磨者,听见地狱
吼叫过来,要求意识到

---

* 据基督教信条,耶稣在死亡与复活之间曾经在地狱逗留过。

他的完成了的困境：它的、延续的痛苦
吃惊于、预感到他的（无尽）痛苦的结束。
于是他，那灵魂，以其衰竭之全部力量
冲了进来：像一个匆匆赶路者
从幸灾乐祸的鬼影之诧异的目送中走过，
匆忙把眼光抬向亚当，
又匆忙向下，缩小着，闪耀着，消失在向更狰狞的
深渊的沉坠中。突然（更高，更高）
在口沫四溅的呼喊中间之上，在他的容忍
的高塔上面，他出现了：没有呼吸，
没有扶手地站着，痛苦的所有者，沉默了。

（1913年4月，巴黎）

精灵阿莉儿

（莎士比亚的《暴风雨》读后）

从前在什么地方一下子
把他释放出来，就像一下子从少年
变成大人，再也不受任何照顾。
那可是他心甘情愿的，看哪：从此他
把人伺候，每次事毕就琢磨他的自由。
于是一半专横跋扈，一半含羞带愧，
向他声称，为了这又为了那，
还得继续使唤他，唉，还得说清楚，
曾经帮助过他。尽管这样，本人仍觉得，
向他保留的一切已经化为泡影。
令人愉快甚至几乎诱人：
是把他放掉，以便那时不再施用法术，
像别人一样屈从命运，
并知道他的轻松的友谊
现已无拘无束，处处再无义务可言，
在这一片呼吸的空间作为剩余
不假思索地忙碌于元素之中。
今后仰人鼻息，再也不能

让麻木的嘴巴发出
令他飞奔前来的召唤。虽然衰老，无力，可怜
但仍然把他呼吸着，恰如飘溢得
不可捉摸的香气，正是这种香气补足了
窈窈冥冥。想到自己竟可
这样示意，这样轻松地习惯于
如此广大的交游，便不禁微笑起来。
也许还会哭泣，如果想到既爱一个人
又想抛开他，二者竟是一回事。

（我可歇手了吧？这个又将当公爵的
人使我害怕。他悄悄把铁丝扯进了
他的脑袋，把自己和其他人物一起
悬挂，此后并向戏文
祈求宽容……完成了的统治
有怎样一篇收场白！了结吧，单凭
自己的力量待在这儿，"尽管它十分疲惫"。）①

（1913年初，龙达）

---

① 第一段是普洛斯彼罗的话。第二段即括弧内的几句是精灵阿莉儿的话；引语"尽管它十分疲惫"，见《暴风雨》剧末普洛斯彼罗的收场白。

浩大的夜*

我常愕然注视你,站在昨日开始的窗前,
站着愕然注视你。新的城市仍然似乎
不许我进去,而未经劝服的风景
昏暗下来,仿佛我不存在。连最近的
事物不肯费力让我明白它们。小街
冲着路灯挤上来:我看见,它很陌生。
那儿有一间房,富于同情心,亮在灯光下——,
我已然参与;他们觉察到,便关上了百叶窗。
站着。然后一个孩子哭了。我知道母亲们
在周围屋子里,这是她们能做的,同时还知道
所有哭泣无从安慰的理由。
或者一个声音在唱,远远从期待中
送来了一段曲子,或者一个老人在下面
怨天尤人地咳嗽,仿佛他的身体有理由
反对更温和的世界。接着一个时辰敲响了——,
但我数得太迟,它从我身边溜走了。
像一个陌生的孩子,终于被允许参加,
却又抢不到球,根本玩不上别人彼此玩得

---

* 这是作者写在一个习字簿上送给他的朋友鲁道夫·卡斯奈尔的组诗《致夜词》之一。
组诗共二十二首,这是其中第 17 首。

那么轻松愉快的游戏,便只好
站在一旁,凝望开去,——望向何方?——
我站着,突然觉察到
你在同我打交道,同我一起玩,成熟起来的
夜,我愕然注视着你。当塔楼
发怒,当一个城市连同被回避的命运
围我而立,而无从猜度的大山
对我躺下,挨饿的陌生感以越来
越窄的圈子环绕着我的感情
之偶然的闪耀:于是你,崇高的夜,
便不羞于认识了我。你的呼吸
从我身上吹过;你分布在广阔诚挚上的
微笑进入了我的体内。

(1914年1月,巴黎)

"认识了她们就得死"

(《莎草纸文卷》,摘自普塔霍特普箴言,
公元前二千年手稿)①

"认识了她们就得死。"死于
微笑之不可言说的花朵。死于
她们的纤手。死于
妇人。

让少年歌唱这些致命者,
当她们高高地漫游过
他的心灵空间。从他繁茂的胸膛
他向她们歌唱:
高不可攀啊!唉,她们何等陌生。
在他的情感
之顶峰她们现身了并将
变得甜蜜的黑夜倾注于他的手臂
之荒凉的山谷。她们升起时有风呼啸

---

① 普塔霍特普(活动时期为公元前2400年),古埃及大臣,著有智慧书《普塔霍特普箴言》;此书以准备担任高官的豪门子弟为对象,提倡恭顺、尽责、忠诚和韬晦,以服从父亲和上司为最高美德。

在他的身体之簇叶中。他的溪流
闪闪流过。

但是,成人
心惊肉跳地沉默着。他,夜间曾经迷失
在他的情感之丛山中无路可走:
沉默着。

像老水手一样沉默,
而被忍受的
恐怖嬉戏在他身上如在震颤的囚笼中。①

(1914年7月,巴黎)

---

① 这首诗引用一则古老格言,从"少年"写到"成人"和"老水手",表露了作者对于女性的无可奈何的恐惧和疏远。以他对妻子克拉拉的态度为例,有的传记家写道:"他欢喜她,但一点也不关心她;他尊重她作为艺术家的权利,却不注意她作为妻子的权利。"他经常在信中责备自己的冷漠,不能像伟大的爱者全部奉献自己,并认为这是他的母亲玩忽他的童年的结果。但是,他的内心永远渴求完整的爱,特别是对于未见面的女性;其中之一就是卓越的钢琴家马格达·封·哈廷贝格;经过几个月的通信,两人决定见面,但见面照例没有保证在通信中所产生的感情。他因此怀疑:问题或者出在他对于女性的理想化的观念,或者出在他作为男性的爱的能力。

悲 叹[*]

心啊,你想向谁悲叹?越来越孤单
你的路挣扎于不可理解的
人群中间。也许更其徒劳,
因为它坚持方向,
坚持通往未来的方向,
那已经迷失的未来。

从前。你也悲叹么?那又是什么?一颗落下的
欢乐的浆果,尚未成熟。
而今我的欢乐之树
折断了,我的缓缓成长的欢乐之树
折断在暴风雨中了。
我的看不见的风景中
最美的部分,是你使我
为看不见的天使所认识。

(1914年7月,巴黎)

---

[*] 悲叹或哀悼只有作为赞美的形式才是许可的(参阅《致俄耳甫斯十四行》第一部第八首),但这一首却流露出彻底的绝望:他从二十世纪初叶到大战爆发日益感到,他作为遗产加以继承的欧洲文化传统("我的欢乐之树")彻底崩溃了。

被弃于心之山[*]

被弃于心之山。看哪,那儿何其渺小,
看哪:语言之最后的村落,更高些,
但一样渺小,则是情感之最后的
田园。你可认识它?
被弃于心之山。双手下面
的石基。这儿大概也
开放着什么;从缄默的悬崖
歌唱着开放了一株无知的野草。
但知者呢?唉,他开始知道
而今却沉默了,被弃于心之山。
那儿大概有许多、许多警觉的山兽,
意识健全,漫游着,
出没着,又停留着。而安全的巨鸟
盘旋于顶峰之纯粹拒绝周围。——但是
并不安全,在心之山这儿……[①]

(1914年9月20日,欧欣豪森)

---

[*] 作者致女画家露·阿尔贝特-拉察德的赠诗之一。一九一四年九月十七日,里尔克在欧欣豪森认识这位女画家,她在慕尼黑设有创作室,并与化学家欧根·阿尔贝特结婚。里尔克曾给她写过十五首诗,这是其中之一。

[①] 这首诗并不接受任何"导读",只要求通过直觉来理解其中传达的绝对孤独。但是,机械文明日益使性灵萎缩,不正是诗人和作家所特有的恐惧么?这种恐惧亦可见于托马斯·曼的《威尼斯之死》。

致荷尔德林

即使在最亲密者身边,我们也不会
逗留;从充满了的
图像,精神投入了突然会被充满的另一些;湖泊
只在永恒中才有。这儿坠落才是
最有效的。从精湛的感觉
坠落到被惩罚的,继续坠落着。

对你,你卓尔不群者,对你,你魔术师,整个
一生就是咄咄逼人的图像,当你把它说出来,
字行关闭如命运,连最温柔者身上
都有一个死,于是你走进了它;但
前行的神把你引了出来,引了过去。

哦你漫游的精灵,你最远的漫游者!他们都
舒适地住在温暖的诗篇里,久久
停留在狭窄的譬喻中。气味相投的人们。只有你
像月亮一样移行着。而在下面你的夜景
亮着又暗着,那被惊吓得近乎虔敬的风景,
你在别离中感觉到的风景。没有人
更崇高地呈献过它,更完好、更觉不需要地

把它归还给整体。于是
通过不再被计算的岁月,你甚至虔敬地
玩弄着无限的幸福,仿佛它不在体内,而在
大地柔软草坪上到处躺着,被神似的儿童所抛弃。
哦,最崇高者所渴望的一切:你别无所求地把它
垒着像堆积木似的:它立住了。但它倒塌下来
你也毫不慌张。

既然是这样一个永恒者,我们仍然怀疑
尘世的什么呢? 如不从虚幻无常中真诚地
学会感受,今后在空间又可能有
什么样的倾慕呢?

(伊尔申豪森,1914 年 9 月)

死 亡

那儿站着死亡,一种淡蓝色的煎剂
在一只没有托碟的杯子里。
一个奇怪的搁杯子的地方:
搁在一只手的背面。沿着涂釉的弧形
十分清楚地看见把手的裂痕。满是灰尘。而"希望"
以褪色的字体写在杯侧。

偶然发现这饮料的饮者
在一次早餐中念出了这个词儿。

最后一定会被毒药吓跑的,
又是些什么样的人呢?

否则他们会留下来吗? 他们会在这儿醉心
于这种困难重重的咀嚼吗?
必须从他们身上把沉重的眼前
掏出来,像掏出一副假牙。
然后他们咕哝着。继续咕哝着,咕哝着……
　………………

哦流星，
曾经从一座桥上看见过的——：
不会忘记你。停留吧。

(慕尼黑,1915 年 9 月 9 日)

让我大吃一惊吧，音乐*

让我大吃一惊吧，音乐，以有节奏的愤怒！
高尚的谴责，紧冲着心儿发出，
它不那么激荡地感受着，爱惜自身。我的心：
　在那儿：
瞧着你的富丽堂皇。难道你几乎永远满足
轻微的挥舞？但那最高的拱顶在等待，
等待你以管风琴发出的冲力充满它们。
为什么你渴望陌生情人的克制的面容？——
如果你的眷恋没有气力，从天使进行
末日审判的大喇叭，吹出隆隆的风暴：
那么，哦，她就不存在，各处都不在，也不会诞生，
你形销骨立地惦念着的她……

（1913 年 5 月，巴黎）

---

* 据研究，可能是作者在与罗曼·罗兰进行过一次音乐谈话后所作。

一而再

一而再,即使我们熟识爱之景色
和具有悲悼名称的小教堂
和沉默得可怕的有人坠毁其中的
深谷:一而再,我们联袂而至
双双走到古木之下,一而再地躺在
花朵中间,仰望苍天。

(1914年秒)

旅　客[*]

(为多年来在道路和变迁中由于无限信任
　而风雨同舟的友人写于旅次)

　　他们在风景中何其渺小,那两个
　　互相穿着
　　他们用纤手编织的衣服;
　　列车没有时间分辨
　　便向这无穷尽的生活
　　刮出一阵伪证的风。
　　呀,过去了,无数列车过去了,
　　草原仿佛被取消;
　　离别掠过街道和梯级,
　　正是在那儿人们保持
　　在完好的满足中。谁使他们
　　变得更大,至少像建筑物一样,
　　是这两个相互注入欢乐的人

---

[*] 本篇写于从(瑞士)勒奇贝格到瓦利斯(即瓦莱州)的列车上,即返回穆佐途中;系为友人安东·基彭贝格的纪念册而写。据作者一九二三年七月十七日致卡塔林娜·勒奇贝格的书简,他从自己所坐列车上看见一个青年和一个少女在匆匆驰过的景色中相互扶持而有感。

是这两个欢乐之公开牺牲品。

难道我不认识他们，这内心的生翅者，
他们被陡然默契的
心拉拽到无限的空间，
翱翔着——，
或者他们正
从共同的分水岭
向下滑到山谷的侧腹？
我可不一直就是他们轻声的叙述者？
我不就是他们的一个？我不就是他们两个？
我每天可不就是他们向整体的起立，
就是他们纯洁得不可言说的开端，
他们所忘却的
在旋舞中间的小小的开端？

让我们按照他们慢慢推断
什么是一座坟，一座大地上的坟，
及其负担，
什么曾经在脚下，而今永远在心上。
不可能变得更糟了。但甚至从令人不安的
坟头也有列车开过去，
生活的上层
满不在乎地站
在颤抖的窗前。
　　我们这是奔向
什么样的气候？谁会招呼我们？
我们从哪儿知道恒久已消逝，

又突然让自己继续指点
从物到物?
谁把我们的心扔到我们面前来,于是我们追逐
这颗精致的心,我们只在童年才忍受它,
此后它却一直担负着我们。
(但谁曾满足于它的飞翔?)

它们怎样看风景,这些更疾速的高远的
心,它们生气勃勃地超过了我们,
这片由浑浊而欢快的
顾盼和睡眠所构成的风景。
它将会怎样显示于自由的
心,这由于我们的踌躇
而龃龉的心……
　　　　　它们怎样看房屋
怎样看那些坟,怎样看不远处
情侣们太小的形体,——
但又怎样看书,那为眷恋之风
所翻开的孤独者的书?

(1923 年 6 月 20 日)

早 春*

严酷消失了。突然间关照
加于田野被裸露的灰色。
细流改变了声调。
脉脉温情,不加选择,

想从空间抓住土地。
道路深入乡土并将它给人看。
想不到你在空着的树干
看见它的上升的表现力。

(1924年2月20日,穆佐)

---

* 这首诗徘徊于抽象与具象之间,被认为是"所有吟咏瓦莱春天的德语诗中不可多得的一篇"。

散　步

我的目光已先于阳光普照的小山，
先于我几乎尚未开步的路径。
我们不能掌握的东西，具有丰满
的幻象，从远方掌握着我们——

而且把我们改变，即使我们没有抵达，
变成我们没有预料到的那个模型；
一个手势挥舞着，向我们的手势作答……
但我们只感觉有逆风相迎。①

(1924年3月，穆佐)

---

① 一面散步一面欣赏风景，一面把对风景的领略设想为散步人本身的变化：突然间，自然的体验和自我的体验巧妙地叠合起来，时间与空间统一于相互关系中，沿途一切充满了暗示，最后一行则回到了纯粹的、阳光灿烂的内在。这首诗像其他晚年作品一样达到圆熟的境界，虽然由于作者未予结集，没有受到应有的注意。

丰饶角*

(为胡戈·封·霍夫曼斯塔尔而作)

取之不尽的容器的神韵与形态,
依傍着女神的肩膀;
永远与我们的理解不相称,
却为我们的渴慕所扩张。

在它的螺纹深处它包容
一切成熟物的轮廓和重量,
而最纯洁的客人的心胸
敢情是这类果实的造形模样。

在花卉上面是轻便馈赠,
仍因其最初的晨曦而凉爽,
一切有如虚构,几乎不可证明,

---

* 本篇系为奥地利诗人胡戈·封·霍夫曼斯塔尔(1874—1929)五十诞辰而作,作者和他保持着毕生的友谊。据希腊神话,"丰饶角"系神女阿玛尔忒亚的盛满花果的羊角,幸福和丰饶的象征,也是罗马神话中幸运女神福耳图娜的标志。又说,阿玛尔忒亚是一头母山羊,曾用自己的乳汁哺养过大神宙斯,后被他接到天上;她的一只角为宙斯所有,其中有倒不完的乳汁。

而又存在着,有如感想……

女神可会倾注她的储蓄
向它所充满的心头,
向这许多房舍,这些茅屋,
向适于漫游的道路?

不,她长生不老,巍然
而立,她的羊角满得盛不了。
只有水在下面流过,宛然
把她的赠与漂给木本和花草。

(1924年2月11日,穆佐)

鬼　火

我们与沼泽里的燐火
久有因缘。
我觉得它们好似舅婆……
我越来越发现

它们和我之间的家族特征
任何力量也压制不了：
这摆动,这跳踉,这弯曲,这奔腾,
任何别人也做不到。

我甚至住在无路可走的地方
即使有令人却步的毒烟,
我还看见自己常常
熄灭在自己眼皮下面。

(1924年2月,穆佐)

鸟群从他身上穿过的那人

鸟群从他身上穿过的那人，不是
扩张你的形体的熟悉空间。
（在旷野那边你自我排斥
并远远消失而不复返。）

空间从我们伸延并将事物翻改：
使你得以感知一棵树的存在，
将内在空间①投放在它周围，从你内心深处
所扩大的那个空间。以停滞将它圈定。
它无边无际。正由于重新造形
它才在你的断念中真正成为树。

（1924 年 6 月 16 日，穆佐）

---

① 关于内在空间观念，参阅《它向触感示意》的题解。

群神缓缓而行

群神缓缓而行也许一直同样布施,
　　一如我们的天堂开始时;
仿佛在思维中伸手触及我们沉重
　　的麦穗,轻轻拂动它们,它们的风。

谁忘却触摸它们,谁就不能完全断念:
　　尽管它们仍然参与其间。
沉默,简单而又完整,它们的另一种计量
　　突然用在了他的建树上。

　　　　　　　　　　　（1924 年 3 月末,穆佐）

在阳光普照的路上

在阳光普照的路上,在空洞的
只剩半截的树干里,它久已成为
水槽,里面悄悄盛满了
一层水,我用手腕把水
的欢悦和起源纳入自身,
借以消解我的干渴。
啜饮对我似乎太多,太明确;
但这个期待的手势却将
清水注入了我的知觉。

这样,如果你来,我为了满足自己,
只需要用我的双手轻抚
你的肩膀的青春的丰满,
或是你的乳房的凝聚。

(1924 年 7 月初,穆佐)

你预先失去的情人

你预先
失去的情人,从不惠临的人儿,
我不知道,什么情调会使你高兴。
我不再试图,当未来汹涌而至时,
来认识你。我身上所有伟大的
形象,在远方被体验过的风景,
城市和钟楼和桥梁和未曾
料到的峰回路转
和那些从前为群神所点缀的
国土的那个强大者:
在我们内部逐渐上升吧,以便暗示
你,你这永远闪避者。

哦,你就是花园,
哦,我带着这样的希望
看见它们。乡村别墅里
一扇打开的窗——,你几乎走上前来
沉思着同我相遇。我发现了小街,——
你刚才从它们走过,
小商店的镜子有时

仍然因你而眩晕并大吃一惊地
映照出我突如其来的图像。——谁知道这同一只
鸟是不是昨晚个别
叫着穿过我们身上？

(1913—1914年冬，巴黎)

它向触感示意[*]

它向触感示意几乎从万物,
它从每个关键吹过来:记忆!
那一天,我们陌路般从旁走过去,
它将来决定会成为一份赠礼。

谁计算我们的收获?谁分离
我们和古老的、消逝的年华?
我们从一开始又体验到啥,
除了一个人在另一个人身上认识自己?

除了冷淡在我们身上把暖烤?
哦房屋,哦草坡,哦晚霞,
突然间你几乎看见了它
并站到我们身旁,拥抱而又被拥抱。

这一种空间足以通过一切生物:

---

[*] 本篇首先由于已成为作者诗艺口号的"世界内在空间"(Weltinnenraum)一词而知名。据专家研究,"世界内在空间"既不是世界的内在空间,也不是内在的世界空间,而是世界与内在的相互关联的主观整体,用胡塞尔的用语来说,是"客体极与自我极的宇宙"。

世界内在空间。鸟儿静止地飞翔
从我们身中穿过。哦我,我愿成长,
我向外望去,我身中长出了树。

我担心,而我身中有房屋。
我提防,而我身中有牧场。
情人,我曾是:歇在我身上
是美丽造物的形象,它痛哭以解郁。

(1914年8—9月,慕尼黑或欧欣豪森)

对一些人她像酒……*

对一些人她像酒,将玻璃杯的闪烁
美妙地添进了自己内心的灯光,
另些人把她吸入有如青草的花朵,
或者她被追逐被吓退在他们面前消亡。

她更新许多人的秘密听觉并提升
被净化自然对她的每一点赞赏。
无人把她诽谤,不论她给谁吃了闭门羹,
谁只听说过她的住宅的地方;

那怕只听说过大门,那突然挂上花环的门拱,
那怕只听说过道路,也就是它的曲折迂回,
听说她是最时髦的,在那永远灯火融融
的华屋前,那里各个心灵被劝饮被款待,

个个强健而稳当。那里它们正是它们之所想,
如果它们渴望白昼和收获
并从漫长的,徒劳的,眼泪汪汪

---

* 指音乐或一般艺术。

604

的黑夜以可惊的一击突破。

因为连那些人,不外乎自我恋慕者,也完成着
全部关系,只是分布得不太显眼;
他们强健的闪光的心灵环绕着
夜间的世界以尽善尽美的曲线。

(约 1922 年 2 月 23 日,穆佐)

转　折

从诚挚到伟大的途径
经过牺牲——鲁道夫·卡斯奈尔①

他久久凝视才获得它。
星星跪倒在
竭力的仰望下。
或者他跪着凝视，
而他内有的香气
却使一个神灵疲倦，
它便向他微笑着睡去。

他那样望着那些塔楼，
它们不禁为之骇然：
重新把它们建立起来，突然使之合而为一！
但是，为白昼所
重载的风景往往
伫歇于他沉静的觉察，傍晚时分。

---

① 这两行题词引自友人、哲学家鲁道夫·卡斯奈尔(1873—1959)的格言集《瑜珈论者语录》，唯略加改动，原文为："谁想从诚挚达到伟大，必须牺牲自己。"

动物安祥地走
进了张开的目光,吃着草,
而被囚禁的狮群
望进去有如望进不可理解的自由;
鸟群笔直从它飞穿过去,
那多情者①;花朵们
一再向它回望,
如在孩子眼中一样庞然。

传闻有一个观望者,
这谣传打动了不大
可见却又可疑的人们,
打动了妇人。

观望好久?
好久以来就深深欠缺着,
在目光的底层有所祈求?

当他,一个期待者,坐在异域;旅店里
分散的不常住人的房间
为自己怏怏不乐,而在被回避的镜子里
又是那个房间
后来从折磨人的床上
再一次:
它在空中辩论着,
不可思议地辩论着,

---

① "多情者"指"张开的目光"。动物、狮群、鸟群、花朵都是多情目光所摄取的对象。

关于他的可感觉的心，
他的通过被痛苦掩埋的身体
仍然可感觉的心，
它辩论着又判断着：
说他缺少爱。

（并且禁止它继续奉献。）

因为对于观望，看哪，有一个界限。
而被观望得越多的世界
将在爱中繁盛起来。

视觉的作品已经完成，
现在请做心的作品
关于你心中的那些图像，那些被囚禁者的；因为你
克服了它们；但现在你还不认识它们。
看哪，内向的人，请看你内心的少女①，
这个从一千个自然中
争取到的，这个
仅仅被争取到、却尚
未被爱过的人儿。②

(1914年6月20日，巴黎)

---

① "内心的少女"，这个概念借自丹麦象征主义诗人奥布斯特费尔德。
② 这首诗的题目也可以理解为"危机"，其转折点在于"视觉的作品已经完成，现在请做心的作品……"诺瓦利斯在一八〇〇年曾经说过，艺术家的生涯有两个天然的阶段：在头一阶段艺术家向内心走去，专门从事自我冥想；后一阶段则包括对于外在世界的"清醒而自发"的观察。就里尔克而言，《定时祈祷文》可以说是第一阶段，《新诗集》则是第二阶段；现在又将回到第一阶段，去追求"内心的少女"，那"仅仅被争取到、却尚未被爱过的人儿"，从而预示八年以后他的瀑布似的内心倾泻（《杜伊诺哀歌》《致俄耳甫斯十四行》）。

为约翰·济慈的临终画像而作[*]

远方从开阔的天野
伸到安息了的名人的脸庞:
我们不能理解的痛苦回落
到它的阴暗的所有者身上。

这样保持着,仿佛注视着苦难,
却将自己构成最自由的形象,
还有一瞬间,——以新的宽容
蔑视着发展本身和衰亡。

脸:哦谁的? 不再是刚才
还被认同的内聚。
哦眼睛,它不再从被推辞的生命
强迫最美好的事物。
哦诗歌的门槛,
哦永远弃世的年轻的口齿。

只有额头生得相当持久

---

[*] 里尔克一九一四年一月二十七日在安德烈·纪德处见到这幅画,有感而作。

超越了那些消失的方面,
仿佛它要惩罚疲乏的鬈发
为了生在上面的,微微悲伤的谎言。

(1914年1月27日,巴黎)

哦微笑*

哦微笑,最初的微笑,我们的微笑。
是怎样一种微笑:菩提树的香气在呼吸,
公园的寂静在倾听——,突然彼此
相瞩,一直对微笑发出了惊叹。

在这微笑里是对于一只兔
的记忆,当时它正
在草地上玩耍;这是微笑
的童年。它已经认真地注入了①
天鹅的行动,我们后来才看见
它把池塘划分为无声黄昏
的两半。——而树梢的边缘
冲着纯洁、自由、今后已经完全
夜色朦胧的天空,将这个微笑
的边缘从面貌上引向了
心醉神迷的未来。

(1915年春季或夏季,慕尼黑)

---

* 本篇以活泼的形象记录了作者多次的感情经验,不限于一九一四年认识的马格达·封·哈廷贝格或露·阿尔贝特-拉察德,参阅《年表》。
① 此处的"它"指微笑;前一个"它"指兔,后一个"它"指天鹅。

在无辜的树木后面

在无辜的树木后面
古老的命运缓缓形成
它默不作声的脸。
皱纹伸到了那儿……
一只鸟在这儿的尖叫
跳到那儿化为痛苦的表情
留在僵硬的占卜者的嘴上。

哦,马上就要恋爱的人们
彼此含笑相视,还没有告别的意思,
他们的命运像星座一样
在他们身上起落着,
为夜所鼓舞。
他们还不能够体验它,
它还是
浮荡在天堂路上的
一个轻飘飘的形体。

(1913 年 8 月,海利根达姆)

致音乐：雕像的呼吸＊

音乐：雕像的呼吸。也许：
图画的静默。你语言停止处
的语言。你朝着消逝心灵之
方向而直立的时间。

为谁而动情？哦你是
感情向什么的转化？——：向听得见的风景。
你陌生者：音乐。你从我们身上长出来的
心灵空间。我们的内心深处，它，
超越了我们，向外寻求出路，——
是神圣的告别：
这时内心一切环绕我们站着
作为最老练的远方，作为空气
之彼岸：
纯净，
浩大，
不再宜于居留。

(1918年元月，慕尼黑)

＊ 见于慕尼黑汉娜·沃尔夫夫人的一次家庭演奏会后的贵宾留言簿上。附注："作为献词写于一九一八年元月十一日和十二日(慕尼黑)。"

我们，在扭斗的夜里[*]

我们，在扭斗的夜里，
我们从近处落到近处；
而在情人们融解的地方
我们是一块坠落的石头。

(1922年2月9日，穆佐)

---

[*] 原为三节之一，最后由作者删剩这四行。

波德莱尔[*]

世界在人人身上分崩离析，
唯有诗人才将它加以统一。
他把美证明得闻所未闻，
但因他本人还要颂扬把他折磨的一切，
他便无止境地净化了祸根：

于是连毁灭者也变成了世界。

(1921年4月14日，伊尔舍尔的伯格堡)

---

[*] 写在波德莱尔的《恶之花》的一个德译本上。这是作者赠给安尼塔·福尔雷的礼物，她是作者旅居瑞士期间的密友南妮·冯德利－福卡特（1878—1962）的一个年轻女友，一位瑞士高级官员的女儿。

手

瞧这小山雀，
误入了这间房：
有二十下心跳之久，
它躺在一只手上。
人的手。一只决意保护的手。
只想保护而不想占有的手。
但是在窗台上
它尽管在恐怖中仍然
自由自在，
对自身
和周围一切感到疏远，
对宇宙更是漠不相干。
唉,手多令人迷惑
即使在救援之中。
在最助人为乐的手中
仍有足够的死亡
而且还拿过钱。

（1921年底,穆佐。手稿）

假想的履历[*]

开初是童年,无边无隙,毫无
断念和目的。哦无意识的欢娱。
突然来了恐怖,栏杆,学校,束缚
和向诱惑与失败的坠入。

抗拒。被压服者变成压服者
并向他人报复自己当年的磨难。
被人爱,被人怕,拯救者,搏斗者,胜利者
和征服者,接二又连三。

后来独自在远方,轻松而冷寂。
然而却向最初,向远古
以被树立的形象深深吸一口气……

因为上帝从其隐匿处猝然冲出。

(1923年9月15日,舍讷贝克)

---

[*] 一九一九年十一月十二日作者访问了(瑞士)卢塞恩由森林督察员 F. X. 布里任主席的"志同道合者自由联合会",后来又为该会写了这份"履历"。

由于飞扬般的陶醉

由于飞扬般的陶醉载你
越过许多昔日的深渊,
现请为闻所未闻的桥基
建造大胆设计的桥涵。

奇迹不仅在于莫名其妙
地度过了危机;
正是在一种明白的纯粹挣到
的成就中奇迹才变得不可思议。

同心协力不是自负
于难以形容的联系,
交织变得日益亲睦,
随波逐流难免有所不及。

鼓起你锻炼有素的力量,
直到它伸向两处
对立物之间……因为在人身上

上帝也将深思熟虑。①

(1924年2月,穆佐)

---

① 这是晚年的里尔克对诗人们的一次劝告:要像锻炼身体一样锻炼自己的想象力,为了热烈的目标而斗争,随波逐流是不行的,必须努力进取。

手　掌*

手的内部。除了凭触觉
不再行走的脚掌。它向上伸着
而在镜中
则收看到沿着自身走路的
美妙的街道。
它已学会在水上行走，
当它汲水时，
它行走在泉水上
使一切道路变样。
它出现在别人手中，
把它的同类
变成风景：
漫游着抵达它们身中，
用抵达充塞它们。

（1924年10月1日，穆佐）

---

* 本篇和下列两篇在某种方式上可以构成一组。这里把复合词"手掌"改成"手的内部"，然而把它比作"脚掌"加以描绘，近乎文字游戏。手掌上的"街道"自己会走路，意即手掌的纹路随着人的经验而改变。这里流露出向人握手的渴望：进入了别人的手掌，有如游山玩水，"把同类变成风景"，而且充塞它们像列车充塞车站，"用抵达充塞它们"，从而有"到达"的欢快。

夜

夜。你消溶于深处的、
对着我的脸的脸。
你,我的惊诧凝望之最大
优势。

夜,战栗在我的目光中
而本身却如此坚固;
无穷无尽的创造,比
尘世遗骸更加持久;

充满年轻的星辰,它们将火
从其衣缘的疾逝中
扔向间隙空间之
无声的奇遇:

由于你单纯的存在,超越者啊,
我显得何其渺小——:
但,与黑暗地球相一致,
我敢于留在你身中。

(1924年10月2—3日,穆佐)

引　力

中心,你怎样从一切
引出自身,又怎样从飞行物
赢回自身,中心,你是最强者。

站着的人:如饮品之于干渴
引力从他身上冲过。

但从睡眠者身上,
如同从偃卧的云朵落下了,
重量的充沛的雨啊。

(1924年10月5日,穆佐)

是时候了……

现在是时候了,诸神走出了
被居留的万物……
于是它们推倒我屋内的
每堵墙。新的一页。只有风,
这一叶在翻转中所掀起的风,足以
把空气像土块一样铲动:
一片新的呼吸领域。哦诸神,诸神!
你们是常客,万物身上的沉睡者,
欢快地起身了,我们设想你们
在水井旁洗脖子洗脸
并将你们的安祥宁帖轻易地加诸
显得圆满的一切,加诸我们圆满的生命。
愿再一次是你们的早晨,诸神。
我们重复着。只有你们才是源头。
世界随你们升起,而开端闪耀
在我们的失败之一切裂痕上……

(1925年10月,穆佐)

偶　像*

像猫打盹的神或女神，
在黑暗嘴巴里嚼碎成熟的
眼睛浆果的、品味的神性，
变甜了的观望之葡萄汁，
口腭之隐窝的永恒的光。
不是催眠曲，——是锣！锣！
召请其他诸神的咒语
却将这个诡谲的神遣返
到他的向内部倾倒的力量。

（1925 年 11 月，穆佐）

---

* 本篇是写希腊神话里的狮身人面兽，它因具有狮身而在诗中被想象为"像猫打盹"；所谓"神"或"女神"的二重感觉则由于该兽的性别迄未确定。"诡谲的"暗示它曾以谜杀人。这首诗本身是谜，与下一首《锣》同被一些研究者认为是"文学新领域的一次突击"。参阅波德莱尔的《猫》（见《恶之花》）。

锣*

不再为了耳朵……:哐,
它①,像一个更深邃的耳朵,
倾听着我们,俨乎其然的倾听者。
空间的颠倒。外界的
内心世界的草图……
她②诞生以前的庙宇,
融解,满足于难以
融解的诸神……:锣!

信奉自身的
沉默者的总和,
为自身而哑者之
惶惶然回归于自身,
从过程榨取的持续,
重新浇铸的星辰……:锣!

永远不被忘却的,

---

* 本篇被一些研究者认为是"绝对沉默之边缘的艺术"。
① "它"指"哐"声。
② "她"指"内心世界"。

诞生于遗失中的你①,
不再举行的庆典,
看不见的嘴里的酒,
承重的圆柱里的暴风雨,
流浪者的匆匆上路,
我们,对一切的,背叛……:锣!

(1925年11月,穆佐)

---

① "你"指"锣"。

童年的持续

(为埃·米①而作)

童年悠长的下午……,还不是
人生;只不过是用两膝
移行的成长——,没有防御的等待期。
而在人们也许会长成的样子
和这个无涯的生存之间:是死亡,
数不清的死亡。爱情,占有者,围绕着
永远暗中被出卖的儿童
并向它允诺未来;那未来可不是它的。

每逢下午,它独自呆着,从一面镜子凝望到
另一面镜子;拿自己的名字作
哑谜来发问:是谁?是谁?——可别人
又回家了,制服了它。
窗子,道路,一个抽屉的霉味
昨天向它说的知心话:都被他们

---

① 埃·米即埃里卡·米特雷尔。一九二四年五月,十八岁的奥地利女诗人埃·米(1926年逝世)从维也纳给里尔克寄诗二首,由此开始二人的诗简往还,本诗即里尔克写给她的一首。

盖过了，毁弃了。它又成为他们所有的一个。
卷须有时从更其茂密的
灌木丛中扔出来，正如它的愿望从
家庭的纷乱中扔出来，在光亮中摇晃。
但他们每天都磨钝了它对习惯了的墙壁的
视线，那种曾经与狗相遇并且几乎与
高处花朵面对面的
凝视。

哦从这个
被监视的生物到有一天
会变成奇迹或者毁灭的一切
是何其遥远啊。它的未成年的
精力在圈套之间学习狡猾。

而它的未来爱情的星座
久已在星辰之间通行
无阻。是怎样一种恐怖
将把它的心撕到那么远
以致脱离它逃亡的轨道
而陷入顺从和讨厌的感化？

（拉加兹，1924 年 7 月 4 或 5 日）

赞美节致埃里卡*

留在外面的鸽子　在鸽棚之外，
又转着圈子回家　使昼夜得以和谐，
它知道何谓私密　当最陌生的惊惶
之吸入偎依于　被感觉的飞翔。

在鸽群中间，那　备受照顾，
从无危险的一个，　实不知温柔为何；
复原的心　最宜于居住：
因召回而更自由　才智乃自得其乐。

无处藏身之上　横跨着四海为家！
呜呼被投出的球　呜呼千钧一发，
它虽不盈一握　回来却有所不同：
纯粹由于家的重量　它才变得更重。

（1926年8月24日，邮戳为拉加兹）

---

* 这是里尔克写给埃里卡的第十三封、也是最后一封诗简，答复埃里卡在一次严重手术之后所写的第十一封诗简。

"世界在情人脸上"

世界在情人脸上——,
但突然它给倒出来了:
世界在外面。世界抓不住。

我曾把它举了起来,为什么我不
从丰满的、可爱的脸上喝掉
近在眼前、令我垂涎的世界呢?

哎哈,我喝过了。我取之不尽地喝过了。
连我也喝饱了太多的
世界,我还喝着,亲自走了过去。

(拉加兹,1924 年 9 月中)

哦泪人儿[*]

(三部曲,为恩斯特·克伦内克①的未来音乐而作)

I

哦泪流满面者,像一片含蓄的天空,
在她的痛苦构成的风景之上变得沉重。
她一哭起来,便有一阵温柔的
斜雨飘在心的砂层上。

哦泪如铅泻者。所有泪水的天平!
她不自觉是天空,因为她是明亮的,
而天空必定为云而存在。

多么清楚,多么亲切,你的痛苦土地,
在严峻天空的统一之下。像一张
躺着慢慢醒来的脸,面对
世界深渊,水平一样思维着。

---

* 原文为拉丁文(O Lacrimosa),通指在十字架下为耶稣哀哭的马利亚。
① 恩斯特·克伦内克(1900—?),奥地利作曲家。为本诗所谱钢琴伴奏曲刊于一九二六年,为其作品48。

II

空无不过是一次呼吸,而美丽
树木的那种绿色充盈:一次呼吸!
我们,仍然被呵气的,
今天仍然被呵气的人,计数着
大地的,这种缓慢的呼吸,
我们就是它的匆忙。

III

但是冬天!哦大地的
这种秘密的内省。因为在死者周围
在树液纯洁的回归里
勇气在聚积,
未来春天的勇气。
那儿有想象发生
在僵硬事物之下;那儿为广漠
夏天所剥蚀的绿色
将重新成为新的
顿悟成为预感的镜子;
那儿花朵的颜色
忘却我们眼睛的那种停驻。

(巴黎,1925年5月或7月)

哀 歌

(致马丽娜·茨维塔耶娃－埃弗隆①)

哦丧失于万物的人,马丽娜,正在坠落的星!
我们无从使之增多,无论我们投身到哪里,可能到
任何星球那儿去!在整体中万物都已被计算。
所以任谁坠落了,不可触犯的数目也不会减少。
每天听天由命的沉坠都坠向了起源并得以康复。
那么一切岂不是一场游戏,同等物的更替,移动,
哪儿都没有一个名字,几乎没有一处会照例产生收益?
波涛,马丽娜,我们是海洋!深渊,马丽娜,我们是天空。
大地,马丽娜,我们是大地,我们是一千次春天,我们是云雀,
把一支爆发的歌抛向不可见的高处。
我们把它作为欢呼开始,它已经完全超过我们;
突然间我们的重量把歌曲向下旋转成悲叹。
但真是悲叹吗?它难道不是:更年轻的下降的欢呼?
连下界的诸神都愿意被赞扬,马丽娜。
诸神如此清白无辜,他们像小学生一样期待赞扬。

---

① 马丽娜·茨维塔耶娃(1892—1941),俄国著名诗人。她与里尔克并不相识,但二人在1926年春夏两季有密切而热烈的通信。她写于1927年初的挽歌《为了新年》描述了里尔克之死对她的打击。

赞扬，亲爱的，让我们挥霍一下赞扬吧。
什么也不属于我们。我们把手轻轻放在
未摘花朵的颈项上。我曾在科姆－奥姆博①的尼罗河边见过它。
正是这样，马丽娜，国王们才捐献他们所抛弃的赠品。
就像天使们走了，给那些将被拯救者的大门画上了记号②一样。
我们虽然看来很温柔，也因此触摸一下这个或那个。
哎多么入迷啊，哎多么心不在焉啊，马丽娜，
即使找到最真挚的借口。画记号者而已，别的什么也不是。
这种谨慎的交易，假如它不再忍受
一个我们这样的人，并决心采取行动，
那么它便动手报复杀人了。因为从它的克制和温柔，
从把我们从生者变成超生者（即非生者）的稀罕的力量，
我们都觉察到，它具有致人死命的权限。你可知道，
一道盲目的命令常常带着我们通过新生之
冰冷的会客厅……？是带着我们吗？一个长着
在无数眼睑下面进行拒绝的眼睛的肉体而已。带着下扔到
我们胸中的心，整整一代人的心。它带着群体，
我们飘荡的变形之图像，走向一个候鸟的目标。
马丽娜，情人们过去可不可以、现在同样不可以
那么深切地认识毁灭。必须要像新人一样。
只有她们的坟墓才是旧的，只有她们的坟墓才回想，在
啜泣的树下暗淡下去，回想历来的一切。
只有她们的坟墓才会坍塌；她们本身却像枝条一样柔软；
什么使她们过分弯曲，什么便绰绰有余地把她们圆成花环。
她们怎样飘散在五月的风中！从你在其中呼吸和预感的
始终过程之中途，顷刻已把她们关在门外。

---

① 科姆－奥姆博，可能是里尔克一九一一年埃及旅行的一站。
② 见《旧约·出埃及记》第十二章第七、第十三节。

(哦我怎样才能理解你,同样不朽的灌木上的
女性的花朵。我怎样把自己强烈的散布在
马上就会触及你的夜气中。)诸神早就学会
伪装一半。我们被吸进了圆圈,
便把自己充满成整体有如月亮的圆盘。
甚至在月亏期,甚至在渐变的几周
再也没有人帮助我们重新达到圆满,除非
我们自己在无眠的风景之上的孤单的行程。

(穆佐,1926年6月8日)

墓志铭[*]

> **赖纳·马利亚·里尔克**
>
> 1875 年 12 月 4 日——1926 年 12 月 29 日
>
> 玫瑰,哦纯粹的矛盾,乐在
> 众多眼睑下的无人之眠。

---

[*] 一九二六年十一月三十日起,不可治的白血病突然恶化,给诗人带来几星期极其可怕的痛楚。为了迎接"他的"死亡,他拒绝了给他提供的麻醉剂。从此他闭门谢客,只请南尼·冯德利-福卡特夫人到他榻前来,把他的遗嘱交给了他晚年这位慈母般的知己。诗人于一九二六年十二月二十九日清晨三时半逝世;四天以后,按照遗愿,葬于瑞士瓦莱州拉容山谷附近一座古老教堂。墓碑刻有他的纹章、姓名和一首小诗改作的墓志铭,后者以玫瑰为象征,指示了人类的难以说明的生存,同时指示了艺术的奇观。这两行断句写于一九二五年十月二十七日,改作墓志铭是作者的遗嘱。"眼睑"据说可解作玫瑰的叶片;玫瑰的"矛盾"除《致俄耳甫斯十四行》第二部第 6 首注②所解外,还在于玫瑰不愿成为任何人的睡梦,虽然她的每片"眼睑"却可能(垂下来)成为每人的睡梦。他所以要用这两行玫瑰断句作为墓志铭,还因为从某种意义来说,他正是死于玫瑰的刺,据云发病前一天,他为一个少女采摘玫瑰时扎了一下手,这一扎加速了那潜伏的不治之症的致命过程。

年　表

本年表系据奥古斯特·施塔尔的《里尔克抒情诗诠释》译出,只包括作者一生最重要的居留地点,所发生的事件及与其作品之创作与刊行最有关的资料。

1875　赖纳·马利亚(勒内·卡尔·威廉·约翰·约瑟夫·马利亚)·里尔克于12月4日生于布拉格。一个姐姐已夭亡。父亲约瑟夫(1838—1906)在一事无成的军官生涯之后,终于在一家铁道公司任检查员。其父如此潦倒,首先令其母十分失望,同时对里尔克的成长过程也具有决定性的意义。母亲索菲亚·菲娅·里尔克娘家姓恩特兹(1851—1931),出身于富裕家庭,在里尔克出生几年后离弃其夫。

1882　到1884年为止,在布拉格由天主教主办的国民小学就读。1884年双亲离异后,跟随母亲生活。

1886　9月1日作为助学金领取者进圣珀尔腾初级军校。这段生活他后来说成是沉重的灾难。写第一首诗。

1890　初级军校毕业后,转入梅里希·魏斯基尔欣高级军校。

1891　因病退离高级军校。开始在林茨的商业学院就读,规定三年课程,亦半途而废。

1892　秋季开始私自准备参加中学毕业考试。

1893　开始与瓦勒利·封·大卫－龙费尔德(瓦利)交友。

1894　在报刊上发表许多单篇作品后,独自出版第一本诗集《生活与歌曲》,附致瓦利的献词。

1895　在布拉格参加中学毕业考试("成绩优异"),自冬季学期起在布拉格大学学习:艺术史,文学史,哲学。

　　　诗集《宅神祭品》出版,《菊苣集》第一分册辑成。后来甚悔出版少作。

1896　夏季学期转入布拉格大学法学–政治学系。参加广泛的文学活动,发表大批作品,其中有在尼采读物影响下写成的短篇小说《使徒》。上演短剧《现在与我们临终时刻》。迁居慕尼黑,选修两学期艺术史(文艺复兴),美学,达尔文学说。《梦中加冕》出版。

1897　慕尼黑。3月28—31日初访威尼斯。遇露·安德烈亚斯—莎乐美,与之结下毕生友谊。自秋季起在柏林大学继续学习。斯特凡·格奥尔格、卡尔·豪普特曼和格哈特·豪普特曼等人亦在该校。

　　　《基督降临节》出版,戏剧《早寒时节》在布拉格上演。

1898　柏林,旅游阿尔果,佛罗伦萨(《佛罗伦萨日记》),诗歌创作甚丰。遇斯特凡·格奥尔格和亨利希·福格勒。5月在维亚雷焦,6月在柏林(开始写《施马尔根多夫日记》)。

1899　柏林,母亲出访阿尔果,维也纳:阿尔图尔·施尼茨勒,胡戈·封·霍夫曼施塔尔等人亦在该地。继续在柏林大学学习。从4月24日到6月18日,偕安德烈亚斯夫妇初访俄罗斯(华沙,莫斯科,访问托尔斯泰,彼得堡,莫斯科,彼得堡,柏林)。迈宁根:学习俄国艺术、历史和语言。柏林:创作《定时祈祷文》第一部分,续写《施马尔根多夫日记》。

　　　年底出版诗集《为我庆祝》,发表诗篇《亲爱的上帝及其他》。秋季写出散文诗《旗手克里斯托弗·里尔克的爱与死之歌》(简称《旗手》)初稿。

1900　从5月到8月偕露·安德烈亚斯-莎乐美二访俄罗斯,8月26日返回。8月27日前往沃尔普斯威德,住亨利希·福格勒处,结识沃尔普斯威德的艺术家们,其中有女画家保拉·摩德尔松-贝克尔和女雕塑家克拉拉·韦斯特霍夫(后为里尔克夫人)。9月底发表富于自传色彩的短剧《白衣侯爵夫人》。开始写《沃尔普斯威德日记》,十月回柏林-施马尔根多夫。

1901　柏林。3月去阿尔果省母。4月28日与克拉拉·韦斯特霍夫结婚,12月12日生独生女露特。年轻夫妇居沃尔普斯威德附近的韦斯特尔威德。9月撰写《定时祈祷文》第二部分。《日常生活》在柏林上演。将《图像集》初稿寄柏林阿克塞尔·容克尔。

1902　韦斯特尔威德。5月撰写专文《沃尔普斯威德》。哈塞尔多夫(6、7月)。巴黎:从1902年8月28日到1903年6月底初次旅居巴黎;屠耶街11号。9月1日访罗丹。《图像集》出版。十一月写出《新诗集》第一首,即著名的《豹》。

1903　巴黎:撰写专文论罗丹。为大城市和疾病所困扰,前往维亚雷焦旅游(3月22日至4月28日),几日内写出《定时祈祷文》第三部分。巴黎。沃尔普斯威德。奥伯诺伊兰德。9月旅居罗马,到次年6月。

1904　2月8日开始创作小说《马尔特·劳里茨·布里格笔记》。应艾伦·凯邀请,从罗马经哥本哈根去瑞典(波格比,戈德,隆德,哥本哈根,福卢堡,戈特堡)。

1905　与妻女在奥伯诺伊兰德过冬(1904—1905)。德累斯顿(3月1日)。柏林。在格廷根与露·安德烈亚斯-莎乐美重逢(7月28日至8月9日)。弗里德尔豪森堡。9月11日启程二次旅居巴黎(9月12日至1906年6月29日)。巴黎:在默东为罗丹当秘书。10月21日至11月2日朗诵旅行。在沃尔普斯威德过年。《定时祈祷文》出版。

1906　朗诵旅行。沃尔普斯威德。布拉格:其父逝于3月14日。柏林。4月1日重来巴黎默东。与罗丹断交。《新诗集》大部分完成。前往弗兰德斯旅游(弗内斯,布吕格,根特)。9月在弗里德尔豪森堡。《图像集》增订二版出版。《旗手》单行本初版。

1907　12月4日至5月20日,在卡普里的狄斯科波里别墅作客。5月31日重来巴黎,从6月6日到10月30日住卡塞特街29号(第三次旅居巴黎)。

《新诗集》大部分完成。10月30日至11月3日,朗诵旅行(布拉格,布雷斯劳,维也纳)。遇鲁道夫·卡斯奈尔。11月19—30日在威尼斯(《威尼斯的晚秋》),开始与米米·罗曼内里("威尼斯的女友")发生关系。在奥伯诺伊兰德过年。《新诗集》于十二月出版。

1908　柏林。慕尼黑。罗马(二月)。卡普里,2月29日至4月18日在狄斯科波里别墅。那不勒斯。罗马。巴黎:从5月1日到8月31日,住贡旁-普列米耶街17号;8月31日至1911年10月12日,住比雍旅馆,瓦伦街77号。《新诗集续编》大部分于夏季完成,11月撰写两篇《挽歌》(一篇为一女友,另一篇为沃尔夫伯爵封·卡尔克洛伊特而作)。可溯源于1904年的《马尔特·劳里茨·布里格笔记》进展顺利。独自在巴黎过圣诞节。《新诗集续编》出版。

1909　巴黎。旅游普罗旺斯("海上圣马利",阿尔勒,普罗旺斯的艾克斯)。九月:旅游黑林山,里波尔德绍浴场,巴黎。9、10月:阿维尼翁。12月13日晤马利·封·屠恩和塔克西斯侯爵夫人。

1910　1月8日离巴黎。埃尔伯费尔德。莱比锡。魏玛。柏林。3、4月最后一次旅居罗马。4月20—27日初次在的里雅斯特附近的杜伊诺堡作客。4、5月在威尼斯。5月12日返巴黎。《马尔特·劳里茨·布里格笔记》于5月31日出版。晤安德烈·纪德。7、8月间与妻女最后居留奥伯诺伊兰德。8月在劳钦。布拉格。8、9月在波希米亚的雅诺维茨堡。慕尼黑。巴黎。晤鲁道夫·卡斯奈尔。

1911　1910 年 11 月 19 日至 1911 年 3 月 29 日旅游北非（阿尔及尔、突尼斯，埃及——卢克索，凯尔奈克）。威尼斯。4 月 6 日到巴黎。7 月至 9 月旅游波希米亚（莱比锡，布拉格，劳钦，雅诺维茨，柏林，慕尼黑）。巴黎。10 月中旬乘马利·封·屠恩和塔克西斯侯爵夫人的汽车，从巴黎经里昂、博洛尼亚、威尼斯到杜伊诺。

1912　从 1911 年 10 月 22 日到 1912 年 5 月 9 日，在杜伊诺堡。撰写第一批《哀歌》（第十首开头，第一、二首片断）和《马利亚生平》。在威尼斯度夏（5 月 9 日至 9 月 11 日）。10 月在慕尼黑。

1913　1912 年 11 月 1 日至 1913 年 2 月 24 日旅游西班牙（托莱多，科尔多瓦，塞维利亚，龙达，马德里）。2 月 25 日至 6 月 6 日在巴黎。黑林山（里波尔德绍浴场）。格廷根。莱比锡。柏林。慕尼黑：偕露·安德烈亚斯 - 莎乐美参加"心理分析学大会"。晤弗洛伊德及其他心理分析学家。巴黎。

1914　1913 年 10 月 18 日至 1914 年 2 月 25 日在巴黎。柏林：遇马格达·封·哈廷贝格（本费努塔）。3 月 26 日重返巴黎。4 月 20 日至 5 月 4 日在杜伊诺。威尼斯：与本费努塔断交。5 月 9—23 日在阿西西。米兰。5 月 26 日至 7 月 19 日在巴黎。在格廷根，露·安德烈亚斯 - 莎乐美处，适逢第一次世界大战爆发，丧失留在巴黎的全部所有。8 月 14 日作《五歌》，歌颂战争爆发。在莱比锡，住其出版者基彭贝格处。在欧欣豪森结识女画家露露·阿尔贝特 - 拉察德。接受一笔两万克朗赠款。11 月：法兰克福。维尔茨堡。1914 年 11 月 22 日至 1915 年 1 月 6 日在柏林。

1915　从 1 月 7 日至 11 月底在慕尼黑，当时克拉拉和露特亦住该市。还有露露·阿尔贝特、雷吉娜、乌尔曼、安内特·科尔布、黑林拉特等人。从 3 月 19 日至 5 月 27 日，露·安德烈亚斯 - 莎乐美来访。晤瓦尔特·拉特瑙、阿尔弗雷德·舒勒、汉斯·卡罗萨、保罗·克勒等人。自 6 月 14 日住赫尔塔·柯尼希家中，宅内悬有毕加索油画《江湖艺人》。秋季最后一次往省其母。

  11月作第四首《杜伊诺哀歌》。体格检查与入伍通知。在柏林(12月1—11日)力图豁免或辞退兵役。在慕尼黑庆祝女儿生日(12月12日),自12月13日在维也纳,住马利·封·屠恩和塔克西斯侯爵夫人家中,访弗洛伊德。

1916 在维也纳服兵役,自元月起在军事档案馆任文书。访霍夫曼斯塔尔,科科施卡,卡斯奈尔。6月9日复员。慕尼黑。

1917 慕尼黑。柏林。从7月25日到10月4日住赫尔塔·柯尼希在威斯特伐伦的伯克庄园。柏林,到12月9日为止。慕尼黑。

1918 慕尼黑。阿尔弗雷德·舒勒的朗诵。重晤基彭贝格。晤艾斯纳与托勒尔。同情革命。与克拉尔·施图德(后为诗人戈尔的夫人)交游。

1919 慕尼黑。与露·安德烈亚斯－莎乐美重逢。作品畅销。6月11日离慕尼黑。瑞士。苏黎世,日内瓦,索格略,温特图尔:赖因哈特兄弟,南妮·冯德利－福卡特。12月7日至1920年2月底,在泰桑作一系列朗诵。

1920 洛迦诺,到2月27日为止。3月3日至5月17日在巴塞尔,舍南贝格庄园——封·德·米尔夫人处。威尼斯,巴塞尔,苏黎世。晤巴拉迪内·克洛索夫斯卡(默林),并与之维持多年密切友谊。拉加兹。巴黎。十月底返回日内瓦。11月12日至1921年5月10日在伊尔舍尔的伯格堡。

1921 伯格堡。瓦莱里读物。5月20日至6月28日在埃托依。同日偕巴拉迪内抵达塞雷。6月30日在一家橱窗里发现小城堡穆佐的照片。七月初访穆佐。1921年7月26日迁居于此,直到逝世。11月8日巴拉迪内离去。初冬在瓦莱(瓦利斯)。

1922 完成《杜伊诺哀歌》,创作《致俄耳甫斯十四行》两部。同时撰写内容丰富的《青年工人书简》。5月18日,女儿结婚。六月马利·封·屠恩和塔克西斯侯爵夫人来访,七月基彭贝格来访。翻译瓦雷里。

1923　8月22日至9月22日在舍内克疗养院接待来访者：雅各·布克卡特，雷吉娜·乌尔曼，维尔纳·赖因哈特，卡斯奈尔等。10月至11月与巴拉迪内在穆佐。独自在穆佐过圣诞节。12月29日至1月20日首次住进日内瓦湖内瓦勒山疗养院。

1924　瓦勒山。穆佐：用法语写诗多首，如《果园》《瓦莱四行》《玫瑰》等。4月6日初晤瓦雷里。克拉拉·威斯特霍夫来访。5月中旬收到埃里卡·米特雷尔的第一封诗简，由此产生与埃里卡·米特雷尔的《诗简往来》。从6月28日到7月23日在拉加兹浴场。8月2日重居穆佐。9月在洛桑，11月初在伯尔尼。11月24日至1925年1月6日再次进瓦勒山疗养。

1925　1月8日至8月18日最后一次旅居巴黎。与翻译者摩里斯·贝茨谈话。与巴拉迪内·克洛索夫斯卡同居。晤瓦雷里、克劳德尔、布克卡特、坦克玛·封·明希豪森、霍夫曼斯塔尔、纪德等。9月1日再来穆佐。9月16—30日再居拉加兹。10月14日返回穆佐。10月22日写遗嘱。独自在穆佐度过五十诞辰。

1926　1925年12月20日晚至1926年5月底在瓦勒山疗养院。6月1日经塞雷抵穆佐。用法语写诗。翻译瓦雷里。7月20日至8月30日在拉加兹浴场。九月中旬在安蒂与瓦雷里相晤。11月30日重上瓦勒山。12月29日因白血病逝世。

　　最后一首诗："来吧你，你最后一个，我所认识的，肉体组织的无药可救的痛楚。"——可能写于十二月中旬，是作者最后一本手册里最后的笔迹。

1927　1月2日安葬于拉容。诗文集一至六卷出版。